# 税收服务品牌创新

沈中立 杨 洁 陈 如 著

东南大学出版社
·南京·

## 内 容 提 要

本书首先介绍了品牌的内涵、类型以及国内外税务品牌的创建情况；然后系统梳理了南京国税品牌创立与创新的历程，概括了南京国税品牌的主要内涵、运行模式与支撑体系；再次分别描述了征收、管理、稽查三大系列的品牌创新；最后分析了南京国税品牌服务的社会效应，并提出了进一步发展的战略构想。

**图书在版编目(CIP)数据**

税收服务品牌创新 / 沈中立，杨洁，陈如著. —南京：东南大学出版社，2012.11

ISBN 978-7-5641-3851-6

Ⅰ.①税… Ⅱ.①沈… ②杨… ③陈… Ⅲ.①国家税收—税收管理—经验—南京市 Ⅳ.①F812.753.1

中国版本图书馆 CIP 数据核字(2012)第 266720 号

税收服务品牌创新

出版发行：东南大学出版社
社　　址：南京市四牌楼 2 号　邮编：210096
出 版 人：江建中
责任编辑：顾金亮
网　　址：http://www.seupress.com
电子邮箱：press@seupress.com
经　　销：全国各地新华书店
印　　刷：南京新洲印刷有限公司
开　　本：700mm×1000mm　1/16
印　　张：18.75
字　　数：279 千字
版　　次：2012 年 11 月第 1 版
印　　次：2012 年 11 月第 1 次印刷
书　　号：ISBN 978-7-5641-3851-6
定　　价：50.00 元

本社图书若有印装质量问题，请直接与营销部联系。电话：025－83791830

# 序

品牌一词来源于古斯堪的纳维亚语“布兰多”(brand),自 20 世纪 50 年代“品牌”一词被正式提出,品牌就是产品或服务的象征,是广大消费者对一个企业及其产品过硬的产品质量、完善的售后服务、良好的产品形象、美好的文化价值、优秀的管理结果等等所形成的一种评价和认知,是企业经营和管理者投入巨大的人力、物力甚至几代人长期辛勤耕耘建立起来的与消费者之间的一种信任。服务品牌是一种通过提供创意性行为过程提升顾客满意度的劳务行为标记,它不同于其他品牌的或提供质量、价格,或提供服务范围、整体形象等硬件需求满足,可以认作是一种特殊的品牌形式。而机关服务品牌是机关提供的公共服务的外在表现形式,是以优质服务的价值观为核心,体现服务特色,展示服务形象的理念标识,是反映机关的组织管理、文化理念、服务内涵、服务机制、服务创新和整体形象俱佳的综合标志。具体到税收领域,税收服务是税务机关按照税收法律、行政法规的规定,在纳税人依法履行纳税义务和行使权利时,为纳税人提供的规范、全面、便捷、经济的各项服务措施的总称。

探索和建立一套合理而又完善的税收服务体系已经成为世界各国税务机关研究的主要课题之一。国外税收服务体系实现了管理模式的转变,主要体现在税收管理从规制导向向服务导向转变、税收客体从监管对象向商业客户转变、内部管理从行政管理向企业化经营转变、纳税服务从行政服务向社会化服务转变,表现出了服务理念新、服务意识强、服务机制全、服务手段强、服务层次高等特点,形成了以美国为代表的需求型税收品牌服务、以澳大利亚为代表的经营型税收品牌服务、以德国为代表的个性型税收品牌服务、以日本为代表的宣传型税收品牌服务和以新加坡为代表的信息型税收品牌服务。

近年来,南京市国税局一直致力于税收服务品牌的创建与创新。2003 年,南京市组织开展了“争一流、创品牌”活动,南京国税服务品牌创建工作启动早,创建措施扎实,取得了很好的成效。2005 年 4 月 30 日,南京市国税局召开了“办税 e 站”服务品牌推进会,2005 年年底,南京国税“办税 e 站”被评为南京市“首批十佳服务品牌”。2006 年 4 月 30 日，江苏省局召开江苏国税“服务 e 站”品牌新闻发布会，将南京市国税局的“办税 e 站”核心理念和模式向全省推广。2007 年的 4 月 30 日，南京市国税局召开全市国税系统深化服务品牌工作推进会，确定了在江苏国税“服务 e 站”之下构建南京国税“征管查”组合品牌的总体思路。在管理系列推出了“红枫税情”服务品牌，并获得南京市第二批“十佳服务品牌”称号。2008 年 5 月 9 日，南京市国税局又连续第四年召开全市国税系统创建服务品牌的推进会。2010 年，南京市国税局又推动稽查系列“阳光税线”服务品牌获得南京市第三批服务品牌。

本书首先介绍了品牌的内涵、类型以及国内外税务品牌的创建情况；然后系统梳理了南京国税品牌创立与创新的历程，概括了南京国税品牌的主要内涵、运行模式与支撑体系；再次分别描述了征收、管理、稽查三大系列的品牌创新；最后分析了南京国税品牌服务的社会效应，并提出了进一步发展的战略构想。

这部书稿，对近年来南京国税品牌创新的主要做法和经验进行提炼总结，可以为机关品牌创建提供一些经验借鉴，也可以为服务型政府的建设贡献一份力量。

**南京市社科联主席、南京市社科院院长、党组书记**

**叶南客**

**2012 年 9 月**

# 目　录

# 第一章 品牌及品牌创新

品牌一词来源于古斯堪的纳维亚语“布兰多”(brand),意思是“燃烧、烙印”。几千年来,品牌一词从牲畜所有者用来区分别人家牲畜的标志,到如今承载了功能性价值、情感性价值、标签性价值等多重价值属性的资产,品牌(brand)内涵在不断地深化与创新。

## 第一节 品牌的概念及内涵

自20世纪50年代“品牌”一词被正式提出来,越来越多的专业领域开始研究品牌问题,并依据不同的标准进行分类,那么究竟什么是品牌呢?

### 一、品牌的概念

品牌的概念可以从以下几个方面来诠释:

1. 一般意义上的品牌概念

美国市场营销协会(AMA)在其1960年出版的《营销学词典》中对品牌的定义如下:品牌是一种名称、术语、标记、符号或设计,其目的是借以辨认某个销售者或某群销售者的产品或服务,并使之同竞争对手的产品和服务区别开来。这一定义认为品牌是同质事物的区分标志。

术语学角度来说,品牌是人们根据一些在组织、行业、市场、网络、地区或社会中有一定影响的事物所共有的特性而抽象形成的一个概念。

作为品牌战略开发的定义认为品牌是通过以上这些要素及一系列市场活动而表现出来的结果所形成的一种形象认知度、感觉、品质认知,以及通过这些而表现出来的客户忠诚度，总体来讲它属于一种无形资产。

还有人认为品牌是企业或品牌主体（包括城市、个人等）一切无形资产总和的浓缩，这一浓缩以特定的“符号”来识别。

在《牛津大辞典》里，品牌被解释为“用来证明所有权，作为质量的标志或其他用途”，即用以区别和证明品质。随着时间的推移，商业竞争格局以及零售业形态不断变迁，品牌承载的含义也越来越丰富，甚至形成了专门的研究领域——品牌学。

2. 品牌全方位定义

(1) 品牌是附着在产品之上的象征意义，而产品是品牌的牢固基石。没有质量过硬的产品，就不可能有消费者认可的品牌。

(2) 品牌是消费者通过消费产品或服务获得的一种与市场竞争类品牌不同的情感价值体验。这种情感价值与消费者的自我价值观念和自我观念密切相关。

(3) 品牌是区别于竞争对手的相生相克的竞争伙伴。

(4) 品牌是企业最宝贵的无形资产之一。

(5) 对于品牌管理者来说，品牌首先是一种战略管理思想，然后还是品牌管理方法和品牌管理活动。

(6) 品牌是企业员工的职业精神和行动指南，它不仅凝聚员工精神，也指导员工工作。

因此可以这么说，品牌是产品或服务的象征，是广大消费者对一个企业及其产品过硬的产品质量、完善的售后服务、良好的产品形象、美好的文化价值、优秀的管理结果等等所形成的一种评价和认知，是企业经营和管理者投入巨大的人力、物力甚至几代人长期辛勤耕耘建立起来的与消费者之间的一种信任。品牌所涵盖的领域，必须包括商誉、产品、企业文化以及整体营运的管理。

## 二、品牌的特征

### 1. 品牌的专有性

品牌是用以识别生产或销售者的产品或服务的。品牌拥有者经过法律程序的认定，享有品牌的专有权，有权要求其他企业或个人不能仿冒，伪造，这一点也是指的品牌的排他性。

2. 品牌的价值性

由于品牌拥有者可以凭借品牌的优势不断获取利益，可以利用品牌的市场开拓力、形象扩张力和资本内蓄力来不断发展，因此我们可以看到品牌的价值。

3. 品牌的不确定性

品牌在其成长的过程中，由于市场的不断变化，需求的不断提高，企业的品牌资本可能壮大，也可能缩小，甚至某一品牌在竞争中退出市场，由此会存在一定风险，也会对企业品牌的维护带来难度，给企业品牌效益的评估带来不确定性。

4. 品牌的符号性

品牌是企业的无形资产，不具有独立的实体，不占有空间，但它最原始的目的就是让人们通过一个比较容易记忆的形式来记住某一产品或企业。因此，品牌必须有物质载体，需要通过一系列的物质载体来表现自己。品牌的直接载体主要是文字、图案和符号，间接载体主要有产品的质量，产品服务、知名度、美誉度、市场占有率。

5. 品牌的拓展性

品牌具有识别功能，代表一种产品、一个企业，企业可以利用这一优点展示品牌对市场的开拓能力，还可以帮助企业利用品牌资本进行扩张。

## 三、品牌的内涵

关于品牌的内涵，国内外很多学者都对其进行过研究和论述，总结起来，有这样几方面的观点值得我们借鉴。

1. 品牌内涵发展的阶段论

将品牌内涵的发展分成不同的阶段，每一个阶段均有其代表的典型任务。如施密特(SCHMITT)[①]把品牌的内涵发展划分为2个阶段:①“品牌—标识”阶段,即通过采用名称、徽标、图标、口号和广告标语来标识公司产品,以提升知名度和形象,从而满足理性消费者的“特色和益处”需求;②“品牌—体验”阶段,即不仅通过建立名称、标识、口号、活动以及其他消费者联系,而且重点通过建立感官、情感、创新性联系,以及和生活方式与品牌之间的联系,来满足消费者渴望刺激、乐趣、受到教育以及接受挑战的感性需求,从而为“客户创造体验”价值。陶晓红(2003)从品牌内涵演进过程的角度,把品牌理论发展划分为3个阶段,即品牌就是品牌标识、品牌就是品牌形象、品牌就是品牌关系。图1-1就是品牌内涵发展阶段演化图。[②] 20世纪50年代,品牌人格化思想处于零散状态,物格化和人物复合化认识占据主导地位。60年代,品牌人物复合化研究处于零散状态,人格化和物格化研究迅速起步,并驾齐驱处于主导地位。70年代,品牌人格化和人物复合化研究处于零散状态,物格化研究占据主导地位。80年代,品牌人格化和人物复合化研究仍然处于零散状态,物格化研究继续占据主导地位。90年代,品牌人物复合化研究处于零散状态,物格化和人格化研究占据主导地位。世纪之交,人们对品牌内涵的认识又重新回到了50年前品牌人物复合化思想的“起点”,所不同的是理解深刻得多,品牌是人与物统一的运动体。

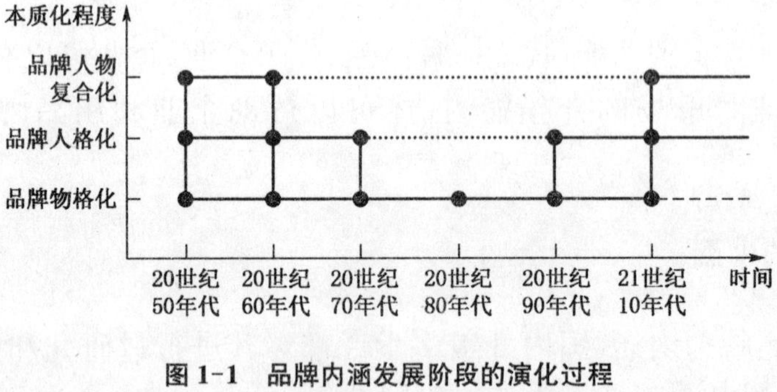


**图1-1 品牌内涵发展阶段的演化过程**

① SCHMITT B H. Experiential Marketing: How to Fet Customers to SENSE, FEEL. THINK, ACT and RELATE to Your Company and Brands. NY: Simon & Schuster Ine, 1999

② 张锐,等. 论品牌的内涵与外延. 管理学报,2010(1)

2. 品牌内涵的人性化解读

该理论从人性化的角度来解释品牌的内涵，认为品牌应该是一个活生生的生命系统，是充满活力的。进而认为品牌的内涵包括四个因子：品牌性别、品牌性格、品牌色彩和品牌品德。具备这四个因子的品牌，才是一个人性化的品牌。（如图 1-2）①

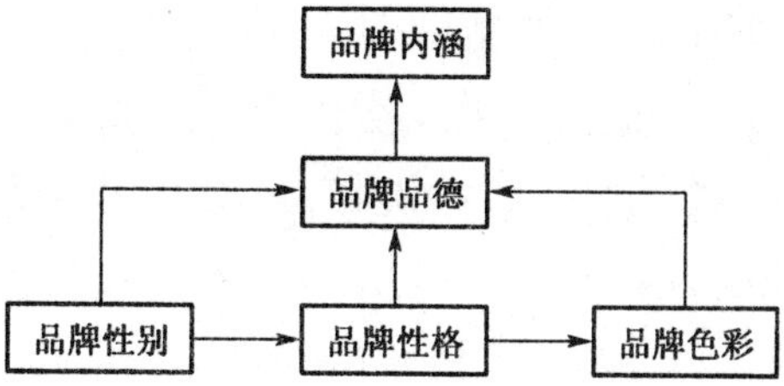


图 1-2

品牌性别是最基本阶段，与组织选择的市场相关。品牌性格反映赋予品牌的个性，消费者购买品牌就会寻找一个与自我个性相吻合的品牌。品牌色彩是品牌在目标消费群心智中代表的色彩，是消费者对特定品牌的综合感知。只有具备鲜明的品牌性格，消费者才会为品牌色彩加分。品牌品德是品牌内涵的最高阶段，是品牌性别、品牌性格、品牌色彩三者的叠加，只有三者同时取得消费者的正面评价后，品牌品德才会铭刻在消费者心智中，消费者才会对品牌表现出真实之情。

3. 品牌内涵的契约论

品牌契约论认为品牌的本质是一种特殊契约。从某种程度上来说，除了奢侈性消费品外，品牌实际上是企业在销售产品的同时向消费者推销的一份特殊保险合约。消费者为产品多支出的金额可看作保费，保费的高低取决于品牌的信用度，而一旦消费者购买的产品出了问题，企业向消费者提供的及时、优质的服务可看作理赔。消费者之所以愿意支付一笔额外的保费，是想获得高品质的产品保证。企业额外推销这样一份

① 于海龙. 品牌内涵新视角：基于人的角度[J]. 商场现代化，2008(6)

附加保险合约，正是为了满足消费者的这种需要。从这个意义上说，品牌企业同时也是特殊的保险公司，企业能否经营好其“保险业务”已成为企业能否发展壮大的关键。企业要想经营好主要业务，关键在于加强企业的品牌建设。

根据以上一些理论和观点，笔者认为品牌作为一种无形的力量、一种文化的产物，一种物质产品在心理层面的体现，应该具备这三层内涵。(图 1-3)首先，是物质的层面，品牌是一种实物，有其牢固的根基；第二个层次是心物结合层，在这个层次，品牌已经上升到无形的层面，上升为消费者或使用者的一种信任，或者说传统观念中所谓的招牌；第三个层面就是心理层面，此时品牌的力量已经渗透到人物的精神层面，升华到一种由内而外的信任、一种由里及表的品位，此时的品牌已经成为了一种文化，大众心理层面上的精神文化。这三个层次相互促进，构成了一个品牌在现实社会中的循环。

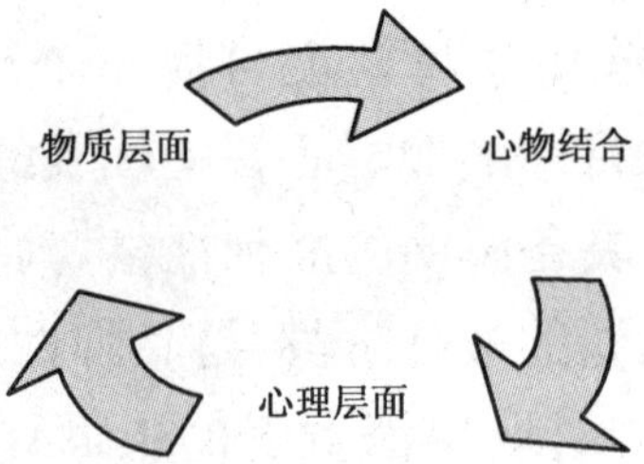


图 1-3　品牌的三层内涵

## 第二节　品牌的类型

品牌从不同的角度理解，有不同的含义。从法律的角度看，品牌是一种产品或劳务的注册商标；从市场的角度看，品牌是在市场交易中卖者提供给买者的一种标识以及一系列传递产品特性、利益、文化和联想的总和；从企业的角度看，品牌代表企业规模、产品质量、技术和企业形象等，是企业重要的无形资产，是企业扩大市场份额、获取垄断利润的利器。[①] 一个完整的品牌不仅只是一个名称而已，它含有许多信息。一般来讲，一个品牌由三方面的要素组成：品牌的基础要素、品牌的有形要素和品牌的无形要素。根据这个要素分类，品牌可以分成不同的种类，如产品品牌、服务品牌、企业品牌等。

## 一、产品品牌

### 1. 产品品牌的内涵

产品品牌是对产品而言，包含两个层次的含义：一是指产品的名称、术语、标记、符号、设计等方面的组合体；二是代表有关产品的一系列附加值，包含功能和心理两方面的利益点，如产品所能代表的效用、功能、品位、形式、价格、便利、服务等。

产品品牌是一种识别标志、一种精神象征、一种价值理念，是品质优异的核心体现。培育和创造品牌的过程也是不断创新的过程，自身有了创新的力量，才能在激烈的竞争中立于不败之地，继而巩固原有品牌资产，多层次、多角度、多领域地参与竞争。

### 2. 建设企业产品品牌的必要性

企业产品品牌是企业核心竞争力的构成要素，是其载体，核心竞争力以产品强弱为基础，产品品牌是培育企业核心竞争力的必要条件，并决定着企业价值的高低，产品品牌建设具有重要的意义。

(1) 产品品牌是企业核心竞争力的强弱体现

产品品牌是建立在企业核心资源基础的智力、技术、产品、管理、文化等综合优势在市场上的反映，企业核心竞争力是企业独特的一组技能和知识的集合。这种能力使企业能长期保持其竞争优势，因而是一种影响企业可持续发展的资源。在知识经济条件下，企业盈利能力的扩大和价值的提升，在很大程度上依赖于所拥有的产品品牌本身的价值。有资

---

① 许基南.品牌竞争力研究[M].北京：经济管理出版社，2005.17

料表明,20世纪初,社会生产力的发展只有5%依靠科技进步,而现在这一比例在发达国家已达70%～80%。随着知识经济时代的到来,谁掌握的品牌越多,谁就会走在世界经济的前列。因此,企业核心竞争力大小的关键是企业所拥有和创造的产品品牌的强弱,企业为了保持其竞争优势和盈利能力,就必须在企业的发展过程中不断地创造和形成品牌优势,以形成企业盈利的独特优势。

(2) 促使企业由粗放型增长方式向集约型增长方式转变

粗放型增长方式实质是单纯以数量的增长速度为中心,即单纯数量扩张型的增长方式。集约型增长方式实质是以提高经济增长质量和经济效益为中心,即质量效益型的增长方式。过去单纯考核企业的产量,现在考核的是企业的产量与质量的指标。企业产品的"品牌"是一个国家、地区企业发展水平的综合指标。有了"品牌",企业的商品才有了具体目标,企业的品牌战略才落到实处。而一般的品牌只是一种识别不同企业和产品的标志而已,企业所拥有的这类品牌再多也不能体现其品牌的真正价值。品牌只有成长为名牌,才具有非名牌所不具备的无形资产价值。企业为了保住品牌,或为了更好地实行名牌战略,就不得不放弃过去的一味数量上扩张,而必须走上注重产品的质量、性能,走上技术集约化的道路。必须通过不断地开发新技术,并使新技术能适时应用于新产品,才能使品牌在市场上有持久的生命力。

(3) 有助于形成产品差异,扩大本企业产品与其他企业产品价值的势差

企业的品牌代表了企业的价值取向,向消费者传递了自己的价值标准和文化底蕴,也是企业区别于其他企业的显著性标志。在细分化的市场中,企业通过产品和品牌的个性来迎合消费者的消费心理、习惯和特征;反过来,具有同质性的消费者群正是依据个性化的品牌来实现生理尤其是心理需求的。成功的品牌定位架起了企业经营者和消费者之间的桥梁,双方各取所需,当然最大的受惠方莫过于企业了。拥有自己的品牌,不仅有效地实现企业的战略定位,而且传递给消费者不同的顾客价值,有助于拉近企业与消费者的距离;有利于强化顾客对产品的联想,

增强其购买本企业产品的专注性。

(4) 企业产品品牌建设的发展,也是企业整体战略的一个组成部分

企业为了推出新产品以拓展市场和扩大利润增长空间,往往会采取充分开发和利用原有品牌资源的品牌扩张策略。而品牌扩张的成功反过来提高品牌的竞争力和市场占有率,进而提升品牌价值,形成一个良性循环。品牌建设给企业带来了信誉,一方面吸引了顾客的注意,建立顾客与企业之间的联系,降低双方的交易费用,形成了顾客的心理产品差别;另一方面品牌还有聚集企业资产,盘活企业资产,整合企业经营的作用。因此当企业的核心竞争力已经形成的时候,应该充分利用并保持其在企业中的地位和作用,创造出更多的最终产品和服务。

## 二、企业品牌

企业品牌传达的是企业的经营理念、企业文化、企业价值观念及对消费者的态度等,能有效突破地域之间的壁垒,进行跨地区的经营活动。并且为各个具有差异性的产品之间提供了一个统一的形象,统一的承诺,使不同的产品之间形成关联,统合了产品品牌的资源。

### 1. 企业品牌的内涵

企业品牌的内涵至少应包含商品品牌和服务品牌,并在两者基础上衍生出企业品牌。只有与企业的商品品牌相匹配的超值服务,也就是企业建立有别于竞争对手的富有企业文化内涵的独特的服务品牌,才能不断提升商品品牌的价值含量和提高企业的美誉度,否则企业品牌的内涵就要大打折扣。① 正是有形的商品品牌和无形的服务品牌相互结合,才成就了提升企业核心竞争优势的企业品牌,一个优秀的品牌就可以成就一个优势的企业。

企业品牌的确认是在企业成立的初期进行设定,通常企业品牌都同它所提供的特定的产品与服务相联系,在随后的经营过程中,不会轻易进行调整。企业品牌应当确定其专属领域的位置,便于客户形成清晰的

① 刘邦高.试论企业品牌的内涵及特点.长沙民政职业技术学院学报,2007(2)

认知。丰富、凸现企业品牌的内涵是一个长期过程，它需要其他的品牌予以相应的支撑。

2. 企业品牌的特点

作为一个企业总的形象体现，企业品牌与人们所熟悉的产品品牌相比具有如下特点：

(1) 抽象性

产品品牌以具体的产品或服务为依托，消费者可以通过购买、使用其产品来判断产品的质量、服务等，进而形成对产品品牌的态度。而在很多情况下，企业品牌本身并不代表任何具体的产品，无法通过具体的产品来与消费者和企业的其他利益相关者沟通，因此，与产品品牌相比企业品牌具有抽象性。

(2) 整体性

企业品牌处于品牌层级的最高层。企业品牌需要协调与旗下各品牌的关系，一个企业的品牌体系内，如果有产品品牌与企业品牌对外传达的信息相互矛盾，就会产生“噪声”，影响企业“用同一个声音说话”，最终稀释和弱化企业品牌的形象识别。

(3) 复杂性

产品品牌的沟通对象一般为消费者，如何准确地进行市场细分、产品定位来满足消费者对产品的情感需求是产品品牌建设的主要任务。而企业品牌的沟通对象，除了消费者之外，还包括企业员工、投资者、政府、媒体、供应商等其他利益相关者。企业品牌的建设应当以树立良好的企业形象、赢得各利益相关者的支持从而构建企业发展的良好环境为目标。由于企业品牌的各利益相关者众多，因此，与产品品牌建设相比，企业品牌还具有复杂程度高的特点。

(4) 持久性

由于企业品牌具有上述的整体性、复杂性的特点，牵一发而动全身，因此企业品牌的建设必须要有长远的规划与设计。除非公司的整体业务发生大范围的转移，品牌建设者们不应当随意对企业品牌进行重新定位与设计。

## 三、服务品牌

### 1. 服务品牌的内涵

服务品牌是一种通过提供创意性行为过程提升顾客满意度的劳务行为,它不同于其他品牌的或提供质量、价格,或提供服务范围、整体形象等硬件需求满足,可以认作是一种特殊的品牌形式。服务品牌的内涵包括如下特征:

(1) 先进的服务理念

一个企业或者一个服务品牌的拥有者,能否提供给消费者满意的服务,不仅仅取决于是否具有丰富的商品知识和娴熟的服务技能,更取决于是否拥有先进而独特的理念。先进而独特的服务理念是形成名牌服务的前提和基础。美国 IBM 公司推出自己独特的理念"IBM 就是服务",中国海尔集团提出明确的服务理念"顾客永远是对的"、"真诚到永远"。

(2) 个性化有服务特色

一个品牌要想在茫茫商海中站住脚,使广大消费者在五彩缤纷、琳琅满目的市场中能够认出这个品牌,在众多的服务中能够喜爱这个品牌,就一定要有自己的鲜明的特色。如果没有个性特色,就形不成服务品牌。

(3) 卓越的服务艺术

把良好的服务理念转化为能够为顾客所感知的服务措施,就需要有高超的服务艺术。当顾客在浏览商品的时候不给顾客以过多的干扰,让顾客能够定下心来仔细挑选和思考;而当顾客需要服务时,则是察言观色、热情周到、体贴入微。还有的要运用一定的心理学知识,根据不同的顾客心理和需要,提供不同内容的服务。

(4) 优秀的服务技术

面对高层次消费、高标准服务需求的新趋势,服务品牌创立者应注重钻研本行业知识和岗位技能,学习营销学、心理学、美术等各种知识,使服务增加科技含量、知识含量,成为知识上问不倒、技术上难不倒的行家里手。

(5) 市场化的认同

市场不认同,消费者不认可,“包装”得再好,也成不了服务品牌。市场认同的重要标志是市场占有率,消费者满意,市场份额必然扩大。

2. 服务品牌的六大核心

服务品牌主要由六大核心基因构成,任何一个基因缺失都会导致品牌缺陷。

(1) 服务质量

服务项目、服务标准、服务方式、服务承诺等,共同构成了服务质量的评价标准。服务质量构成了服务品牌的核心,因此必须要把服务具体化、标准化、规范化,以获得稳定的服务质量。

(2) 服务模式

服务模式包括经营模式(如外包、特许、自主等服务扩张模式)、管理模式等方面,它与服务反应速度、服务规模共同构成服务的三大核心竞争点。通过服务模式可以稳定服务运营质量(包括服务质量、抗风险能力、持续经营能力等)的稳定性,使企业不会因组织机构变革、服务人员岗位调整、流失等因素而影响到服务运营、服务质量。

(3) 服务技术

服务的技术含量是决定服务质量的关键要素之一,同时通过不断创新服务技术可使企业获得持续竞争优势,是优质服务品牌的支撑。IBM服务为全世界所称道,原因是其拥有独异的服务技术,大大地满足了客户日益复杂和个性化的需求。

(4) 服务价格

服务亦有成本,如果为无限制地提升服务质量而不计服务成本,这对于企业经营无益,确定合理的服务成本,使企业利益合理化,最大化,企业最终追寻的目标。企业必须在立足于服务定位的基础上,保证服务价格的公平、合理,为客户所接受,才有利服务品牌营造。

(5) 服务文化

服务文化是服务品牌内涵的“构件”之一,服务文化立足于对企业传统文化（企业品牌文化、产品品牌文化）的继承，以及对市场消费文化的融合，服务文化必须是建立在客户导向的品牌文化，并且这种文化必须随着企业发展、社会环境、市场环境等因素变化，不断扬弃与创新。

（6）服务信誉

诚信是品牌不容缺失的关键因素之一，然而我国很多企业服务都缺乏诚信。客户的不满始于产品而可能止于服务，如果在服务上再缺乏诚信，那么这家企业可能无药可救了，更不要提打造服务品牌。

## 四、机关服务品牌

“机关”一词具有多种含义，目前还没有形成一致的看法。比较广泛的观点是指各类行政组织为处理综合性事务而设置的办事机构，如政府及所属各部门的办公厅（室）等。本文所指的机关是指一般意义上的机关，即主要是指从事公共管理，履行公共管理职能而设置的各种组织部门。而机关服务品牌是机关提供的公共服务的外在表现形式，是以优质服务的价值观为核心，体现服务特色，展示服务形象的理念标识，是反映机关的组织管理、文化理念、服务内涵、服务机制、服务创新和整体形象俱佳的综合标志。本书中所提到的品牌，即是机关服务品牌在税务管理中的应用。

### 1. 机关服务品牌应该具备的要素

（1）标识要素

机关服务品牌需要有鲜明的服务品牌名称和形象标识，名称和标识能够体现本部门的职能、服务特色和时代精神风貌，易懂、易记、易识别。

（2）范围要素

机关服务品牌需要表明服务的领域，向公众表明进行何种服务、围绕哪些方面开展服务。

（3）标准要素

机关服务品牌需要表明服务的标准，品牌服务的水平、方式、效果等方面应在传统服务的基础上有所提高和创新，一般服务做不到的，品牌服务可以做到，一般服务做得到的，品牌服务应该做得更好、更出色。

(4) 理念要素

机关服务品牌需要有创新型的文化理念和服务理念，把服务品牌理念赋予丰富的机关文化内涵，以先进的机关文化引领机关服务品牌建设。

(5) 承诺要素

机关服务品牌需要表明服务的承诺，机关服务品牌本身表明了服务的内涵、范围、价值取向和应达到的程度，即向公众做出明确的承诺。

(6) 目标要素

机关服务品牌需要表明服务的追求，服务品牌所表明的服务是优质、高效、高标准的服务，不仅适用当前也适用以后，随着内外部环境的发展变化，服务工作要不断更新发展，不断追求更高的目标，使服务工作不断达到新的水平和境界。

2. 机关服务品牌应该具备的特征

机关服务品牌除了具有品牌的一般特性外，还具有自己的特性：

(1) 时代性

机关公共服务是一种特殊的产品，具有服务业的一般特征，机关服务品牌是经济社会发展的必然产物，经济、社会的发展需要机关服务品牌，机关服务品牌的发展又及时反映出时代的特点。

(2) 先进性

机关服务品牌是机关公共服务的提炼和外在表现形式，在以公民满意为宗旨的具体服务中提炼而成，以名称、术语、标记、符号或者它们的相互组合等形式体现出来，随着机关建设的发展而发展。

(3) 科学性

机关服务品牌是实现机关管理的有效方法和途径，它包含管理学、经济学、心理学等知识，尤其是现代公共管理理念与技术的运用，使得科技水平成为评价机关服务品牌的一个重要因素。

(4) 社会性

机关服务品牌是机关文化和机关建设的结合，也是精神文明和政治文明的具体体现，其中不仅包含优质高效的服务，积极热诚的态度，更重要的是凝聚着先进的社会文化，机关服务品牌使得工作过程成为知识、文明、情操的传播过程。

3. 机关服务品牌的重要性

（1）创建机关品牌是塑造先进机关文化、构建机关核心价值体系的重要载体。机关品牌的内核是文化，根植于以机关使命、核心价值观为基础的机关文化土壤之中。同时，机关品牌作为机关使命与价值追求的高度凝结，是机关文化的显性载体，也是机关文化的先导和旗帜。成功的机关品牌内合力作用有助于机关更好地内强素质，外树形象，用人文关怀、品牌理念、利益导向凝聚大家，把机关品牌理念外化为每名机关工作人员自觉遵守的行为准则，引导大家干事创业。

（2）创建机关品牌是改进作风、促进社会主义和谐社会建设的有效途径。打造机关品牌是机关形象提升的过程，也是自觉接受群众、基层、社会监督评判的过程，从而必然推动党政机关从传统管理型向现代服务型转变，自觉强化以人为本理念，大力改进机关管理，加强公务员队伍素质和作风建设，提高机关服务质量和工作效率，从而树立机关在全社会和人民群众中的良好形象，密切党群干群关系。

（3）创建机关服务品牌是创建高绩效机关，加强机关党的执政能力建设和先进建设的重要举措。机关品牌的追求是绩效卓越、人民满意。通过创建品牌，表彰品牌，有利于引导和激励各单位以卓越绩效为目标，自觉运用现代先进管理理念与手段，优化工作流程，提高工作绩效，努力创建为民务实、清廉高效的党政机关，建设诚信文明、人民满意的公务员队伍。

## 第三节　品牌创新的原理及动力

所谓品牌创新，是指企业品牌要适应时代的变化和科技的进步，不断的寻求发展，包括技术创新、设备创新、材料创新、产品创新、组织创新、管理创新以及市场创新等。它存在有两种创新方法：一种是骤变，即全新品牌策略，指舍弃原品牌，采用全新设计的品牌名称与标志。二是渐变，又称改变品牌的策略，指在原品牌上局部改进，使改进后的品牌与原品牌大体接近。

从创新理论出发，品牌创新的定义可以表述为：企业依据市场变化和顾客需求，实行对品牌识别要素新的组合。品牌的识别要素主要包括品牌的名称、标志，作为品牌基础的产品(产品质量和包装)，技术、服务，品牌的营销传播组合等等。品牌的每一个识别要素都可以作为品牌创新的纬度实施品牌创新。创新的目的在于实现消费者头脑中的品牌形象更新，从而为消费者提供更大的价值满足，即更好地满足消费者对品牌的功能需求和情感需求。

## 一、品牌创新的原则

成功的企业品牌创新应该遵循五大原则：

第一，消费者原则。品牌创新的出发点是消费者，创新的核心是为消费者提供更大的价值满足，包括功能性和情感性满足。“消费者原则”是一切原则中的根本原则。

第二，及时性原则。品牌创新必须能够跟上时代步伐，及时迅速地满足消费者对产品或服务的需求变化。创新不及时，产品或服务必将落伍，品牌必然老化。

第三，持续性原则。世界上没有一劳永逸的品牌创新，品牌创新必须持续不断地进行，才能满足消费者不断变化的实际需求。

第四，全面性原则。在对品牌某一个维度进行创新的同时，往往需要其他维度同步创新的配合，才能达到较好的效果。

第五，成本性原则。任何维度的品牌创新都是有代价的，包括可能的巨额研发费用、营销费用、管理费用等等，而且随着市场竞争的加剧，这一代价呈现出递增的趋势。

## 二、品牌创新的动力

创新的目的在于实现消费者头脑中的品牌形象更新，从而为消费者提供更大的价值满足，即更好地满足消费者对品牌的功能需求和情感需求。品牌创新的动因在于：

第一，科技进步是品牌创新的催化剂。现代社会，科学技术进步越来越快，技术上的创新往往带来产品的创新甚至行业的革命。许多行业出现了替代性的新产品或服务，如数码相机市场的成长威胁着传统相机和胶卷制造业的生存；互联网的迅猛发展对新闻、邮政、文化和娱乐等行业造成巨大的冲击。

第二，市场竞争加速品牌的优胜劣汰。近几十年经济发展的结果使得商品种类和数量迅速增长，市场竞争的结果为消费者提供了越来越大的选择余地。在 20 世纪七十年代购买汽车的中国消费者只有在国内公司生产的几种车型中挑选，而今消费者可以从国内、国际 260 多种汽车型号中任意挑选。

第三，消费者需求的变化激发品牌创新。随着经济的发展、社会的进步，消费者的价值取向和审美品位也都在发生着变化。品牌如果一成不变，就会失去许多潜在消费者以及动摇品牌忠诚者。如果品牌长时间不与消费者沟通，没有向消费者传播新的信息，不能给消费者带来一点新鲜感，那么消费者很快就会将这个品牌淡忘。

# 第二章

# 国内外税收服务品牌建设概述

在第一章已经论述了税收服务品牌是一种机关服务品牌政府机关服务品牌建设要始终贯彻与时俱进、切合实际的理念，通过创立优质的服务品牌来营造一种全新的、更加文明理性的行政管理模式，以提高管理服务水平，树立新的机关形象。在本章节中，将介绍西方政府在品牌建设和税收服务体系方面一些好的经验，及中国一些地区成功的税收服务品牌建设经验，为南京市构建更完美的税收服务品牌提供一些有价值的经验。

## 第一节　国外税收服务体系研究

税收服务是税务机关按照税收法律、行政法规的规定，在纳税人依法履行纳税义务和行使权利时，为纳税人提供的规范、全面、便捷、经济的各项服务措施的总称。探索和建立一套合理而又完善的税收服务体系已经成为世界各国税务机关研究的主要课题之一。尤其是在我国由计划经济向市场经济转型的关键时期，加强税收服务研究，借鉴和学习世界新的管理理论与实践的成果，做到扬长补短、扬长避短，进一步完善税收服务体系，提升服务的质量和水平，具有重要而深远的意义。通过对市场经济发达国家的税务服务体系的研究分析，可以看出他们的税收服务体系比较健全与完善，公民纳税意识较高，征纳双方基本形成良性互动的关系。

## 一、国外税收服务体系的主要特点

### 1. 服务理念新

市场经济发达国家纳税服务理念早在20世纪80年代已萌芽。伴随着全球化、信息化、市场化及知识经济的到来，东西方一些发达国家相继进入了政府管理改革的年代。欧美国家，以及澳大利亚、新西兰、日本等国家掀起了“管理主义”（Management）或“新公共管理”（NPM：New Public Management）模式的政府改革热潮。“新公共管理”的特征是政府管理中引进商业管理技术和市场竞争机制，采用私人部门的管理方式，改“官僚型”政府为“服务型”政府，以提高政府的公共服务效率。由此带来的是税务管理从“打击制约型”管理模式向“服务型”管理模式转变，纳税服务的地位日益凸显，并成为税务工作的主流和重要内容。

### 2. 服务意识强

在西方经济学界，许多税收专家极力主张税务机关有义务为纳税人提供服务。他们主张：帮助纳税人解决纳税技术上的问题，以便纳税人更好地履行纳税义务；对纳税人提供生产经营方面的有益信息，以便提高纳税人的生产经营水平和经济效益；对纳税人提供税法以及其他方面的知识教育，以便纳税人更好地处理生产经营过程中的涉税问题，提高遵从税收法律制度自觉性。他们的这些主张被许多国家广泛采用，如美国实施了“为纳税人服务为治税宗旨”的管理策略，并将“为纳税人提供高质量的服务”写进新的使命宣言，在税法内容中，维护纳税人权益的条款达70余条。

### 3. 服务机制全

建立一套完善的为纳税人服务体系早已成为一些市场经济发达国家税收征管工作的成功经验之一。如加拿大拥有以全方位服务为基础的自核自缴制度，为纳税人顺利、正确地申报纳税提供了极大的方便。其特点：一是拥有较为完善的为纳税人日常服务体系；二是拥有较为完善的中介服务体系；三是拥有较为完善的税务司法服务体系。新加坡则建立了“信息推动”型的纳税服务体系，税务机关建立了“国内税收综合系统”、“电子申报系统”、“机构服务系统”、“办公自动化系统”等四个面向纳税人的综合服务电子信息系统，需要服务的纳税人可通过电子系统随时与税务人员见面，随时得到税务系统的咨询回复。

4. 服务手段强

美国税务机关把向纳税人公布的信息划为共性信息和个性信息，通过广播电视、电子网络、刊物等广告媒体对共性信息进行公告，并通过企业研讨会等形式进行公布，通过电话查询、书面查询、柜台查询等方式向纳税人提供个性服务。英国通过“税收志愿者行动”，组织有关人员登门为老年纳税人服务，为纳税人免费提供纳税咨询，保障了纳税人能够及时享受到政策服务。法国强化税务机关与纳税人的沟通，专门设立录音电话，24 小时为纳税人解答问题，并专门设立了税收咨询因特网站和电子信箱，在 48 小时内对纳税人的来信给予答复。

5. 服务层次高

以美国为例，一是设立专门的税收服务部门。早在 1973 年，美国联邦税务当局就将为纳税人服务列为自身的一个重要职能部门，并赋予和征收、检查等部门同等的地位，具体负责对纳税人提供高效、优质的服务工作。二是税收服务得到了政府、立法机构及有关部门的大力支持，一些新技术和创新计划不断被运用到为纳税人服务工作中，为推动该项工作发挥了极其重要的作用。三是推行全方位、立体式的税收服务计划。服务计划主要包括：发行出版物、电视宣传、税务教育、电话服务，以及其他方法。四是服务经费得到保障。

## 二、发达国家税收服务体系的管理模式

公共管理理论的不断涌现及新公共管理运动的兴起对西方乃至世界各国公共管理实践带来深刻的影响，促使传统的官僚制模式向以市场与服务为导向的政府管理模式转变，同时也对西方传统的税收管理理念和运作方式也产生了深刻的影响。自 20 世纪 80 年代起，西方经济发达

国家税收相继进行了向服务型税收的转型。

1. 税收管理从规制导向向服务导向转变

新公共管理以理性经济人的假设前提取代了传统韦伯官僚制人性恶的前提假设，认为以人性恶为基点，并试图通过规制导向约束人的行为来维护公共利益的思路是不完备的。认为应该承认人的经济性特征，通过市场这只“看不见的手”引导并实现个人利益与公众利益的统一。这一点给西方国家税收管理理念带来深刻的影响，促使税务机构从过去视纳税人为偷税者处处设防严查重罚，转变为重视对纳税行为的成本收益分析，通过提供高质量服务，降低税收征收成本，提高纳税遵从率。有测算表明，一份纳税服务方面的努力，相当于50份税务监督打击方面的收获，成本收益率比较不言自明。1988年，美国颁布了《纳税人权利法案》，制定了纳税人援助制度，要求税务官员必须全面接受《纳税人权利法案》条款以及专门提高税收服务的培训，承诺公正、公平地对待纳税人。1998年，美国联邦税务局实施了重组和改革法案(RRA'98)把“通过帮助纳税人了解和实现他们的纳税义务，并通过使税务公平适用于所有纳税人，以此为美国纳税人提供最高质量的服务”作为美国税务管理现代化的使命，并把为每个纳税人提供一流的办税服务、为所有纳税人提供旨在确保税法得到公平实施的服务作为三个战略性目标中的两个(另一个是创造高质量的工作环境)。新加坡税务局1992年进行了重大机构，调整后的每一个职能部门，都必须主动为纳税人提供服务，帮助他们理解税法，履行纳税义务。

2. 税收客体从监管对象向商业客户转变

新公共管理主张将企业家精神引入政府管理之中，运用私营企业成功的商业化技术、手段和经验，为公众提供高品质的公共产品和服务。如美国联邦税务局设计的未来组织机构不再按照税收征管的职能进行划分，而是借鉴私营部门面向客户需求的组织架构，按照服务对象的不同分为工资和投资收入、小型企业和独立劳动者、大型和中型企业以及免税者和政府部门四个执行部门，直接按照纳税人的需求提供各类纳税服务。澳大利亚和新西兰把纳税人作为税务机关的客户，并通过制定纳税人宪章(Taxpayers' Charter),确立纳税人的权利义务。其中,新西兰把纳税人宪章直接称为客户宪章(Customer Charter)。

3. 内部管理从行政管理向企业化经营转变

委托代理理论认为解决用税人与征税人委托代理问题关键所在于设计适当的激励机制,诱导代理人追求委托人的目标,使其行为符合委托人的利益。为此,新公共管理主张通过建立激励机制和绩效评估,激励官员提供更优质的服务。这种思潮对西方国家税务管理产生了很大影响,如新加坡国会通过法律,同意税务局按照企业化经营方式承包税收任务并允许在承包费内,按照中产阶级的收入标准确定税务人员的待遇;英国税务部门引入商业化管理手段,并对内部实施严格的考核机制;美国联邦税务局按照共同战略目标的要求,建立了平衡业绩评价体系,对其战略管理层、操作层和一线员工满意度和经营业绩,统一进行绩效评估,对每个税务人员都制定了统一的绩效标准进行考核,并以此作为决定薪酬和升迁的依据。

4. 纳税服务从行政服务向社会化服务转变

公共选择理论认为要改善官僚制的运转效率、消除政府失灵的根本途径在于消除公共垄断,在公共部门恢复竞争、引入市场、准市场机制,促进公共管理的社会化。美、英、德、日等国家充分利用中介组织为纳税人提供大量社会化的纳税服务。其中日本2002年已有"税理士会"14所,支部500多个,从业人员7万人,甚至比国税系统还多出2万人。美国有庞大的税务顾问队伍,税务顾问主要有注册会计师,注册代理人和律师,他们取得相关资格后,为纳税人提供所需的服务,主要有税收遵从,税收筹划、税务分析和提供投资建议等。澳大利亚的纳税人协会每年向纳税人提供50多万字"税收概要"(Tax Summary),每年更新二次以上,目前已出版了85期。新公共管理运动给西方国家纳税服务带来的变化,是西方社会政府行政改革的缩影,为世界各国特别是为向市场经济转型的国家构建新型纳税服务体系提供了有益的启示:一是以市场为导向是纳税服务的发展趋势;二是把纳税人视为顾客;三是引入企业化经营管理经验,强调激励和绩效评估;四是实现纳税服务的社会化;五是纳税服务要体现信息化的要求；六是所有这些服务都要以顾客满意程度为衡量标准。

## 第二节　国外税收服务品牌的实践

纵观国内外税收服务的现状，以下几个国家和地区的经验值得我们借鉴：

### 一、欧美国家的税收品牌服务

1. 美国——需求型税收品牌服务

美国国内收入局（IRS）是一个以服务纳税人为中心的机构，其职能是为纳税人提供最好的服务，尽量满足纳税人的各种合理合法需求，使他们能够理解税法，履行纳税义务。其特点：

（1）机构设置科学

为了给不同类型的纳税人提供更有针对性的服务，不是按区域或税种设置业务局，而是把与纳税人直接打交道的业务操作部门完全按纳税人的类型和规模分为工资与投资收益局、小企业与自雇业主局、大中型企业局、免税单位与政府单位局四个系列。不同的业务局又针对不同规模纳税人的特点，有不同的内设机构和派出机构模式，如大企业局总部的内设机构主要是研究类、指导类的，派出机构则按行业设置。小企业局和工资与投资收益局，因纳税人众多，情况复杂，其内设机构也主要分为教育与辅导、财会服务、税收遵从三大部分。业务局派出机构的地理分布和数量也都以方便纳税人为标准，体现出全面服务、超前服务、重在预防、重在沟通的税收服务理念。除此之外，还专门建立了系统庞大、惟一按地域原则设置派出机构的纳税人服务局，对不能通过正常途径解决的税收问题和其他主管税务机构遗漏的问题以及由于地处边远、人口稀少而没派有专门业务机构的地区的问题予以补救和解决，形成税收服务的最后一道防线。

(2) 救济手段完善

美国有专门的《纳税人权利法案》,所有税务部门的工作人员都必须全面接受和遵守;设立了"问题解决办公室",如果税务机关没有在合理期限内解决纳税人的问题,纳税人有资格向"问题解决办公室"申请对此问题的处理;制订了"纳税人援助制度",为那些由于国内收入局(IRS)有计划的执法行动可能陷入困境的纳税人提供救济,并设立纳税人辩护律师服务中心。这是国内收入局(IRS)为纳税人提供的一项独立的税收服务,在每个州和分支都至少设有一名独立于税务局之外的纳税人辩护律师,由纳税人辩护大律师直接领导,能在 IRS 内代表纳税人的利益,保护纳税人权利,减少纳税人负担。该服务中心的职能是帮助纳税人快速、公平地处理通常渠道未能解决的纳税问题,并找出给纳税人增加负担或麻烦的问题根源,将之提交 IRS 管理层注意,必要时提交税法修改建议。凡在纳税过程中遭遇困难或可能蒙受损失及处罚的纳税人均可向服务中心寻求帮助,中心接受申请后会指派律师听取纳税人一方的观点,给予指点,并及时通报进展情况。按照法律规定,该中心的负责人——纳税人辩护大律师每年必须向国会递交两份报告,一份是该中心为来年制定的目标及措施,另一份是汇总 20 条纳税人遭遇较多且较严重的问题,提出解决意见,并就其他 IRS 应采取的改进服务和减轻纳税人负担的措施提出建议。

(3) 服务渠道通畅

美国借助多元化的中介机构与社会力量,形成了多元化的税收服务方式。比如:税务课程。有被称为"了解税"的教学计划,在学校设立税务课程,对 14～18 岁的中学生进行教育,课程的主要内容是解释征税的必要性,以及如何填写简单的纳税申报表。税务诊所,与商业性的电视台联系,在每年二月初的第一个星期天,通过公共电视频道和有线电视网向全国播出"税务诊所"节目。节目申请纳税人与税务人员、会计师和律师讨论有关纳税的话题,同时安排热线电话,邀请公众参与。税务顾问,美国有庞大的税务顾问队伍,他们取得相关资格后,为纳税人提供所需的服务，主要有税收遵从、审计支持、税收筹划、税收分析、提供投资建议和税收以外的法律建议等。

2. 澳大利亚——经营型税收品牌服务

澳大利亚的税收服务充满了经营理念，他们认为税收服务的对象不一定都是纳税人，应包括所有想了解税收政策、涉税事宜的人，因此他们使用顾客这一含义更广、更亲切的称呼。在具体措施上，主要体现在以下几个方面：

一是制定了《纳税人宪章》。明确规定了纳税人的 11 项权利与服务标准。

二是规定具体的税收服务标准，并加以量化。如接起电话的时间不超过 21 秒；问候要快而客气；回答问题要有礼貌、专业、准确；如果需要他人转接，要征得顾客同意，并将顾客姓名及详细情况告知下一个电话接呼人，然后感谢顾客的等候，并确认是否接通，再放下电话，只能转接一次，随时准备做留言记录，并确保转告到位。

三是建立因特网网址，设立电子信箱，为顾客提供全方位的税收服务。

四是设立顾客服务中心，为顾客提供直接上门咨询及完税服务。

五是开发接通迅速、针对性强的电话咨询应答系统。顾客可以被快速转接到相应专业税务人员前接受服务，而不是面对机械的自动语言系统。

六是一定要书面答复顾客书面咨询的涉税事务。

七是完税方式多样化。可以上门完税、邮寄完税、到银行完税（银行代收，税务部门支付代收手续费给银行）、电话完税、网上完税等。

八是提供多国语言服务。

九是充分发挥税务代理机构的作用。

十是开发完善一些方便顾客纳税的软件。

十一是设立了相对独立的投诉服务部。其目的是改善对顾客的服务，对其他分管业务部门进行监督，保证顾客的权利不受损害。在解决顾客所投诉问题的过程中，做到保持客观中立的立场，在对有效地解决争议和保护澳税务署内部部门利益之间作出决择时，政策应向保护顾客权利倾斜。

3. 德国——个性型税收品牌服务

德国在提供共性化税收服务的基础上，非常注重区别对待纳税人，为他们提供充满个性化的税收服务。

一是量能定税，根据纳税人纳税额划定服务管理方式，重点大户统一集中管理，一般纳税人实行地域管辖。

二是实行风险管理，尽量减少税收“机会成本”。免费提供电子申报纳税软件，纳税申报表或相关的表、证、单、书给纳税人，提供税收培训，将纳税人由于对税收规定不熟悉或计算失误而少缴或多缴税款的风险减到最低。

三是根据纳税遵从度提供不同的税收服务。给依法纳税者提供良好的，具有亲和力的优质服务。对不遵守税法的纳税人予以严厉处罚或法律诉讼，公布于众。

## 二、亚洲国家的税收品牌服务

1. 日本——宣传型税收品牌服务

日本的税收服务具有宣传引导的特点：

一是设有专门的税收宣传机构。日本国税厅设有专门负责税收宣传的机构，配备专职的宣传官员，拨付专项宣传资金。

二是免费发放税收宣传资料。

三是充分利用新闻媒体宣传。日本税务机关特别注重利用电视、广播、报纸、杂志等社会媒体进行宣传，使全体纳税人和社会各阶层都充分认识依法纳税的重要意义。

四是加强青少年税收宣传教育。为健全青少年税收教育制度，国税厅、文部省、公共团体、教育机构有关人士共同组织成立了“租税知识教育促进会”，该协会根据文部省教学大纲编写了《我们的生活和税收》等辅助教材，分发给中小学生，针对小学到高中各个年级的学生进行税收知识教育。

五是聘请社会监督员协助宣传。日本国税厅早在1971年就建立了国税监督员制度，聘请社会上的贤达人士担任国税监督员。从1954年开始，每年的11月11日至17日，日本都举办全国性的“了解税收周”活动，迄今已坚持开展54年。宣传活动期间，各地的税务部门举办纳税人座谈会、巡回讲座、税务咨询、税收资料展、税收讲演会、税收题材征文获奖表彰等宣传项目，还在很多城市开设租税学习中心，免费为纳税人讲解税法。

2. 新加坡——信息型税收品牌服务

新加坡税务机关制定了为纳税人服务的标准度服务体系.向纳税人公开承诺其工作目标和标准。这一体系带有明显的信息推动的特点，新加坡国内税务局信息科技系统包括:①国内税收综合系统(IRIS);②电子申报系统;③机构服务系统(CSS);④办公自动化系统。这四个系统相对独立，可单独处理相关业务，同时，其信息系统又有内在联系，一体化程度较高，数据信息高度共享。在达到这一目标的过程中，他们首先进行了征管业务流程重组，同时，对原有机构进行调整，建立了一个数据处理中心和一个服务中心，负责税务登记、纳税申报、退税申请、信函咨询的受理、数据图像扫描录入、纳税人邮寄支票的分检，向银行传送入库信息等工作和纳税人上门咨询、信函咨询的回复工作。

## 三、港台地区的税收品牌服务

1. 台湾——诚信型税收品牌服务

台湾地区税务界顺应国际潮流，提出“诚心服务、用心办事”的服务质量理念，以“爱心课税，安心缴税”为服务政策，全方位地推出各项服务措施，创造了公平合理的税收环境，纳税人调查满意度达到:免费服务专线电话 90％，服务态度 86％，服务人员工作效率 82％，办公场所 93％，纳税人自愿遵从率逐年提高，目前已达 80％以上①。这种状况与台湾地区推行的以服务为导向的税务行政活动密切相关，其为纳税人服务的方式可谓多种多样，措施全面、周到。

（1）为纳税人服务渗透到税务行政的全过程

近年来，台湾地区强调税收的共同报偿性和公共性，提倡纳税人的自觉遵从，自行申报，税务机关的部分责任变为纳税人的义务，而纳税人自愿遵从的条件是具有充分的信息，因此，台湾地区非常注意税收服务和宣传。

① 利用报纸、杂志、无线电台、有线电视网、电子动画看板、公车广告等各种媒体宣传税法，及时披露新的税收法规和税法修订事宜。

② 分别税目，编印各种报缴手册及宣传资料，分别放在服务中心和纳税人代表服务处，便利民众取阅。

（2）全方位开展税收教育

① 对各级学校开展税收教育与宣传活动。

② 举办各种税收讲习班，除分行业、分税种举办外税收学习班外，还循序渐进地按程度编印教材开班。

③ 分行业举办各式座谈会，宣传税收法令政策及服务措施，了解各行业实际状况，协助解决问题。

④ 每年举办"小学学童认识租税绘画比赛"，并将作品收集成册出版，许多小学生的绘画说明了税收的作用和公民的义务。

（3）改善税务人员作风，提高税务机关的形象

① 统一使用税务标志。

② 注意提供温馨的服务场所，使纳税人办税宾至如归。

③ 对员工进行经常性的服务训练，改善服务态度。

④ 实施走动式服务，主动引导民众办妥申办事项。

⑤ 各分处设立行政改革信箱和政风检查信箱，信箱旁放置意见表，

---

① 李丽凤. 台湾地区为纳税人服务的经验与启示[J]. 涉外税务，2002.12

纳税人可以填好后投入或利用邮递、电话、传真、电子信箱等方式交给税务机关，税务机关在10天内将处理结果答复给投诉者，必要的还邀请投诉者作面对面沟通，彼此交换意见。

⑥ 设立免费检举贪渎专线及检举漏税专线。

⑦ 通过ISO 9002国际质量标准认证。

2. 香港——咨询型税收品牌服务

香港地区的主要特色是“以完备的咨询为主导”型的税收服务。香港建立了完善的纳税服务体系和服务承诺制度，为税收执法创造了良好的外围环境。其口号是“优质服务，与时俱进”，“对纳税人待之以礼，并提供有实效的服务”是香港税务局的税收使命之一。为搞好服务，税务局向社会发放服务承诺标准，并在内部成立服务承诺关注委员会，以监督各项服务承诺的实现。每年度，税务局编制服务承诺年报，以接受社会各界的监督。成立专门的税务咨询中介，负责电话查询和柜台查询，还设立有咨询服务站。

(1) 专门的税务咨询服务机构

香港地区税务局在税务大楼一楼大厅专门设立询问服务中心，配备有多人，主要负责处理电话和柜台查询。该中心的电脑设施与香港地区税务局的综合资料库连接，能一次提供所需资料。

(2) 税务咨询服务方式

香港地区税务咨询服务有电话查询、柜台查询与书面查询。电话查询和柜台查询共用一个计算机信息系统，但电话查询方式采用了自动电话查询系统，自动电话查询系统设有120条电话线，让查询者每天24小时都能通过预先录音设备获取广泛及最新的税务资料。此外，该系统也会应查询者要求，利用图文传真方式发出有关资料文件，并提供留言服务。书面查询又可分为“简单事宜”和“技术性事宜”两类，根据所询问事情的复杂程度而定。通常“简单事宜”的查询是可直接自税务局内的资料库得到答复而无需查阅有关档案。这些查询包括递交报税表，索取报税表或评税通知书副本，申请个人人息课税的资格及有关缴税情况等。

除此之外，所有其他查询均属“技术性事宜”。

除此之外的其他国家在税收服务品牌构建方面也有自己的特点，如英国有低收入者税制改革委员会和大量的税收志愿者帮助弱势群体解决有关税收问题。韩国设立了税务呼叫服务中心，其服务范围有：网上顾问、信函传真顾问、电话顾问、纳税申报介绍、重要案例调整、FAQ 站点、热点新闻窗口。新西兰也在全国建立了由 5 个呼叫中心组成的税务呼叫中心服务体系，为纳税人提供在线服务，以规范和简化征税程序，完善纳税环境，提高税务机关为纳税人服务的能力。

## 第三节　国内税收服务品牌的实践经验

近些年，品牌这个曾经专属于市场经济、体现企业和商品内外形象的名词已悄然走入政府机关，品牌理念逐渐被政府引入用以提升服务品质，树立良好的社会形象，国内很多税务机关都逐渐形成了自己的品牌特色。

### 一、深圳市国税局——“易办税”服务品牌

深圳市国税局依托税收信息化建设，按照“便利、实用、快捷、高效”的原则，搭建和完善了两个纳税服务平台。一方面，统一规范办税厅服务标识、服务内容、服务流程、服务标准，实施前台业务的全市通办，开辟自助办税区，打造了具有响亮的“国税全市通”品牌的办税厅服务平台；另一方面，综合运用多年来的信息化建设成果，统筹 12366 热线、国税网站、短信、网上认证、银税联网、储蓄扣税等 10 多个信息系统，全方位、多角度为纳税人提供个性化的服务，打造了以“易办税”为典型特征的电子服务平台。

**1. 规范统一、面对面的办税厅服务平台**

办税服务厅作为传统办税场所，面对面地办理涉税事项是纳税人最常采用的办税方式。深圳市国税局高度重视办税厅的建设，在近两年开

展了大量的统一规范管理工作。首先是业务整合，重组了办税厅、征管科、票证中心以及税政科职能，规范了办税厅的区域分布，将办税厅统一划分申报、发票、综合三大功能区域，并对每个窗口的名称和对应的业务内容进行规范。其次是办税公开，印制并在办税服务厅统一摆放《办税制度公开指南》，方便纳税人查阅信息；并设置自助报税区，培养纳税人办税习惯，方便纳税人办税。再次是全面启用办税服务厅视觉识别系统，方便纳税人识别大厅办税设施、服务区域和窗口，进一步优化办税环境。

同时，为解决纳税人跨地域办税的实际困难，深圳市国税局在全国率先实行办税厅业务全市通办，支持纳税人选择全市任一银行解缴税款，支持纳税人选择任一办税厅办理申报纳税、抄税认证、发票供售、代开发票、文书领取、税务登记等不需要审批的涉税业务，既给纳税人带来极大便利，又大大缓解了办税厅业务量不均衡的矛盾。

2. 全方位、多角度的“易办税”电子服务平台

“易办税”是深圳市国税局向纳税人提供的各种电子服务方式的统称，其内涵非常广泛，涵盖了信息化建设的大量成果。以易办税为最典型的特征，电子服务平台主要包含以下内容：

(1) 12366 纳税服务热线

深圳市国税局 12366 是全国税务系统第一家税务呼叫中心，规模最大，业务最繁忙。从开通至今近 10 年的时间里，受理的系统自动话务总量超过 1 080 万人次，人工话务总量超过 320 万人次，相当于国税局每户纳税人拨打了 20 余次。12366 纳税服务热线的创立与发展，规范了深圳市国税局纳税人咨询、投诉、举报工作，统一了税收政策法规的宣传口径，促进了税收行政执法行为进一步规范，加强了涉税投诉、举报、咨询服务的力度，提高了税收征管质量和效率，提升了深圳国税的社会形象。

## 媒体小链接

深圳市国家税务局 12366 纳税服务热线，是全国第一家税务呼叫中

心，其前身为99511。自2000年11月1日正式开通以来，12366咨询台架起了税务机关与纳税人沟通的桥梁，拓宽了税法宣传的渠道，提高了税务机关纳税服务水平和信息处理的效率，对完善纳税服务体系、提高税法遵从度、保护纳税人合法权益、树立税务部门良好的社会形象起到了积极作用。

一、12366纳税服务热线的主要功能

12366纳税服务热线主要包括两个平台、八大功能：

两个平台是指：一是税收综合信息服务平台。通过呼叫中心把电话、Email、传真和网络等多种信息资源有机结合起来，变分散管理、个别服务为集中管理、个性服务，通过自动语音、传真、留言、人工等多媒体方式直接为纳税人提供政策法规、办事程序、发票查询等方面的不受时空限制的全天候、"一站式"咨询和查询服务。二是纳税人意见收集反馈服务平台。通过呼叫中心搭建的纳税人意见服务平台，及时收集处理纳税人的意见和投诉，倾听纳税人呼声，接受社会监督，采纳合理建议，传递反馈信息等。

八大功能包括：①自动语音；②自动传真；③人工座席；④电话预约留言；⑤投诉举报；⑥网上提问；⑦电子导税员；⑧政务公开平台。

二、12366纳税服务热线的主要职责

（一）提供深圳市国税系统的基本情况、税收政策法规和征管规程的咨询服务。

（二）为纳税人办理涉税事项提供指引服务。

（三）受理纳税人对偷税、逃税、骗税等违法行为的举报，并按保密程序移交有关部门查处。

（四）受理纳税人对深圳国税系统各级税务部门、税务人员工作作风及廉政方面的投诉，并按保密程序移交有关部门查处。

（五）接受纳税人对深圳国税工作所提出的意见和建议，及时向上级领导和有关部门反映。

## 三、热线电话业务处理流程

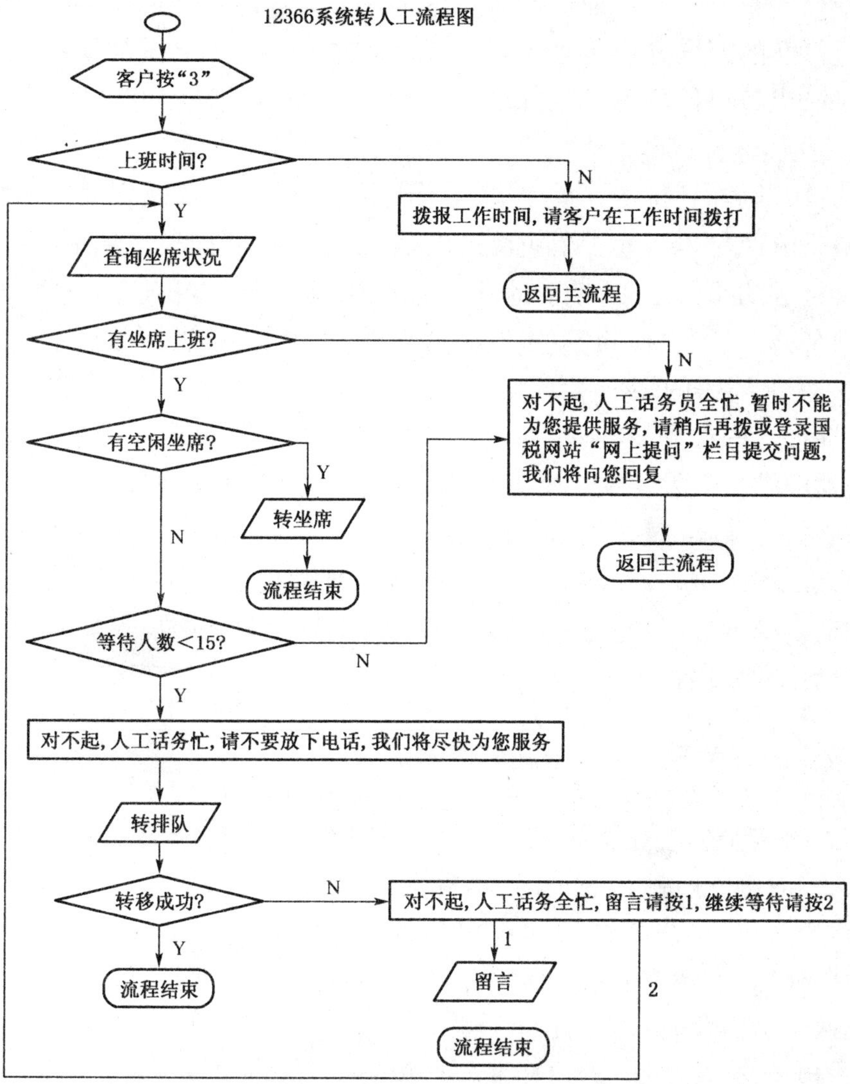


**图 2-1　12366 系统转人工流程**

——摘自深圳市国税局网站 http://www.szgs.gov.cn

（2）个性化国税网站

全方位、一站式、个性化的国税网站。网站开通使用至今，不断更新服务理念，健全服务制度，拓展服务内容，创新服务形式，访问量从最初每月八、九千人次至近期日均访问量 3 万人次。首先，网站日益完善“网上办税厅”的网络办税服务。目前，“网上办税厅”已经基本覆盖了除发票认证、出口退税预审业务外的所有前台业务，其中网上申报和代开发票网上预审已占深圳国税同类业务总量的 83%，大大减轻了前台工作量。其次，网站还建立了集咨询、辅导、信访、举报、投诉、访谈为一体的“征纳交流”平台，搭起了税企沟通的桥梁。其中的“国税访谈室”自推出至今，已成功举办了 15 期。此外，网站的信息订阅、涉税信息查询、曝光台、政务公开、网上提问、电子导税员等栏目，也受到纳税人的广泛欢迎。

(3) 无障碍的短信系统

深圳市国税局 2004 年在全国率先推出的短信息服务，主动、直接、准确地向纳税人发送文书办结告知、催报催缴、申报提醒、缴款提醒、问卷调查等十余类涉税信息，实现真正意义上的任何人、任何时间、任何地点的三 A(Anyone、Anytime、Anywhere)纳税服务。其中，随着纳税申报和缴纳税款提醒短信这类短信业务的开通，避免了纳税人因逾期申报纳税衍生的信用损失和经济损失。

## 二、青岛市国税局——“税税通”服务品牌

2005 年，青岛国税局为进一步增强广大干部服务意识，不断提高执法水平和行政效率，积极践诺“纳税人的需求，国税人的追求”的服务理念，在深入调研，广泛征求纳税人和有关专家意见的基础上，创建了以“公开、便捷、尊重”为核心理念，具有统一标识、丰富内涵的系统办税服务品牌——“税税通”。

“税税通”的全名为“税税通—办税服务直通车”，核心内涵为“公开、便捷、尊重”。两个“税”字，既代表纳税人和征税人双方，也代表所征收的每一个税种和每一项业务。“通”字，体现“通达、畅通、和谐，给人方便”之意。“办税服务直通车”是以办税服务为主要特点，通过畅通办税渠道，达到服务纳税人的目标。“公开、便捷、尊重”即办税内容公开，办税方式便捷，征纳双方平等尊重。“税税通—办税服务直通车”是以信息

化为依托，既代表办税服务中的庄严承诺，更体现出青岛市国税系统致力于提高服务质量和效率，努力构建和谐征纳关系的主导工作愿景。

为了推进“税税通—办税服务直通车”服务品牌建设，青岛市国税局还提出和建立了“一二三四五”的工作目标，具体来说包括：

树立一个理念：纳税人的需求，国税人的追求。

抓住两个关键：深刻理解执法和服务的关系，即在引导“纳税遵从”的同时，规范税务机关行政行为，维护纳税人的合法权益。

建立三个体系：纳税服务体系、品牌管理体系和监督保障体系。

实现四个目标：塑造一流品牌，营造一流环境，建设一流队伍，促进征纳之间和谐发展。

完善五项制度：调查研究制度、教育培训制度、征求意见制度、专家咨询和评估制度、新闻通报制度。

为了将形象识别系统的基本理念和要求导入服务品牌建设之中，提高广大国税干部和纳税人对“税税通”服务品牌的情感认知，青岛市国税局做了很多工作：一是建立理念识别系统，将品牌建设和国税文化理念相结合，通过文化管理漫画、典型故事等载体，积极宣传服务品牌的内涵和理念。二是建立行为识别系统，完善内部制度，深化干部培训，进一步提炼干部行为规范和工作准则，使广大干部的思想、行为符合品牌建设的要求。三是建立视觉识别系统，各基层局办税服务厅管理实现了功能、告知、品牌、标识的“四统一”。13 个基层局在办税服务厅显著位置设置了大型的服务品牌形象标识及“新办业户办税流程”、“纳税服务承诺”、“国税文化理念”宣传牌等。

除此之外还不断加大宣传力度，扩大品牌的影响力。对外，加强税收政策及相关知识的宣传。形成了税收宣传月、税收法规公告、税收政策汇编、税收政策发布会、12366 纳税服务热线等多种形式的税收宣传措施。各基层局通过制作系列广告，在全社会宣传推广品牌形象；借助广播电台、报纸、青岛传媒网等形式，主动接受广大纳税人和社会舆论的监督，促进国税与社会公众之间的双向沟通；在公共场所、办税服务厅等张贴宣传画或设立公益广告牌，向纳税人发放了 10 万册服务品牌宣传手册，对品牌名称、外观标识、理念等积极进行推介。对内，向广大干部职工宣讲服务品牌内容，并在《青岛国税》报中开辟品牌专栏，通过挖掘和宣传品牌故事的方式，使全系统每一位干部职工都能够意识到品牌创建工作的深远意义，自觉加入到品牌创建工作中来。

1. 优化纳税服务，充分发挥品牌服务的带动作用

一是推行政务公开，畅通征纳税之间的沟通渠道。青岛市国税局积极贯彻落实国家税务总局《关于进一步实行文明办税“八公开”的意见》、《办税服务厅规范化服务要求》，通过办税服务厅的电视、触摸屏、宣传栏、明白纸等，向社会公开承诺纳税服务十项即办事项和十三项非即办事项的服务项目、程序及环节、办理责任单位、承诺时间，实现纳税人明白办税。在内部，明确前后台各个环节的分工和责任，完善青岛国税外网的服务功能和内容，建设“网上办税厅”，重点实现网上申报等办税业务。纳税人可以通过国税网站查询申报资料、涉税信息、提出税收咨询、发表对相关管理文件的意见和建议。精心打造“12366 服务热线”，严格日常管理，强化运行机制，不断提高服务纳税人的意识和能力。

二是方便办税，优化纳税服务流程。青岛市国税局建立了多种有效形式的申报系统，实现了纳税方式的多元化。通过触摸屏、排号机等设施，实现办税过程中预备叫号和随时提示制度，最大限度减轻纳税人的等待时间。整合办税服务业务，设立综合业务和发票发售两个窗口，建立办税内部流转机制，推行“一站式”服务，做到统一受理、内部运转、限时服务、办结回复，使纳税人到一个窗口就可以完成全部业务的申报，降低了纳税成本，促进了行政效能的提速。实现了与财政、国库、工商、地税以及 13 家商业银行的“财税库行”联网，解决了过去纳税人到银行、税务局两头跑的麻烦。

三是实现文明办税，营造温馨和谐环境。青岛市国税局从规范税务人员的服务行为入手，开展多种形式的培训活动，进一步完善和加强文明用语、执法行为建设，努力塑造廉洁、高效、务实、进取的社会形象，力争做到“两个一样”，即对纳税人不管是否了解办税程序和要求一样对待、对纳税人提出的业务量不管大小一样办理；达到“三个确保”，即确保

为纳税人提供一个宽敞明亮，设施齐全，方便舒适的办税服务场所，确保展示工作人员良好的职业素质和服务形象，确保为纳税人提供规范化、高效化服务。

2. 加强品牌管理，不断推进各项管理工作上水平

一是增强服务意识，强化窗口建设。在品牌建设中，各级以纳税人的需求为导向，优化和再造服务流程，坚持首问负责制度、公告公示制度、限时服务制度、局长接待日制度和导税制度，实现了办税“一窗式”服务和“一户式”管理。

二是加强廉政建设，规范干部日常行为。青岛市国税局进一步完善和加强各基层局办税服务厅的效能投诉机制，强化责任追究，公开设立效能投诉和党风廉政举报电话，最大限度地减少“暗箱”操作行为的发生。

三是抓好个性化品牌建设。结合“双学三创”活动，广泛开展技能比武和竞赛活动，进一步提高干部职工刻苦学习、争创一流业绩的积极性。开展了争创“最佳办税服务厅”和“十佳服务明星”等活动，在继续培育“姜崇国纳税服务无障碍”、“热心服务张荣华”、“全程服务找小韩”、“快乐工作，真诚奉献沈鲁滨”等基层品牌的同时，支持和鼓励各级推出更多的个性化服务品牌，将品牌建设融入基层建设和典型培养工作中去，发挥了服务品牌在系统内部的影响力和凝聚力。

四是丰富文化建设，提高干部职工自身素质。文化建设是品牌建设的基础支撑。多年来，青岛市国税局结合国税干部队伍的特点，在全系统开展国税文化建设，形成了以“执法让国家放心，服务让纳税人满意”为核心理念的 24 个文化理念。同时用先进的文化统领干部思想，并通过文化讲座、宣传专栏、文化园地以及文化管理故事和漫画等载体，实现了文化、品牌与使国税干部之间的积极互动，干部自身素质不断增强，文化品位明显提高，为品牌建设奠定了坚实的基础。

五是加强机关建设，打造学习型组织。通过品牌建设，青岛市国税局不断加大制度建设，建立沟通机制，完善考核方法，倡导国税干部与税收事业的和谐发展，使国税机关建设迈上了新台阶，形成了“想干事的人

有机会,能干事的人有舞台,干成事的人有地位”的良好氛围,干部的思想素质、业务技能、工作作风都有了很大的提高,呈现出团结向上,积极进取、开拓创新的新风气。各级积极推进学习型组织建设,树立全员学习、终身学习的理念,倡导干部之间的相互协作配合,形成了爱岗敬业的职业态度,合作互补的团队意识,团结向上的温馨家园。

**3. 健全监督机制,确保服务品牌的健康成长**

创建服务品牌,不仅要成为国税系统内部全体干部的共识,而且作为一个面向社会、面向纳税人的公共服务品牌,还必须得到社会各界的广泛认可。为此,青岛市国税局注意建立健全监督机制,以确保服务品牌的“含金量”。

一是健全组织,明确责任。国税局成立了服务品牌推进工作领导小组,负责制定品牌总体规划和整体推进意见,组织、协调、统筹和指导全系统品牌建设工作,审批基层单位申报的各种个人服务品牌。下设办公室设在市局教育处、文化中心,负责系统服务品牌的具体实施以及日常管理工作。出台了《关于加强服务品牌建设的实施意见》,明确提出了服务品牌的创建指导思想、基本原则、品牌宣传、管理职责和具体的工作措施,把品牌建设与国税文化建设、规范化管理、优质化服务结合起来。

二是加强内部考核,实行工作目标管理。将服务品牌建设作为一项工作目标,落实到基层的实际工作中,并纳入基层二级考核到人到岗,加大奖罚力度,提高基层服务品牌建设的主动性和自觉性。

三是建立健全调查研究和征求意见制度。针对品牌创建工作和税收管理中存在的问题,积极开展调查研究工作,分层次、有重点地制定措施加以解决,确保服务品牌的深入健康发展。

四是建立市场化品牌价值评估机制。积极聘请专家、学者以及政府有关部门的领导参与,建立评价指标体系,召开各种形式的座谈会,每年对“税税通”服务品牌的社会认知度、认可度和美誉度进行评估。

## 三、江苏省泰州市地税局——“亲民税务”服务品牌

“亲民税务”的核心理念是以人为本,具体内涵可概括为以纳税人为

导向、满足纳税人需求、征纳平等、管理就是服务四个方面，主要体现的是以税收服务为主要内容，以机关作风建设为抓手，以形象塑造和品牌创建为外在形式，以“为发展服务、为基层服务、为纳税人服务”为宗旨的一种税务服务理念和机关文化。“亲民税务”服务品牌突出的是“便民、利民、爱民、惠民”的税收服务宗旨，目的是通过一系列具有标志性的特色服务项目拉近与广大纳税人和社会公众的距离，从而建立起公开、公平、公正、诚信、务实的税收服务体系。

1. 品牌形成

(1) 背景

党的十六届三中全会明确提出：“坚持以人为本，树立全面、协调、可持续的发展观，促进经济社会和人的全面发展。”科学发展观作为重大战略思想开始全面统领各项工作。在这个大背景下，以人为本、以纳税人为本的服务理念逐渐成为地税工作的重要出发点和落脚点。2004 年 4 月，在全国第 13 个税收宣传月活动中，“亲民税务”作为泰州地税自创的纳税服务品牌，作为一项全新的服务理念被首次提出。同年，以纳税人为“顾客”理念的 ISO 9000 质量管理认证标准被引入地税系统并顺利通过验收；“12366”纳税服务热线正式开通；以推广纳税评估为重点的“服务型”征管改革启动；“送优惠政策到户服务月”活动在全系统举行；稽查预告制度开始推行，服务理念被首次引入税收执法领域。

(2) 发展

2005 年 1 月，“亲民税务”服务品牌建设工作被写入地方税务工作会议报告和地税机关基层建设五年发展纲要，并在全系统进行了品牌创建的动员，确立了其在全市地税系统基层建设和文明创建工作中的指导地位。通过四年多的持续推进，“亲民税务”品牌建设项目内容不断丰富，内涵不断深化，体现泰州地税特色的纳税服务体系逐渐形成。在此期间，与“亲民税务”品牌建设相关的文件、制度、规定、实施办法先后扩充到十多个，相关的评比和主题教育活动持续开展，多角度、多层次、全方位落实和推动了“亲民税务”品牌的形成。

(3) 成果

2007年,"亲民税务"服务品牌入选"江苏省第二批优质服务品牌"行列。2008年6月,泰州地税作为泰州机关的唯一代表,参加了由中央国家机关工委和全国品牌研究院举办在青岛举办的"全国机关品牌论坛","亲民税务"服务品牌得到了来自全国各行各业与会单位的充分肯定。2004—2006年期间,泰州地税连续三年被评为全市"十佳人民满意机关",2007年、2008年连续两年被评为全市"十佳服务地方发展单位"。2008年底,"亲民税务"爱心基金建立。2009年初,市委张雷书记在全市机关作风建设大会的报告中,对"亲民税务"品牌建设成效给予了高度肯定。

2. 品牌体系

(1) 组织体系

泰州地税"纳税服务中心"是专门负责规划并落实各项税收服务活动的职能部门,现拥有一支30余人的专职干部队伍,能够有力保证各项服务制度措施的落实,迅速处理和反馈纳税人提出的服务需求,高效地为纳税人提供各类涉税服务。专职服务机构的建立,将纳税服务资源进行了有机整合,再造了服务流程,纳税服务与税务征管、税收执法被紧密结合起来,真正使纳税服务成为了沟通、协调征纳双方的桥梁和纽带。

(2) 制度体系

①分时工作制、首问负责制、限时办结制、服务承诺制、一站办结制、预约服务制等制度让纳税人能够在窗口办税的过程中充分享受到便捷优质的纳税服务;②涉税信息公告制度,税法宣传辅导制度有效解决了征纳双方信息不对称和保障纳税人知情权的问题;③税收执法责任制和过错追究制营造了一个公平的税收环境;④纳税评估制度、纳税信誉等级评定制度、稽查预告制度、重大税务案件陪审员制度让刚性的税收管理工作具有了亲和的特点;⑤行风监督员制度、执法监督员制度、"双述双评"制度对服务质量形成了有力监督。

(3) 内容体系

一是便民:完善报税措施,设立"自助税吧"等便民设施;积极推广电子申报和划卡缴税等多元化纳税申报方式，并在全省首推自打印完税凭证工作，真正做到全天候无区域办税服务。二是利民：贯彻以人为本理念，全市共成立 28 个“纳税人之家”；注重保障纳税人的知情权，通过开展税收宣传月活动、开设地税专刊、印发宣传手册、开通 QQ 纳税服务群、“12366”热线、地税网站、“税信通”等渠道无偿提供大量的税法宣传和政策辅导；保障纳税人的申诉权，建立实施涉税文件出台听证制、预防和化解税务争议等制度。三是惠民：用好、用足、用活税收优惠，健全免、抵、退税制度和程序，为符合规定的企业和项目主动提供服务，为地方经济培植税源；针对下岗失业职工、退役士兵、残疾人、大学毕业生等社会特殊群体，大力开展特色服务。四是爱民：长期组织开展“百名党员做千件好事”和“五个一服务活动”；下访活动成为制度化、经常化措施，定期组织干部走进基层、走进企业和纳税人，察民情，解民忧，帮民难；组织带领广大地税干部关心社会弱势群体，关注社会公益事业，积极扶持贫困乡镇和基层组织建设，捐资助学，帮助就业，扶危济困。

(4) 考核体系

在全系统建立“三个一流”工作考核体系，将建设“一流的服务水平、一流的干部队伍、一流的工作业绩”作为目标，制定了 3 大类 100 项的具体指标体系分别进行月度、年度工作绩效考核。将工作创新作为推动品牌建设的原动力，彰显品牌特色的助推器来抓，坚持开展创新工作项目考核。

(5) 人才体系

制定中长期培训规划，认真组织实施“五员”培训，确保对办税服务员、税收管理员、税务稽查员等基层一线工作人员每年轮训一遍，人均年培训时间达 12 天以上。大力组织开展“亲民税务服务标兵”、“亲民税务服务示范窗口”、“三个一流先进单位”等创建活动，不断增强干部职工品牌意识。开通“网上税校”，实施学分制考核管理，为品牌建设提供了高素质的人力资源保障。

# 第三章

# 南京国税服务品牌创新的因素与历程

在梳理了品牌、品牌创新的相关理论以及国内外税收服务体系和品牌建设的相关经验后，本章将详细分析南京国税服务品牌创新的因素考量与历程呈现。首先，南京国税服务品牌是如何培育与发展的，它的每一步创新受到哪些因素的影响？通过对南京国税服务品牌创新层层递进式的考察，来解构南京国税服务品牌形成的影响因素。其次，南京国税服务品牌创新经历了怎样的变迁过程？以“可以做服务品牌”为标志的启动开拓阶段、以“国税组合品牌战略”为标志的扩展飞跃阶段、以“制度化、标准化、品牌化”为标志的深化提升阶段，不同的发展阶段和标志性特征彰显了南京国税不断创新的发展历程。

## 第一节　南京国税服务品牌创新的因素

南京国税之所以能成为品牌，有着深刻的体制、文化和时代根源，南京国税服务品牌的创建过程是不断回答以下三个问题的过程：第一，税务部门为什么要开展服务品牌建设？第二，在服务品牌建设过程中，南京国税服务品牌为什么要实施组合品牌战略？第三，南京国税服务品牌为什么要不断进行品牌创新。这三个问题是相互依存，依次递进的关系，南京国税在回应品牌建设的这三个问题时，也体现了从被动应对到主动变革，从外部推动，到机制内生的变迁过程。

## 一、税务部门需要开展服务品牌建设

当前，西方国家十分注重运用法制规范征纳双方的关系，同时也重视激励机制，以促使政府提供优质的公共服务，激励公民自觉纳税、诚信纳税。研究和建立和谐的征纳关系，努力提高税法遵从度，已成为国际共识，是税收发展的趋势。目前我国还没有出台专门面向纳税人的公共服务制度，所以纳税激励制度主要是通过税务机关来实施。国家税务总局强调，构建和谐征纳关系，一是规范执法，二是进一步整顿和规范税收秩序，三是不断改进和优化纳税服务，通过秉公执法，规范行政，优化服务，构建和谐的征纳关系。国家税务总局将构建和谐征纳关系的主要思路概括为“强化管理、优化服务，提高税法遵从度”。长期以来，各级税务机关也都在向强化管理、优化服务这两个方面努力，但很难找到两者之间的有机结合点，管理和服务的关系往往被割裂。近年来，国家税务总局反复强调管理与服务之间的辩证关系，品牌建设正是将管理与服务相结合的有效载体。服务品牌将纳税人的合理需求内化为品牌的核心理念，作为我们对纳税人的承诺，同时通过品牌建设将原先无形的服务有形化、品牌化，置于社会各界的监督之下。政府机关代表国家全面管理社会，诚信行政、诚信服务至关重要，既然对纳税人承诺了，就必须以更高的标准兑现。通过打造品牌，自加压力，用兑现品牌承诺的压力推动自我变革，加强内部的管理，提高服务的效能。在这一过程之中，纳税人收获了满意的服务，税务机关的社会形象进一步优化，同时也强化了自身建设，征纳双方在这一过程中实现了共赢，加强管理和优化服务也找到了最佳结合点，产生相互促进的互动效应，有力地促进了征纳关系的和谐。南京国税通过创建服务品牌，规范了自身的执法行为和服务行为，提高了纳税人依法纳税的意识；通过加强自身科学管理，优化了服务手段，方便了纳税人及时足额纳税；通过依法打击税收违法行为，“阳光作业”、秉公执法，维护纳税人的应有权益，将执法与服务有机融合到品牌战略之中，实现了与纳税人的良性互动，提高了纳税人的税法遵从度，推动了和谐征纳关系的构建。

如果说，南京国税服务品牌创建的一大因素是税务系统自上而下的推动，则另一大因素则是为了回应地方政府的要求。2003 年，南京开始参与到全国文明城市创建之中。文明城市是指在全面建设小康社会，加快推进社会主义现代化新的发展阶段，坚持以邓小平理论和“三个代表”重要思想为指导，深入贯彻落实科学发展观，经济建设、政治建设、文化建设和社会建设全面发展，精神文明建设成绩显著，市民文明素质和社会文明程度较高的城市。全国文明城市是反映城市整体文明、和谐程度的综合性荣誉称号。《南京市深化全国文明城市创建行动计划》指出“坚持把改革创新作为建设的强大动力。把文明城市建设工作与深化改革紧密结合起来，积极探索文明城市建设的创新驱动模式，不断改进完善建设工作的领导决策机制、组织运行机制和发展保障机制，不断创新城市建设、社会管理、社区发展和思想道德与社会文化建设的机制。”《南京市文明单位管理办法》规定“市级文明单位应符合下列标准：业务工作成绩突出。严格执行相关的法律法规，各项管理制度健全。文明生产，文明经商，诚实守信，合法经营，经济效益和社会效益稳步提高，主要经济技术指标达到本市同行业先进水平。安全生产无重大责任事故。”创建全国文明城市期间，南京市为提升南京市精神文明创建工作水平，满足南京市各类组织服务品牌建设评价的需要，规范服务品牌的培育、管理和评价过程，制定了《南京市服务品牌建设评价准则》（又称《南京市服务品牌建设地方标准》，以下简称《地方标准》）。该标准概括了服务品牌建设的要求和特点，以品牌建设的基本要素：理念识别、行为识别、视觉识别、战略推广等为主要评价内容，并包含了改进的要求，指标设置科学完整。该标准的实施，为南京市服务品牌的培育、创建和管理提供了科学依据，为南京市服务品牌的申报、评审提供了公正的评价方法。《地方标准》规定：服务品牌（Brand Services）是指组织在长期持续地提供某种相关服务的过程中，形成的核心价值理念和特色服务行为，并为社会或顾客服务对象所认可和信赖。《地方标准》规定：组织建设的服务品牌应有公信力和明显特色，得到社会的广泛认同和赞赏，在行业中具有明显示范导向作用。组织在建设服务品牌的过程中应不断推进和提升服务水平和质量，有创新意识和举措，形成显著的服务特色。此外，《地方标准》就组织的理念识别、行为识别、视觉识别、战略推广和改进等维度制定了详细的服务品牌建设评分要素。

## 二、南京国税服务品牌建设需要打出组合拳

品牌是一个载体、一种标识，要形成一个良好的品牌效应，需要不断拓展其内涵。创建一个品牌固然重要，而充实服务内容，创新服务方式，不断拓展品牌内涵就更为重要。在提出服务品牌的同时，要特别注重以改革创新的思维，不断规范管理流程，创新服务方式。在维护品牌核心价值恒久不变的同时，与时俱进地对服务品牌进行不断创新，是适应社会经济发展的需要、摆脱时间侵蚀的秘诀。品牌延伸是指借助原有的已建立的品牌地位，将原有品牌转移使用于新进入市场的其他产品或服务，以及运用于新的细分市场之中，以达到以更少的营销成本占领更大市场份额的目的。品牌延伸就是回应品牌建设的新要求，进行品牌创新的策略。南京国税推出的系列服务品牌就是在不断变化中调整自己的。比如，随着纳税人生活工作节奏的加快，从 2003 年开始，围绕“便捷、高效、热情”的理念，南京国税首先在征收系列推出“办税 e 站”服务品牌，大大节约了纳税人的时间、人力、金钱等办税成本。之后，随着纳税人对服务态度、服务公正性要求的提高，南京国税又在管理、稽查系列陆续推出了“红枫税情”、“阳光税线”服务品牌，尝试把坐在税务局提供服务普及到送服务进企业，从而实现服务品牌“随时、随地提供全方位服务”的功能，实现了征、管、查三位一体，满足了品牌建设的系统化要求。南京国税通过组合品牌建设，借助品牌的整合能力，将内部价值理念转化为被社会或服务对象所认可和信赖的行为规范和视觉形象，具有知名度高、美誉度高、信任度高和社会示范性强的特点。组合品牌建设对于规范服务行为、完善服务制度、提高服务质量、塑造国税形象都有十分重要的作用。

## 三、南京国税服务品牌的深化提升需要不断创新

胡锦涛总书记指出，建设服务型政府，首先要创新行政管理体制。

要着力转变职能、理顺关系、优化结构、提高效能，把政府主要职能转变到经济调节、市场监管、社会管理、公共服务上来，把公共服务和社会管理放在更加重要的位置，努力为人民群众提供方便、快捷、优质、高效的公共服务。2004 年 2 月，温家宝总理“在省部级主要领导干部树立和落实科学发展观高级研究班上的讲话”首次提出了“服务型政府”的概念。2005 年 3 月，温家宝总理又在《政府工作报告》中再次强调，要“努力建设服务型政府”。党的十七大明确指出：“加快行政管理体制改革，建设服务型政府。”要求政府着力转变职能、优化结构、提高效能，形成权责一致、分工合理、执行顺畅、监督有力的行政管理体制。

近几年来，品牌理念逐渐被引入国内服务型政府建设和政府形象塑造，越来越多的政府机关开始推出政府服务“品牌”。大连、青岛、温州等城市相继推出品牌战略。济南交警、天津消防等已经成为具有一定知名度的政府服务品牌，并始终处于不断创新和完善之中。南京国税服务品牌的不断创新正是南京国税深化提升，契合服务型政府建设的举措。

首先，南京国税服务品牌的不断创新是用品牌固化服务行为，延展既有品牌效应的需要。近年来，为了强化服务型政府职能，南京市委、南京市政府加大了文明创建明查暗访力度，开展行风评议、万人评议机关等活动，为迎接这些挑战，南京国税在探索建立文明创建、优质服务长效化管理机制上，陆续推出了全面质量管理、CIS 形象识别系统、办税全市通等工作举措，借鉴品牌理念将办税服务厅的服务规范标准纳入品牌化管理，实现了优质服务的长效管理，通过品牌建设将全面质量管理、CIS 形象识别系统、全市通、学习型组织创建等管理措施整合提升，纳入品牌这一统一的平台，向社会各界和纳税人集中展示国税形象，产生了较好的集聚效应和社会效果。用品牌固化服务行为，用品牌整合服务资源，从而实现优质纳税服务的常态化、长效化，树立南京国税良好的社会形象。

其次，南京国税服务品牌的不断创新是回应南京的市情变化、企业的国际化发展以及纳税人的法律意识和维权意识增强的需要。南京转变经济发展方式、构建现代产业体系、建设人民幸福城市等多元化目标，对依法履行税收职能服务发展提出了更高要求；南京开放型经济发展水平不断提升，税源税基跨国流动日益频繁，对运用税收手段支持企业参与国际竞争提出了新考验，加强国际税收协调与合作、维护国家税收权益的任务更为重大；受地方财政支出需求、税源结构等多重因素影响，组织收入依然面临很大压力；纳税人数量、组织形式、经营方式等变化巨大，税收征管能力面临新的考验；纳税人法律意识和维权意识不断增强，税源税基结构的复杂性和财务税收制度的差异性，使税收利益矛盾和冲突越发凸显。所有这些，都需要南京国税服务品牌的不断创新，深化提升。

再次，南京国税服务品牌不断创新也是增强南京城市竞争力的战略选择。当前，国内各大城市在招商引资、城市形象建设等方面正展开激烈竞争。“十二五”是国内主要城市腾飞关键期，各种要素资源争夺更加激烈，南京将面对来自周边城市争夺各种要素资源的挑战。为了获得更多国家层面上的政策支持，区域或城市竞相把“十二五”规划纳入到国家战略体系中，南京能否获得国家政策资源将受到巨大挑战。“十二五”是城市争先进位的新起点，南京面临着来自其他同类城市的挑战。一个品牌就是一面旗帜，政府机关建设服务品牌不仅提升了一个单位的工作形象，而且提升了城市形象。南京国税开展服务品牌建设，能够优化税收环境，培育当地企业的发展，提升南京的政务形象，增强南京招商引资的吸引力。

## 第二节　南京国税服务品牌创新的历程

品牌创新是指企业和相关的组织机构以市场为导向，以培育和发展竞争力强的知名自主品牌为目标，建立一种新的资源整合模式，以实现品牌价值增值的过程。[①] 自 2003 年至今，南京国税服务品牌从无到有，从小到大，从初期探索到日渐成熟，走出了一条服务创新的品牌之路。

---

① 贺爱忠．品牌自主创新机制研究．北京：经济科学出版社，2008．30

## 一、以“可以做服务品牌”为标志的启动开拓阶段(2003—2005年)

南京国税用自己的品牌创建之路率先开启了政府机关也可以创品牌的新征程。2003年,以南京市“争一流,创品牌”活动为契机,南京国税走出了品牌建设之路,在经过几轮大讨论、专家论证后,2004年开始在征收分局试点。2005年,南京国税把服务纳税人的窗口—办税服务厅这个国税局服务含量最重的系列作为突破口,在全市办税服务系列创建“办税e站”服务品牌。“办税e站”服务品牌的创建是南京国税服务品牌的起步阶段。2005年4月27日,南京市国税局下发了《关于创建南京国税“办税e站”服务品牌的实施意见》(宁国税发〔2005〕62号),“办税e站”服务品牌在全市推广。《意见》指出,为深化文明行业创建,提升南京国税形象,构建和谐征纳关系,南京市国税局在系统征收系列开展创建南京国税“办税e站”服务品牌活动。南京国税“办税e站”服务品牌创建工作主要分为五个阶段:2005年5月是动员发动阶段,这个阶段要做到系统内部对品牌内容的熟悉;6月是推广实施阶段;7月是检查考评阶段,这个阶段是对品牌创建初步到位后的阶段性考评;8月~12月是持续改进阶段。2005年年底,南京国税“办税e站”被评为南京市“首批十佳服务品牌”。“办税e站”服务品牌不仅是南京国税文明行业创建的一个亮点,也成为南京市机关服务品牌创建的一个成功范例。2006年4月30日,江苏省国税局创建“江苏国税‘服务e站’服务品牌”新闻发布会在南京市国税局召开,江苏省国税局把南京国税服务品牌的创建经验向全省推广。

## 二、以“组合品牌战略”为标志的扩展飞跃阶段(2007—2009年)

2007年至2009年,是南京国税服务品牌的扩展飞跃阶段。在此期间,南京市国税局分别下发了《关于进一步深化“办税e站”服务品牌创建的若干意见》(宁国税发〔2006〕196号)、《南京市国税局关于深化服务品牌建设的工作意见》(宁国税发〔2007〕68号)、《关于深化2008年服务品牌建设的工作意见》(宁国税发〔2008〕92号),对“组合品牌战略”提出了明确目标。

“组合品牌战略”的第一次飞跃：“红枫税情”品牌的打造。成功创办“办税 e 站”服务品牌之后，南京国税开始思考“办税 e 站”的品牌效应怎么来辐射提升国税的其他工作，怎么来提高纳税人接触面最广的税收管理系列的服务水平。2007 年，南京国税管理系列的服务品牌—“红枫税情”应运而生。有一种观点认为，管理毕竟不是服务，将管理和执法的工作内容纳入服务品牌似乎不太妥当。事实上，南京国税在这个问题上进行了一次理念创新，他们借鉴行政法学界的“双服务理论”①，认识到，加强税源管理是在履行管理职责，服务的是国家(公益)，提供更加优质的纳税服务，服务的是纳税人(私益)。因为税收管理既是履行职责—服务于国家大局的过程，也是服务纳税人的过程。管理与服务，也是一个有机整体，他们互相促进。由于管理系列体现了管理和服务统一，兼顾双方的需求，更需要提供热情、规范、廉洁、高效的真情服务。“红枫税情”服务品牌建设分为三个阶段，2005—2006 年是品牌创建孵化期，在这一时期主要任务是提炼和丰富品牌内涵，完善品牌服务体系；加强品牌宣传，开展活动推进品牌创建、维护品牌成长，不断提高社会和纳税人的品牌认同度、知名度。2006—2007 年是品牌创建推广期，在这一时期主要任务是在全系统管理服务系列推广“红枫税情”服务品牌；挖掘和制造品牌人物、事件，深入维护和推进品牌创建，扩大品牌在政府机关和社会的信任度、美誉度。2008 年起至今是品牌创建成熟期，在这一时期主要任务是拓宽品牌涵盖广度与深度，将品牌融入到干部家庭、社区、纳税人和社会，进一步提高品牌知名度、影响度，形成和谐、发展的局面。进一步扩大在江苏全省、全国税务系统的宣传，加强更高层次的外部交流，使服务品牌进入稳步发展期。

“组合品牌战略”的第二次飞跃：“阳光税线”品牌的打造。在成功推出“办税 e 站”、“红枫税情”服务品牌之后，南京国税又在打击涉税违法案件的系列—稽查系列创建服务品牌“阳光税线”。税务稽查是税收征

① 杨解君.“双服务”理念下现代行政之变革——服务行政的解读和提升.行政法学研究，2004(3)

收、管理、检查中的一个重要环节，在整个税收管理流程中处于最后一道关口，具有直接面对纳税人，堵塞税收流失的漏洞，促进依法纳税，维护国家正常的税收秩序等工作特征。税务稽查也是实施服务最难的一个环节，它是一项主动性极强的执法工作。如何在打击税收违法行为、规范税收管理秩序的同时体现税收服务，一直是一个难点。南京国税认识到，正因为税务稽查具有打击性的特点，始终处于税收执法的前沿，和纳税人的切身利益息息相关。导入服务品牌的理念对于构建和谐征纳关系至关重要。公平、公正、文明稽查，营造良好的税收环境是对纳税人最好的、最根本的服务。强调执法与服务同行并不是说不要严格执法，而是要在税务稽查中更多地体现纳税服务的因素，处理好执法与服务的关系，用规范的执法体现公平的服务，用良好的服务体现公正的执法。“阳光税线”的发展也先后经历了设计、推广和持续改进三个阶段，2003—2004 年是品牌设计阶段，其中 2003 是品牌论证年，主要成立创建领导机构，提出稽查服务品牌创建概念，将品牌创建纳入文明创建总体规划，2004 年是品牌推进年，主要工作提出创建稽查服务品牌的工作思路，提炼品牌内涵，初步建立品牌服务体系。2005—2006 年是品牌推广阶段，2005 年是品牌规范年，以基层三化验收为契机，梳理品牌创建体系，积极推行“阳光稽查”；2006 年是品牌深化年，主要是规范执法，维护被查对象权益，深化阳光稽查，实施绿色稽查战略，创建稽查系列服务品牌。2007—2008 年是品牌持续改进阶段，2007 年是品牌推广年，主要是形成较为完善的品牌框架体系，深化服务措施运行，推动品牌创建向系统稽查系列延伸。2008 年是品牌发布年，主要是积极宣传，扩大品牌社会影响，创建南京市十佳服务品牌。

### 三、以“制度化、标准化、品牌化”为标志的深化提升阶段(2009—)

“制度”是指在特定社会范围内调节人与人之间社会关系的一系列规范和法律的总和，“制度”是一种刚性约束。标准是指在一定范围内获得最佳秩序，对活动或其结果规定共同的和重复使用的规则、法则或特性的文件。该文件经协商一致制定并经一个公认机构批准。[①] 而品牌则是指给能拥有者带来溢价，产生增值的一种无形资产，它的载体是用以和其他竞争者的产品或劳务相区分的名称、术语、象征、记号或设计及其组合，增值的源泉来自在消费者心智中形成的关于其载体的印象。[②]
2009 年至今，是南京国税服务品牌的深化提升阶段，是南京国税不断“制度化、标准化、品牌化”的阶段。南京市国税局分别下发了《关于深化 2009 年服务品牌建设的工作意见》(宁国税发〔2009〕108 号)、《关于转发〈南京市服务品牌建设评价准则〉的通知》(宁国税发〔2010〕58 号)、《关于印发〈南京市国家税务局办税服务厅管理办法(试行)〉的通知》(宁国税发〔2010〕115 号)的文件。2009 年服务品牌建设工作以市局纳税服务工作意见为依托，体现法治的理念、机制的亮点、人本的温度、文化的基因，规范三大系统切实增强服务品牌建设的效能，提高纳税服务水平。创建全国文明城市期间，南京市为提升全市精神文明建设工作水平，制定了《南京市服务品牌建设评价准则》(又称《南京市服务品牌建设地方标准》，以下简称《地方标准》)。《地方标准》引进国家先进的科学评价体系，对全市精神文明和品牌建设工作进行理性提炼，为南京市服务品牌的培育、创建和管理提供了科学依据，为服务品牌的申报、评审提供了公正的评价方法。南京国税系统结合工作实际，认真贯彻落实《地方标准》的要求，以贯彻落实《地方标准》为契机，全面规范品牌创建，切实提升服务水平。根据《地方标准》，完善品牌架构，细化品牌举措，保证服务品牌建设的持续改进。南京国税加强品牌自身建设。重点加强品牌标识、行为、制度三类规范，强化督查、激励、推广、培训四项机制。按照南京市服务品牌标准，对“阳光税线”稽查服务品牌体系和架构进行梳理，开展南京市第三批服务品牌申报工作。把征管查三个系列的行为规范和市局“三要七不”、“三声、三多、三禁”文明要求落实到位，优化国税服务形象。2010 年，南京市国税局推进“建设纳税服务短信平台”、“完善出口退税服务机制”、“打造网上办税服务平台”等为民办实事项目，不断提高品牌

① 钟瑛.政府公共服务标准体系研究.北京：世界图书出版公司，2011.8

② 杨芳平.品牌学概论.上海：上海交通大学出版社，2009.8

认同度和美誉度。2011 年，南京市国税局开展品牌整体升级的课题研究，提升品牌建设成效。

三个品牌，三次创新，它们共同构成南京国税组合品牌战略的有机组成部分。“办税 e 站”、“红枫税情”和“阳光税线”，契合税收征收、管理和稽查的各自特点，满足这三个工作阶段纳税人的个性化需求，形成有机的整体。从一个品牌到三个品牌，从单个品牌到组合品牌，从办税服务品牌到执法服务品牌，每一步都是一个突破、一个创新，南京国税在不断丰富和拓展着新型纳税服务体系的内涵和外延，体现了南京国税解放思想、破解难题、创新发展的决心和魄力。

# 第四章

# 南京国税服务品牌的运行模式

上一章我们考察了南京国税服务品牌创新的影响因素和发展历程，这一章我们将介绍南京国税服务品牌的内涵及其运行模式。南京国税服务品牌是一个单一的品牌还是一个有机结合的品牌组织体系？如果是品牌组织体系，它又包括哪些子品牌。南京国税服务品牌秉承什么样的价值理念，有着什么样的品牌战略，其能力建设如何，又具备什么样的个性特征？这些问题都是本章要回答的。

## 第一节　南京国税服务品牌概述

南京国税服务品牌是一个组合品牌体系，包括“办税 e 站”、“红枫税情”、“阳光税线”三大服务品牌。这三个品牌相对独立，有各自的内涵和外延，在各自的领域发挥作用，使得国家税务总局三个纳税服务理念分别得到充分的展示和实践，共同构成了南京国税总体服务品牌的框架和内容。

### 一、国税的工作内容与“征管查”组合品牌战略

根据国家税务总局的《纳税服务工作规范（试行）》对“纳税服务”的界定，纳税服务是指税务机关依据税收法律、行政法规的规定，在税收征收、管理、检查和实施税收法律救济过程中，向纳税人提供的服务事项和措施。纳税服务涵盖了征管查三个系列。征管查三分离模式的优点是在保留并增强外部制约的基础上，注入内部制度化的制约机制。征收系

列可以督促管理系列，使纳税人的应纳税款及时足额入库；管理系列可以通过对企业纳税活动的日常管理，监督征收系列是否依法办事；检查系列可通过日常检查、违章案件的处理，检验征收、管理系列的工作是否符合税法和国家税收政策的要求。国税机关直接面对纳税人的工作分成征收、管理、稽查三大系列，纳税服务贯穿于征管查全过程。南京市国税局根据征收、管理、稽查三大系列的特点，提出了“征管查”组合品牌战略，在办税服务系列深化“办税 e 站”服务品牌，在税收管理系列全面推广“红枫税情”服务品牌，在稽查系列全面打造“阳光税线”服务品牌，完善各项制度，落实有效措施，提高纳税服务水平。

## 二、南京国税服务品牌的构成及内涵

南京国税服务品牌是一个组合品牌体系，包括“办税 e 站”、“红枫税情”、“阳光税线”三大服务品牌。按照《南京市服务品牌创建管理办法(试行)》的界定：“服务品牌是行政管理部门、消费流通服务企业及从业人员在提供服务中，形成独特的服务价值观、服务模式、业务技能、接待艺术，被社会或服务对象所认可和信赖的特定服务方式，反映了服务组织的管理经营、文化理念、经济实力、服务创新和整体形象，具有知名度高、美誉度高、信任度高和社会示范性的特点。”根据服务品牌的这一界定，南京国税将其品牌内涵概括为以调整和规范其与纳税人关系的“以纳税人为导向、满足纳税人需求、征纳平等、管理就是服务”四个方面的内容。“以纳税人为导向”是南京国税服务品牌内涵的出发点。政府与企业之间、政府与公众之间实际上也存在着一种雇主的关系，作为政府，在管的过程中有“主”的特征，在服务的时候则有“雇”的特征。税收来自于纳税人的收入所得，用于国家提供公共产品。国家是公共产品的供应商，而纳税人则是国家的顾客。税务部门作为国家的行政机构，以纳税人为导向，为纳税人服务，满足其需求理应成为税务部门的应尽职责和义务。从征纳双方的关系而言，“办税 e 站”的服务行为主要依申请启动，纳税人主动，税务机关被动，纳税人来到办税厅就希望能快速办好事，因此，“办税 e 站”重点要满足纳税人办事便捷的需求。当然，纳税人的需求是多层次的，有办事便捷的需求，也有理解与尊重的需求，而且强调征纳双方的平等。

"红枫税情"的管理服务行为既有依职权启动，也有依申请启动，在管理服务系列，核定、核批和优惠政策的落实是这一环节的主要工作，纳税人更希望得到的是理解与尊重，"红枫税情"就侧重于满足纳税人尊重的需要，尊重征纳双方法律地位平等，真情为纳税人服务，赢得纳税人的理解和满意。

"阳光税线"主要是税务机关依职权启动，纳税人被动，税务机关主动，稽查环节的主要任务是打击涉税违法犯罪行为，维护市场经济秩序，这一环节的纳税人主要是希望能够得到公正的待遇，正当的权益能够得到维护。因此，"阳光税线"是侧重于在执法中认真维护纳税人的合法权益，贯彻公正执法是最佳服务的理念。组合品牌并不是三个品牌简单的罗列和堆砌，而是一个有机的整体，他们各具特色、优势互补，各具特色是指三个品牌各有各的内涵、范围、特点，优势互补是指三个品牌涵盖了税收征管查各个环节，在各自的领域发挥优势，从而集聚整个组合品牌体系的资源，形成最佳的服务效能。

南京国税三大服务品牌的具体内涵比较，见表 4-1。

**表 4-1　南京国税三大服务品牌的内涵比较**

| | 管理与服务角度 | "双服务"角度 | 征纳双方角度 | 效果评价角度 |
|---|---|---|---|---|
| 办税 e 站 | 侧重于服务纳税人 | 侧重于服务私益 | 其服务行为主要依申请启动，纳税人主动，税务机关被动 | 侧重于让纳税人满意 |
| 红枫税情 | 注重管理与服务并重，既要加强税源管理，又要服务好纳税人 | 注重服务私益与服务公益并重 | 其管理服务行为既有依职权而启动，也有依申请而启动，注重双方互动 | 注重纳税人满意、社会满意和国家满意并重 |
| 阳光税线 | 侧重于执法和管理，维护公平、公正的税收秩序 | 侧重于服务公益 | 主要是税务机关依职权启动，纳税人被动，税务机关主动 | 侧重于依法行政 |

## 第二节　南京国税服务品牌的运行模式

### 一、南京国税服务品牌的价值理念

在当代中国，近几年来品牌理念已被引入国内服务型政府建设和政府形象塑造，越来越多的政府机关开始推出政府服务品牌。品牌的核心价值理念特指可以兼容多个产品的理念，是品牌管理者要传递给消费者、消费者认知或体验到的、品牌带给目标消费者的独特利益，是一个品牌的灵魂。它让消费者明确清晰地识别并记住品牌的情感价值利益与个性，是驱动消费者认同、喜欢乃至爱上一个品牌的主要力量。政府机关服务品牌建设要始终贯彻与时俱进、切合实际的理念，通过创立优质的服务品牌来营造一种全新的、更加文明理性的行政管理模式，以提高管理服务水平，树立新的机关形象。2008 年，中央对加快行政体制改革，建设服务型政府进行了专门部署，国家税务总局肖捷局长提出“征纳双方法律地位平等，公正执法是最佳服务，纳税人正当需求应予满足”三大服务理念，南京国税服务品牌的价值理念与此衔接，其核心理念是以纳税人为中心，基本要求是提供公正、便利的纳税服务，根本目的是提高纳税人的税法遵从度和社会满意度。

### 二、南京国税服务品牌的战略建构

品牌战略，就是为品牌设定科学、合理的目标，然后进行有针对性地取舍，把企业所有有利于实现品牌目标的资源进行聚焦，最后持之以恒地坚持这个目标，最终完成预定目标。品牌战略的要义就在于让品牌充分发挥“马太效应”，聚焦资源，放大优势，在“滚雪球”运动中不断累积品牌资产。明确的品牌战略建构是一个品牌健康发展的关键。为落实党中央、国务院关于建设服务型政府和构建社会主义和谐社会的要求，推进服务型税务机关建设，构建和谐的税收征纳关系，为纳税人提供便捷、经济、高效的纳税服务，实现全国纳税服务工作科学发展，国家税务总局于 2009 年 09 月 25 日发布了《全国税务系统 2010—2012 年纳税服务工作规划》。规划要求“到 2012 年末，初步形成以纳税人合理需求为导向，以持续提高纳税人满意度和税法遵从度为目标，以办税服务厅、税务网站和纳税服务热线为平台，以税法宣传、纳税咨询、办税服务、权益保护、信用管理、社会协作为任务，以健全组织、完善制度、优化平台、提高能力、强化预算、细化考评为保障的‘始于纳税人需求，基于纳税人满意，终于纳税人遵从’的纳税服务新格局。”“通过多种咨询渠道，为纳税人提供准确高效的咨询解答，帮助纳税人更准确地理解税收权利和义务。”“通过完善服务功能，拓展多元办税，优化办税流程，精简涉税资料，帮助纳税人更便捷高效地行使权利和履行义务。”“通过切实保障纳税人税前、税中、税后权益和及时满足纳税人合理需求，保护纳税人权益，营造公平、公正、和谐的税收环境。”“通过加强纳税信用评定管理，强化纳税信用评定结果应用，提高税收管理和纳税服务的综合效能。”南京国税系统服务品牌建设总体围绕“服务科学发展、共建和谐税收”主题，切实强化风险管理理念和服务理念，着力抓好依法治税、科学管理、纳税服务及和谐国税建设，全面提升国税形象，构建现代税收管理体系，实现税务现代化。

**1. “办税 e 站”的品牌战略**

围绕南京国税“办税 e 站”服务品牌的内涵要求，不断提高纳税服务水平，促进南京国税系统办税服务厅的统一规范，实现理念统一规范、行为统一规范、标识统一规范，为纳税人提供便捷、高效、热情的纳税服务，把南京国税“办税 e 站”打造成一个在全国“叫得响、站得住、传得开”的服务品牌。

**2. “红枫税情”的品牌战略**

不断提升品牌的认同度、信任度和美誉度，使其成为南京地区的知名服务品牌，促进系统各项税收工作的开展，提升国税机关的整体形象。

3.“阳光税线”的品牌战略

通过内抓管理，外抓服务，树立国税稽查机关的整体形象，不断提升品牌的认同度、信任度和美誉度，使其成为南京地区的知名服务品牌，使南京国税稽查干部成为文明执法的铁军、热情服务的使者。

## 三、南京国税服务品牌的能力建设

南京国税服务品牌的发展与维护需要其自身能力建设的不断加强，通过人才组织认同下的服务规范细化、组织税收原则下的税收职能发挥、专业联动视角下的税源管理强化、制度创新导向下的办税服务增强、风险管理语境下的税收科学征管、电子政务趋势下的网上办税应用、法治政府环境下的依法治税推进来加强其自身能力建设。

1. 人才组织认同下的服务规范细化

学术界对组织认同的概念形成了三种不同的界定。一种是从形象设计意义上来界定组织认同，一种是从整合沟通策略意义上来界定组织认同，还有一种是从文化研究意义上来界定组织认同。这里我们强调从整合沟通策略意义上来界定组织认同，认为组织认同是一种管理的策略，它力图通过强化组织的一致性需要对组织内人们的不同之处加以整合，让组织成员认同组织的一致性而最终实现管理的目标。[①] 首先，增强干部服务的能动性。南京国税大力推进国税文化建设，不断丰富激励手段，针对不同干部的不同特点，提供展示自我、实现价值、赢得尊重的机会和平台，增强大家对组织的认同感，对工作的亲近感，从而变被动为主动，变消极为积极，形成人人愿服务、人人会服务的良好局面。国税干部在服务品牌建设中处于主体地位。国税干部是服务品牌建设的根本，是提升纳税服务水平的组织保障。各级领导班子和领导干部在加强自身建设的同时，要更加注重发挥干部的主体作用。要以坚定理想信念为

① 王彦斌.资源控制、组织认同与价值契合.社会科学，2011(4)

重点，加强思想建设；以造就高素质、专业化干部队伍为重点，加强组织建设；以优化服务、规范执法为重点，加强行业作风建设；以完善惩治和预防腐败体系为重点，加强反腐倡廉建设。大力推进品牌知识、业务技能和行为规范的培训，在提高业务技能的同时，更加注重服务技能和服务艺术的培训，通过动员会、培训会、知识竞赛等形式着力提高干部的服务意识，让更多的干部成为业务能手、服务明星。其次，实施“人才兴税”战略。制定完善《领导班子议事规则和决策程序》，加强领导干部管理监督。稳步实施机构改革，强化干部队伍专业化建设。全面推行新进人员导师制，组织征管技能竞赛等学习培训活动，完成系统人才库的建设和运用，提升干部能力素质。稳步推进系统绩效管理试点工作，做好国家税务总局行政执法类公务员管理试点，优化人力资源管理。《2008—2010年江苏省国税系统干部教育培训工作规划》顺利执行。连续举办以大企业税收管理为主要内容的高层次人才进修班，开展企业所得税高层次人才的继续教育。组织专业等级考试，建立与干部选拔任用、公务员分类管理配套的制度。按照江苏省局制定的23个岗位类别，大力组织全员培训、技能达标。组织稽查、反避税、纳税评估等五个岗位类别的能手竞赛，选拔表彰各100名省级能手。建立覆盖全员的干部教育培训管理系统。再次，强化“三员”行为规范。基层广大干部处于税收征管的第一线，是品牌建设的主要力量。南京国税把窗口工作人员、税收管理员、税务稽查人员的行为规范作为品牌提升的重点来抓。强化窗口工作人员行为规范。纳税人对窗口人员的要求也很高，所以窗口工作人员必须树立“窗口”意识，要把改善态度和行为规范摆到首要位置。南京市国税局印发《办税服务厅服务规范指南》，指导窗口工作人员行为规范。强化税收管理员行为规范。税收管理员不同于窗口工作人员，外出单独完成工作的机会比较多，工作之间的可比性差，更容易出现自我放任的现象，因此税收管理员的行为规范显得尤为重要。南京市国税局专门出台《南京市国家税务局税收管理员行为规范》，对税收管理员的执法行为、服务行为、言谈、着装、廉政进行全面规范。强化税务稽查人员行为规范。为了规范南京国税系统自身的执法行为，更好地防范税务稽查中由于行为不规范产生的执法风险，同时从提高纳税人税法遵从度的角度，规范稽查行为可以维护行政相对人的权益，减少征纳双方的对立情绪，南京国税出台《南京市国家税务局税务稽查人员行为规范》，对税务稽查人员的稽查行为进行全面规范。

2. 组织税收原则下的税收职能发挥

南京国税坚决贯彻组织收入原则，提倡尊重客观规律，主动与地方政府沟通，取得理解和支持，做到客观理性、实事求是，狠抓税源税基控管，牢牢掌握组织收入的主动权，全面提高组织收入质量，保证税收与经济的协调、稳定、可持续发展。第一，加强收入分配与分析。做好收入计划分配。根据政府调整要求，及时将市本级一般预算收入目标分解到基层单位。做好收入预测。统一月度和年度预测表格、频率，尤其是加强重点税源企业收入预测。加强收入进度跟踪管理。确立专人分片区跟踪，及时形成书面简报。做好税收分析，按期编制数据解读专刊，使市局能够随时把握收入动态，掌握收入波动原因，及时采取组织收入对策。第二，强化税源税户管理。建立领导干部管户制度。深化重点税源直报系统运用，加强对重点税源管理和监控。国地税联合开展漏征漏管户专项清查。与地税局加强税务登记信息交换平台建设，清理非正常户。开展欠税清查。每月及时发布欠税通报，加强欠税情况分析，并督促基层单位对欠税逐户核实，分析成因，及时清理入库。第三，加强税种税基管理。在增值税方面：加强增值税抵扣凭证审核检查。在所得税方面：一是规范核定征收管理。二是稳步开展汇算清缴。

3. 专业联动视角下的税源管理强化

首先，推动税收征管专业化。一是创新税收管理员制度。科学合理分解税收管理员职责，深化管事与管户有机结合的体制建设，把重大风险应对从责任区管理员职责中分离出来，责任区管理员主要从事制度性安排的调查、核查、巡查以及日常纳税服务等工作，设置业务复杂程度较高的税源专业管理岗位，负责重大税收风险事项的应对处理。二是拓展了税户专业化管理内容。对大企业和高风险企业在较高管理层面上实施相对集中管理，重点是帮助企业建立内部涉税风险控制机制；对中小企业实施以行业性风险监控为重点的效能化管理，针对中小企业面广量大、内控制度缺失、财务核算不规范等特点采取风险应对措施。三是形成了特殊类型企业项目化管理模式。对汇总纳税企业和产业链集团企业等，建立项目化管理团队，集中研究企业集团庞大、复杂的内部结构和税收关系，攻克涉税风险识别难题，形成应对策略。四是深化了国际税收专业化管理。其次，深化税源联动管理。一是强化数据质量管理与分析，全面推广数据管理"日清月结"制度，全面分解落实各信息系统、各项指标的监控职责。加强对数据的检测审核、考核评价，健全了数据管理的组织保障、制度框架、指标体系、支撑手段和考核办法。二是强化市局部门联动，对上级发布的各项工作任务、数据指标，经联动办公室筛选、分析、加工、整合后，再向下布置；整合、规范数据发布，提高数据发布的针对性、有效性。三是强化各环节联动，做好征退税衔接，促进管理一体化；注重以查促管，通过典型案例及时提出稽查建议。四是深化服务性调研，突出重大投资项目、集团企业、产业链等重点税源的服务，并提前介入潜在税源做好服务。五是积极探索专业化管理，以大企业、重点行业、国际税收为主的分类管理模式初步构建；纳税评估水平进一步提高。六是强化信息技术支撑，完成数据应用二期和数据交换系统二期建设，数据备份系统建成运行，全面实现"双机双网"，全局信息安全工作取得新进展。

**4. 制度创新导向下的办税服务增强**

税种管理的复杂性是制约服务水平的重要因素之一。南京国税大力推动制度创新，做好机构职责的调整，完善"大服务"工作格局；创新服务举措，深化服务品牌建设。一是优化纳税辅导服务，深化纳税辅导中心建设。南京市国税局及时制订了《纳税辅导中心管理办法(暂行)》，赋予了纳税辅导中心8项工作内容。二是规范流程运行，进一步改进办税服务。整合涉税申请受理，将办税服务、税法咨询、税法宣传解读、流程办理情况督办等工作集中整合至办税服务厅，实现"一站式"受理；推行"综合服务"窗口服务，加强流程管理规范，确保纳税人办税"窗口受理、内部流转、限时办结、窗口出件"的闭环运行。统一服务规范，全市统一各办税厅指南、流程、政策宣讲、诉求处理等，进一步规范办税厅柜面对登记、发票和申报处罚的程序和标准，避免各行其是。积极推进无纸化办税。制作《表单电子库》和填写范本，方便纳税人引用。三是面向服务需求，维护纳税人合法权益。认真落实政务公开、大企业沟通、兼职监察员、投诉响应反馈等维护纳税人权益的制度，畅通纳税人维权渠道。区县局探索建立“纳税人维权中心”，国地税共建“纳税人之家”，试行重大税务事项公开审议制度，深入开展权益性服务、程序性服务、职能性服务，维护纳税人权益。建立健全对纳税人意见和投诉的快速处理机制，加强纳税人需求分析，对纳税人提出的热点问题认真研究，快速响应，多渠道推行纳税服务即时评价和事后回访。南京国税善于系统思考，抓住主要矛盾和矛盾的主要方面，强化整合，优化流程，简化程序，夯实征管基础，做到事半功倍。要见事早，行动快，对于经过实践证明效果明显的管理措施和方法，要及时总结推广，及早发挥效用。尊重群众的首创精神，在为纳税人提供合理的个性化需求的纳税服务中，鼓励基层干部参与创新。出台办税服务厅标识规范化标准，对南京全市 17 个办税服务厅的办税场所等进行全面规范；编辑出版了《办税服务厅窗口服务规范手册》。优化办税流程。落实办税事项“窗口受理、内部流转、限时办结、窗口出件”的闭环运行，稳步推进综合服务“一窗受理”。为解决企业办税“多头找、多次跑”的问题，进一步规范办税服务厅窗口设置，统一为申报纳税、发票管理、综合服务三类窗口；整合相关环节和节点，努力提供一站式服务；取消发票查验发售双人双岗制度，实现发票的“一窗式发售”；在部分区（县）局试行新办户捆绑式服务，多项涉税事项申请、调查、核批一次办结。通过推出办税“全市通”、多元化申报方式、国地税联合办证、综合服务窗口、税法宣传咨询解读日等服务举措，使得办税更加便捷；通过优化办税流程，开展为纳税人减负增效活动使得服务更加高效；引入礼仪服务理念，编写服务规范和工作案例，通过远程教育网络开展服务礼仪培训，使得服务更加热情。

**5. 风险管理语境下的税收科学征管**

德国社会学家贝克提出当今社会正在步入新的社会形态——风险社会。在风险社会中，风险无处不在，对税收管理来说，如何加强风险管理，建立科学安全的税收征管体系成为税务部门关注的热点。南京国税探索构建风险管理框架体系。一是风险管理理念逐步深入人心。市局和区（县）局多次组织风险管理专题讲座和培训，各级税务干部对风险管理的认识不断提高，意识不断增强，在税收执法和纳税服务中自觉查找风险、分析风险和应对风险的习惯正逐步养成，为税收风险管理的全面实施夯实了思想基础。二是全局风险管理目标思路更加清晰。即加强风险管理教育，增强全系统税务干部防范税收风险的意识和能力；通过实践建立并不断丰富南京市税收风险管理特征库，丰富风险识别、应对处理方法，不断完善对风险管理过程的监控和评价机制。按照税收风险管理的近远期目标，分阶段分步骤有序推进；加强宣传培训，形成了全员参与、全程参与的局面。三是税收风险管理组织体系逐步形成。市局成立了风险管理领导小组；建立机关处室部门负责制，明确风险管理职责分工；成立风险管理团队。各基层单位也相应设立了风险管理机构，建立健全了风险管理组织架构。大力推进市局和区县局机关实体化进程，加强市局处室以事项为龙头的专业化管理；增强区县局机关承担税源税基监控管理职能，负责以管户分类为龙头的专业化管理。四是税收风险管理运行机制初步建立。制订了《市局税收风险管理实施办法》及实施意见、工作规划等，初步建立风险管理制度框架。成功上线使用基层管理平台，加强风险管理功能运用，构成风险管理业务支撑。加强对全市地区、行业和企业风险进行识别，初步建立具有南京特征的风险识别指标体系。统筹运用税法宣传辅导、提示提醒、纳税人自我修正、纳税评估、税务审计和稽查等措施，积极完善多元化应对机制。五是风险管理方法手段不断丰富。根据不同风险类型，可选择运用税法宣传、咨询辅导、提示提醒、纳税人自我修正、约谈说明、税收核定、税务审计、税务稽查等多元化应对措施。创新税收管理员制度。剥离高风险、共性风险应对事项由区县专业或职能科、风险管理团队应对，集中跨国税源监管、出口退税审核等由市局处室或风险管理团队应对，进一步推进了市局和区县局机关的实体化管理。发挥评估与稽查对高风险事项应对作用。层管理员平台成为信息化支撑。

6. 电子政务趋势下的网上办税应用

电子税务是现代税收征管发展的趋势，也是优化纳税服务、创建服务品牌的重要平台。南京市国税局统筹谋划信息化发展思路，制定并落实《2010—2012年信息化发展规划》。加强第三方信息采集。充分了解纳税人的需求，不断完善市局网站功能，拓展电子办税领域，构建安全、稳定、高效的电子税务体系，大幅度提高服务品牌建设的层次和水平，牢牢把握纳税服务工作的主动权。市局下发《关于进一步优化纳税服务工作的意见》，对构建电子税务服务体系进行了全面部署，这是市局在认真分析当前纳税服务形势后作出的一项具有前瞻性的决定，相关部门要按照职责分工，加强协作，认真实施，确保顺利推进。在建设纳税服务信息化平台上实现新突破。加快“江苏国税网上办税服务厅”建设，完成一期业务需求的开发，建立知识库与税收政策同步更新的工作机制。逐步拓展12366热线的服务满意度回访、发票信息查询等延伸功能。推广第二代网上申报系统，优化电子办税服务；推出语音短信系统，提供了6个方面的免费语音短信服务。强化咨询服务。加强“12366税收咨询投诉热线”管理，加强“网上南京国税”建设与管理，开展“网送税法”等服务，加强与纳税人的交流，“网上南京国税”为纳税人提供了便捷高效的办税服务。纳税人可以在线填写申报表，进行增值税、企业所得税等税种的申报，还可以查询自己的申报信息。“语音短信业务”可通过手机短信等方式，为纳税人提供零距离的涉税事项提醒服务，包括催报催缴，涉税账号余额不足提醒等功能。通过“网上南京国税”为纳税人提供政策咨询。拓展网上涉税事项办理。一是整合应用，网上办税更加便捷高效。纳税人区完全按照实体办税厅设计划分区域，共设置了导税区、公告区、办税区、查询区、辅导中心等11项功能区，功能划分更加合理化，办税体验进一步优化。二是不断拓展网上办税应用。在纳税人区增设网上预约登记、网上出票、预约服务等大量个性化的网上办税服务功能，积极推广防伪税控远程抄报税系统，推进纳税人使用网上抄报税。进一步优化网上申报所得税汇算清缴系统、重点税源网上直报系统、收入退库无纸化系统等，为纳税人提供便捷服务。三是根据业务调整及时更新在线政策解读、相关表单下载栏目等内容。四是税收征管信息化支撑增强。完成重点税源网上直报系统调整优化，成功开发所得税核定征收年报电话申报系统、发票审批后续管理风险预警系统、机动车销售统一发票税控等系统。

7. 法治政府环境下的依法治税推进

法治政府是依法治国国策的目标诉求，具体到税务部门，法治政府要求其加强执法指引，规范执法行为，推进依法治税。南京国税加强执法责任及执法风险分析，健全执法规范指导书，完善执法风险防范机制。加强执法检查，完善参数化执法检查方法，推进执法检查日常化。加强税务稽查，稳步推行“一级稽查”机制，积极开展各类专项检查和重点稽查，优化税收环境。加强预警提示，引导规范执法行为。运用风险管理理念，制定《税收执法风险监督预警与处置管理办法》，建全执法监督预警机制。编印《税收执法检查操作指引》，列明流转税、所得税、国际税收、进出口业务等40个风险点的检查要点、依据、资料和方法，指导基层单位开展日常自查自纠，规避执法风险。编发《税收规范执法指引》，首先对《税收违法案件管理办法》中的有关举报案件告知程序做出规范，引导执行正确的告知程序、时限和方式。强化规范性文件管理，进一步规范市局案审委议事规则，加强对基层案审工作的指导件。积极应对听证复议诉讼。改进执法检查方式，切实强化执法监督。深化执法考核子系统运用，推进人机结合的执法考核工作。

## 四、南京国税服务品牌的特征诊断

南京国税服务品牌之所以能够有生命力，在于其建构了具有鲜明个性和特点的表征，主要体现为整体性的品牌构架、“纳税人为中心”的服务流程和理念、独到的品牌个性、创新的团队精神和顾客导向的品牌认同。南京国税服务品牌依靠其先进的价值理念、明确的品牌战略、扎实的能力建设、独到的品牌个性和牢固的政策、组织和制度支撑，成为国税系统的一张亮丽名片。

1. 整体性的品牌构架

品牌构架，又称为品牌结构，是指在企业品牌组合里，各个品牌之间相互联系并且相互区分的方式。[①] 品牌构架一般从形式上分为单品牌、多品牌、组合品牌等几种形式。职能单一的政府部门，品牌服务对象明确、服务延伸相关性大，适用单品牌架构。这种架构的优点是能够整合运用各种资源进行集中推广。缺点是容易忽略公众的差异性。而那些主要职能不唯一或办事业务流程分多个阶段的政府部门则多采用多品牌架构。多品牌架构的优点是尊重公众的差异性，给品牌忠诚度低者提供更多的选择。风险是分割了整体优势和资源，单个品牌的推广成本加大，新品牌在推广初期比较困难，不利于建立稳定的顾客忠诚度。组合品牌架构则适用于有足够规模、管理领域宽、社会影响大、事务性强的政府系统部门，这种构架通常以强势品牌为主品牌，以次级品牌拓展不同服务领域。南京国税服务品牌作为特定的组织品牌，不追求单项或个体的最优化，它寻求和体现的是一种整体优势，是考虑诸多因素全面协调持续发展的综合性品牌。强调将机关、价值观、愿景，以及行为规范等因素融合成一个有机整体，提升机关整体的文化和竞争力，其品牌构架以"服务 e 站"、"红枫税情"、"阳光税线"为主，涵盖征管查三个系列，形成了组合品牌体系。

**2. "纳税人为中心"的服务流程和理念**

"纳税人为中心"的流程体系就是要站在纳税人的角度来考虑与设计"流程的目的"、"流程的输入"、"流程的输出"以及"流程的环节"等关键要素，以及此流程体系是否在某些关键接触点或者关键时刻给到纳税人深刻的服务品牌体验。如果在服务流程中要求纳税人去做一些本该由内部流程处理的环节，比如让他自己去联系其他部门工作人员等，这就没有站在纳税人的角度来设计、优化流程，也难以建立最佳的服务体验，对服务品牌的建设缺少积极意义。南京国税服务品牌的"办税 e 站"的服务理念为"便捷、高效、热情"，"红枫税情"的服务理念为"传递真情，收获满意"，"阳光税线"的服务理念为"阳光执法，服务同行"，是南京国税机关全体人员经过长期实践、反复提炼、凝结而形成的一套完整的体系。

---

① 杨芳平. 品牌学概论. 上海：上海交通大学出版社，2009. 199

3. 独到的品牌个性

品牌个性是特定品牌拥有的一系列人性特色，即品牌所呈现出的人格品质。它是品牌识别的重要组成部分，可以使没有生命的产品或服务人性化。品牌个性能带来强大而独特的品牌联想，丰富品牌的内涵。品牌本质是竞争的产物，"物竞天择，适者生存"，没有竞争就没有个性化的服务，也就不会有品牌的产生和发展。机关品牌的竞争性特征主要表现在与同类城市同行之间基于服务、管理、绩效等层面的比较和竞争。不同的机关具有不同的使命和职能，相应塑造出不同的品牌。一个品牌要想在茫茫商海中站住脚，使广大消费者在五彩缤纷、琳琅满目的市场中发现这个品牌，在众多的服务中能够认同并喜爱这个品牌，就一定要形成自身鲜明的特色。如果没有个性特色，就形不成服务品牌。南京国税服务品牌具有鲜明的行业和地域特点。比如，"办税 e 站"品牌就是为征收系列量身定做，体现了行业特点；而"红枫税情"品牌起源于以红枫之乡著称的栖霞，吸取了最鲜明的地域特色。

4. 顾客导向的品牌认同

市场不认同，消费者不认可，"包装"得再好，也成不了服务品牌。市场认同的重要标志是市场占有率，消费者满意，市场份额必然扩大。南京国税树立"征纳双方法律地位平等"的理念，深化服务品牌建设。2010年，在国家税务总局开展的 35 个省会城市纳税人满意度测评中，南京市国税局综合得分在国税系统排名第三，办税服务厅得分排名第一；获 2007—2009 年江苏省和南京市文明行业；全市行风评议综合满意率达 96.25%；全市文明指数测评达到 81.87 分。

## 第三节　南京国税服务品牌的支撑体系

### 一、南京国税服务品牌的政策支撑

政策支撑是南京国税服务品牌从发展到成熟的重要保障机制。机关的服务产品是提供政策、法律法规等行政服务，要在政策法规制定、宣传、执行、监督各个环节强化和体现品牌核心价值，体现非同一般的优质服务，使人民群众真正认可和信任南京国税服务品牌。南京国税服务品牌的发展是一个渐进的过程，其政策的制定和出台也与此过程相呼应，南京国税服务品牌的相关政策可以分为四个类别，一是指导子品牌的政策文件，比如 2005—2006 年期间南京市国家税务局制定的关于"办税 e 站"服务品牌的三个文件；二是关于深化服务品牌建设的年度文件和相关规定，比如 2007—2009 年的相关文件；三是关于南京国税服务品牌内部治理的相关文件，比如宁国税发〔2010〕5 号"关于调整南京市国家税务局服务品牌建设领导小组工作职责的通知"和宁国税发〔2010〕115 号"关于印发《南京市国家税务局办税服务厅管理办法[试行]》的通知"；四是南京市关于全市服务品牌的统一规范性文件，比如宁国税发〔2010〕58 号"关于转发《南京市服务品牌建设评价准则》的通知"。详见表 4-2。

**表 4-2　南京市国税局 2005 年以来出台的相关政策文件**

| 序号 | 名称 | 文号 | 时间 |
|---|---|---|---|
| 1 | 《南京市国家税务局"办税 e 站"服务品牌管理暂行办法》 | | 2005 年 1 月 |
| 2 | 关于创建南京国税"办税 e 站"服务品牌的实施意见 | 宁国税发〔2005〕62 号 | 2005 年 4 月 27 日 |
| 3 | 关于进一步深化"办税 e 站"服务品牌创建的若干意见 | 宁国税发〔2006〕196 号 | 2006 年 11 月 28 日 |
| 4 | 南京市国税局关于深化服务品牌建设的工作意见 | 宁国税发〔2007〕68 号 | 2007 年 4 月 29 日 |
| 5 | 关于深化 2008 年服务品牌建设的工作意见 | 宁国税发〔2008〕92 号 | 2008 年 5 月 7 日 |
| 6 | 关于深化 2009 年服务品牌建设的工作意见 | 宁国税发〔2009〕108 号 | 2009 年 6 月 1 日 |
| 7 | 全国税务系统 2010—2012 年纳税服务工作规划 | 国税发〔2009〕131 号 | 2009 年 9 月 10 日 |
| 8 | 关于调整南京市国家税务局服务品牌建设领导小组工作职责的通知 | 宁国税发〔2010〕5 号 | 2010 年 1 月 15 日 |

续表 4-2

| 序号 | 名称 | 文号 | 时间 |
|---|---|---|---|
| 9 | 关于转发《南京市服务品牌建设评价准则》的通知 | 宁国税发〔2010〕58号 | 2010年5月14日 |
| 10 | 关于印发《南京市国家税务局办税服务厅管理办法[试行]》的通知 | 宁国税发〔2010〕115号 | 2010年7月5日 |

## 二、南京国税服务品牌的组织支撑

南京市国税局制定《南京国税系统纳税服务三年规划》，明确了纳税服务的发展思路、工作目标与主要任务。调整市局服务品牌建设领导小组，局领导为品牌战略的第一责任人，制定具体的实施计划，并列入每年的重点工作目标。明确"办税 e 站"、"红枫税情"、"阳光税线"服务品牌的牵头负责部门和具体职责，形成工作合力。

### 1. 成立服务品牌建设领导小组

市局聘请专家咨询委员会，负责创建南京国税服务品牌的全程咨询指导。成立南京国税服务品牌推进领导小组，负责南京国税服务品牌的决策，下设四个工作组负责品牌策划运作。

（1）专家咨询委员会

聘请南京市社科院的专家学者成立南京国税服务品牌专家咨询委员会，负责南京国税服务品牌创建的全程咨询指导。定期召开联系会议制度，讨论南京国税服务品牌建设中面临的突出问题，适时召开国税品牌专家研讨会，为南京国税服务品牌提供理论支撑和政策咨询。

（2）领导小组及其工作职责

南京国税局服务品牌建设领导小组组长由市局主要负责人担任，其他局领导为领导小组副组长，机关各处室主要负责人为领导小组成员。主要职责包括：服务品牌建设的整体战略；统筹品牌建设中的各项工作；确定具体工作机构及其职责。品牌建设工作由教育处总体规划、实施，上级各部门、各渠道新的工作信息和要求，凡与品牌统一规划有关的，定期通过联席会议制度等形式进行整合，统一协调，整体推进。

(3) 工作组分工及其职责

领导小组下设工作组：综合组设在教育处，负责品牌的综合指导和协调，具体包括：①负责品牌战略的策划；②负责推进过程的监控；③负责标识、服务规范、品牌理念的推进；④负责工作组间的协调；⑤负责品牌的诊断改进。

(4) 明确服务品牌牵头负责部门

明确"办税 e 站"、"红枫税情"、"阳光税线"服务品牌的牵头负责部门，具体职责是：负责服务品牌理念系统的完善和推广；负责服务品牌行为系统的完善和推广；负责服务品牌标识系统的完善和推广；负责建立健全服务品牌持续改进机制；负责服务品牌的对内培训和对口宣传；拟定各品牌年度推进计划和总结。

### 2. 健全服务品牌建设工作机制

首先，建立服务品牌建设联动机制。每季度由服务品牌领导小组办公室牵头召集领导小组各工作组牵头单位、三个服务品牌牵头单位召开服务品牌建设联席会议，重点研究品牌推进思路，布置三个品牌的年度创建任务，通报纳税人满意度调查、文明指数测评、行风作风建设、廉政建设等情况，协调品牌建设中的相关问题。其次，明确服务品牌建设考核形式。服务品牌督察考核主要由纳税人满意度调查和行业文明指数测评组成。再次，健全服务品牌建设信息收集反馈机制。各服务品牌牵头单位年初向品牌建设领导小组办公室报送年度品牌推进计划，年中反馈工作进度，年终报送年度工作总结，由品牌领导小组办公室整合汇总向领导小组汇报。

## 三、南京国税服务品牌的制度支撑

南京国税服务品牌在培育与发展过程中，相应有《江苏国税文明服务九项制度》、《征管查系列服务规范》、《南京市服务品牌地方标准》等配套的制度支撑，除了这些规范性较强的制度保障之外，南京国税还探索形成了监督检查与开门纳谏，形成了品牌的生命线和助推器。

**1. 监督检查：品牌的生命线**

明确各级专业纳税服务机构和相关部门的纳税服务职责。进一步界定和明确每一个岗位的纳税服务工作职责和标准。探索定性指标与定量指标相结合的纳税服务评价考核体系。完善纳税信用的评定和管理，将纳税人满意度调查和行业文明指数测评调查等的结果纳入监督检查。建立品牌定期督查制度。服务品牌必须要得到纳税人的真正认同才有生命力和价值。要以纳税人为关注焦点，建立纳税人需求及时反馈机制，通过多种途径，及时了解纳税人的意见建议、需求，对照服务理念主动自我反思，迅速改进，保持服务品牌的整体推进。

(1) 智囊团

品牌建设工作能否见实效，监督是直接有力的管理手段之一。在南京国税，活跃着这样一支纳税品牌服务、机关作风建设的"智囊团"。"智囊团"由市局聘请的党风廉政、机关作风建设外部监察员、行评代表、纳税人代表组成。他们中既有人大代表、政协委员；也有检察机关、区纪委、执法部门工作人员；还有企业的法人代表、财务人员等。"智囊团"成员通过各种途径对国税部门的品牌建设进行监督，对行风、作风进行评议，对纳税服务实行考核，从外部推动国税机关的发展。"智囊团"的成员们对市国税系统创建"办税 e 站"、"红枫税情"、"阳光税线"服务品牌的情况了如指掌，他们每年都会对各区县局进行两次"飞行检查"，查出的问题，可以直接传达到市局局长信箱中。"智囊团"是南京国税在品牌管理中的创新做法。

(2) 内部检查

定期内部检查，促进品牌自我修复。南京国税由市局监察室牵头，教育处、机关党办参与，按季度对全市各办税服务厅的办税环境、服务行为、设备运行及标识规范等方面进行综合检查和明查暗访，并实行检查结果即时反馈，限期改正。加强考核，严肃责任追究。通过严格的督促检查，提高各单位落实品牌各项举措的自觉性，强化干部的服务意识、品牌意识，推动服务品牌建设的“自愈”机制。

(3) 外部检查

定期外部监督，推动品牌持续改进。为了提升南京国税作风行风建设及品牌服务水平，及时有效地征集社会各界意见与建议，构建和谐征纳关系，进一步优化国税机关形象，南京国税把纳税人代表联系制度与党风廉政、机关作风建设特邀监察员、作风建设监督员、行风代表、纳税人满意度评价等制度有机结合起来，主动接受纳税人监督，借助社会监督渠道，提高监督效能，进一步深化品牌服务的质量。

(4) 反思反馈

定期反思反馈，推动品牌不断升华。纳税服务工作定期反思反馈制度是近年来基层呼声较大的一项工作，也是纳税服务品牌持续改进机制的基础和重要组成部分，南京国税在《关于进一步优化纳税服务工作的意见》正式建立了该制度，明确规定于每季度后(4 月、7 月、10 月、次年元月)下旬召开纳税服务品牌推进定期反思反馈联席会议。由市局领导主持会议，相关处室就提交的报告作书面发言，参会人员围绕品牌管理纳税服务工作反思反馈主题进行讨论，局领导根据会议讨论的意见和建议，对品牌服务工作存在的问题，提出解决问题的办法和意见，并对新季度纳税服务工作作出整体部署，确保各责任部门能够各负其责，切实推动品牌工作的有效提高。

**2. 开门纳谏：品牌的助推器**

2010 年 4 月，南京国税在白下区局举办了一场别开生面的“体验纳税服务 · 共谋和谐发展”国税开放日活动，来自白下区行风办、区作风办、区委宣传部文明办负责人、纳税人代表穿上税务制服，亲历办税服务厅办税窗口，通过直接从事区局办税服务工作，亲身体验税务干部的酸甜苦辣，同时也审视行风、作风、纳税服务工作中存在的问题与不足。在体验活动座谈会上，南京朗驰集团有限公司的樊经理感慨的提到，原本以为窗口工作非常轻松简单，结果亲身体验下来，连喘口气的工夫都没有，还要一直保持饱满的情绪接待每一名纳税人，确实不容易。新华书店的财务王经理介绍了集团在后金融危机时期的经营现状以及遇到的困难和问题，希望税务机关给予政策上的帮助和支持。一天的体验，带给行风监督员与纳税人代表的是新鲜的感受，而白下区局，则通过这种面对面交流，广泛征集区局品牌建设、行风作风建设的热点、难点问题，为品牌的管理增添了动力。

开门纳谏，南京国税首先做的是政务公开。依托“网上南京国税”平台，设立网上咨询求助、纳税人电子信箱、网上纳税人论坛、各类表格下载、网上申报、投诉受理等栏目，在办税服务厅设立触摸屏、电子显示屏，为纳税人随时随地办理涉税事项提供更加方便、翔实的服务，接受社会监督。坚持实行对外办税“八公开”：公开纳税人的权利和义务；公开税收政策法规；公开管理服务工作规范；公开稽查工作规范；公开税务处罚标准；公开办税结果；公开社会监督渠道；公开责任追究。加强政务公开网络建设与监督。充分利用“网上南京国税”平台，大力推行电子政务，将受理、审批和结果通过网络全部公开，逐步完善外网提交、内网办理、外网反馈的网上审批、网上监督机制，对权力运行情况进行动态监督；加强与纳税人的网上互动，设立网上投诉中心，受理网上投诉、举报，跟踪督办。确保政务公开的真实性、及时性，进一步提高品牌的电子化服务水平。

开门纳谏，需要的是决心和毅力。从 2010 年 10 月起，南京国税各办税厅全面启用了新评价系统。在系统上线之初，对该子系统使用效果到底如何，能否起到良好的效果，全局上下并没有太大把握。同时考虑到前几年已经上排队叫号系统的单位，因其中已经包含评价器，所以上线小组在系统上线前确定了“已经上排队叫号系统的单位可暂不使用‘服务电子评价系统’，待市局统一考虑”的上线原则。但是从 2010 年 8 月份 10 家已使用单位运用效果来看，该系统的启用，让纳税人可以对税务机关办理涉税事项的服务效能进行满意度评价，并可对获取的评价信息进行全方位、多角度的查询、统计、分析处理，掌握每个被评价的税务干部和税务机关的服务态度和工作水平，从而有针对性的开展整改工作，提升服务水平。为此，南京国税全系统全部启用“服务电子评价系统”。评价器的使用和评价结果的目视管理，大大地促使各基层单位对于评价不满意事项加强跟踪管理及时了解问题原因，促进了窗口人员更加注重自身的服务态度和服务水平。

# 第五章

# 征收系列服务品牌创新:“办税 e 站”

一套优秀的品牌组合战略能够帮助组织进行跨领域的协调,能够帮助组织更加高效合理地配置品牌建设和管理资源。2005 年,南京国税局首先在办税服务系列创建“办税 e 站”服务品牌,取得良好成效。

## 第一节　征收系列服务品牌创新的重要地位

### 一、征收工作与国税品牌创新

2005 年,在很多人还在对是否要创服务品牌心存疑虑的时候,南京国税人首先在办税服务厅这一直接面对纳税人的窗口单位开始创建国税机关服务品牌。这种创举建基于对服务品牌创建功能的系统认知。

首先,对国家而言,创建“办税 e 站”推进服务型国税机关建设,是应对政府职能转型,促进和谐社会构建的要求。中国加入 WTO 后,政府职能开始从管理型向服务型转化,党中央提出构建和谐社会,这些都要求政府机关突出服务职能,推行更加人性化和专业化的服务。《征管法》和国家税务总局都明确了税务机关的服务职能,江苏省局在部署 2005 年工作任务时,将打造全省税收服务品牌作为完善税收服务的长效机制。树立服务品牌,构建“纳税人导向”的服务型税务模式,有利于增强税务干部服务意识,提升服务品质,提高纳税人对税务机关服务的认同度和对税法的遵从度,形成和谐的征纳关系,推进服务型税务机关建设和和谐社会构建。

其次，对城市而言，创建“办税 e 站”树立政府服务品牌是增强城市竞争力，提升南京文明形象的要求。当前，国内各大城市在招商引资、城市形象建设方面展开激烈竞争。品牌不仅是一座城市物质文明发展的标志，也是城市精神文明程度的积淀和展现。一个品牌就是一面旗帜，政府机关建设服务品牌不仅提升了一个单位的工作形象，而且提升了城市形象。具体到税务机关，开展服务品牌建设，能够优化税收环境，培育当地企业的发展，提升南京的政务形象，增强南京招商引资的吸引力。国税系统作为税收执法部门，是展示南京城市形象的一个重要窗口。通过服务品牌建设，将进一步提升国税系统文明创建工作水平，把国税服务打造成南京城市形象的一张“名片”。

再次，对部门而言，创建“办税 e 站”树政府服务品牌是应对文明创建、行风评议压力，将文明创建工作深化推进的要求。近年来，南京市加大了文明创建明查暗访力度，开展万人评议机关活动，将评议结果排名公示，给政府机关部门造成较大的创建压力，也给国税机关的窗口部门提出了更高的要求。南京国税人运用 ISO 贯标等多项措施，将文明创建纳入基本工作职责，提高干部服务意识，有效解决了文明创建“一阵风”现象。但是在明查暗访中，窗口部门仍然或多或少地存在一些问题，行风评议和人大、政协会议上，还是有一些意见反映税务机关的服务意识不强。这说明制度虽在，但文明服务意识还未深入一些干部的骨髓，还没有成为一些干部自觉自愿的行为模式。要从本源上解决这个问题，还需要用品牌来整合 ISO、CI 标识、全市通、学习型组织创建等方法措施，用品牌理念来督促和引导干部思想意识的根本转变，将文明创建工作推向一个新的台阶。

最后，对个人而言，创建“办税 e 站”树政府服务品牌是缓解干部工作压力，推进办税服务厅文化建设的要求。客观地说，工作在窗口的税务人员，文明创建压力大，工作机械、重复，在窗口单位开展服务品牌创建，也是一种文化建设的需要。

### 二、品牌创新的理念导向

“办税 e 站”的“e”取自税收服务基本要求的英文单词的第一字母，即：easy 便捷的、简易的；efficient 高效率的、有效率的、有实效的；enthusiastic 热情的、热心的。作为纳税人办理涉税服务的场所，南京国税始终以“纳税人为中心”，努力为纳税人提供“便捷、高效、热情”的涉税服务，这是“办税 e 站”品牌的中心内涵，这一理念导向直接转化为对纳税人又快又好的服务，形成新的办税“时空观”。

1. 空间上的拓展

“e”是信息时代的标志，象征着先进的科学技术，象征着虚拟的网络世界，象征着服务手段的先进性、专业性、前沿性。“办税 e 站”代表着南京国税顺应时代发展，引进现代管理理念，应用先进科学技术，着力构建满足纳税人需求的“电子税务”，使主要涉税事项能够在网上办理，纳税人足不出户就可以完成涉税事宜，实现征收电子化、运行网络化、手段现代化。提高了服务的效率，提升了服务的层次。

2. 时间上的节约

“e”又同“一”：一个中心，即以纳税人为中心；一个目标，即为纳税人提供便捷、高效、热情的优质服务；一个标准，即以办税服务统一规范为标准，体现公平、公正、公开原则；一站到底，即通过整合流程、简化环节，一个窗口，一次办结同类型涉税事项，实现一窗式服务，体现效率原则。

## 第二节　“办税 e 站”的总体描述

### 一、“办税 e 站”的现实基础

一个品牌的创建绝不是一蹴而就的。从 1996 年起，南京国税以“服务企业、促进发展”为指导，坚持“文明创建、优质服务”，为品牌的提炼打下了实践基础。2001 年，南京国税引进质量管理理论，树立了以纳税人为中心的服务理念；实现了税收工作的标准化、规范化；建立了“全员参与、过程控制、预防为主、持续改进”的工作机制；及时识别并满足纳税人的需求，使品牌建设有了目标和制度保证。2003 年，南京国税通过创建学习型组织，明确了组织使命、共同愿景、核心价值观，为品牌建设奠定了文化基础。2004 年，全省国税系统实施业务流程再造，加大信息化建设，为品牌建设做好了业务准备和技术准备。如果说上述理念、管理、制度、技术四个方面的“供给”，为“办税 e 站”品牌的创建夯实了坚定的基础，那么 2005 年，江苏省局出台税收服务九项制度，则有力地促进了南京国税“办税 e 站”服务品牌的推广和提升。

## 二、“办税 e 站”的系统设计

一个品牌，既需要实打实的内容作为品质保证，也需要遵循现代品牌学学理作出系统的形象设计、展示和传播。2004 年 9 月，南京国税在征收分局成立品牌建设工作小组，开始对“办税 e 站”服务品牌创建进行探索。2004 年底，正式向南京市文明办申请南京市“十佳服务品牌”。2005 年 3 月，成立专门项目小组，编制服务品牌宣传画册和宣传折页。编制《南京市国家税务局办税服务系列形象识别系统手册》，提炼理念识别系统、行为识别系统、视觉识别系统。同时，征收分局向“中国互联网络信息中心”成功注册了“办税 e 站”互联网的域名：bsez. gov. cn 和 tax-e. gov. cn 及通用网址“办税 e 站”。同年 4 月，利用分局内网改版有利时机，在内网开辟“办税 e 站”和“聚焦办税厅”栏目，对内加强品牌的宣传培训。

以上工作旨在建立南京国税 CIS 形象识别系统。其中理念识别系统是最基础、最根本的要素，它贯穿于组织和组织成员的灵魂深处；行为识别系统，是通过业务的开展和服务的提供来展现的；而视觉识别系统，则涵盖所有环境、资源、设施和宣传。

## 三、"办税 e 站"的具体实践

### 1. 文化引领：服务管理体系的建立

政府机关服务品牌需要提供服务的工作人员面向公众来体现。税务服务品牌的打造与完善，需要办税服务厅、税收管理员、稽查人员在与纳税人每一次接触过程中，建立正面的品牌影响力，促进纳税人对于服务品牌的认知与传播。本节将以税务部门的办税服务厅为例，阐述如何建立起一个强大的服务管理体系。

(1) 核心：形成品牌体验

办税服务厅为纳税人提供的各种服务能否进一步作为一种政府的品牌形象而自然存在，关键在于纳税人是建立了"品牌体验"还是"无品牌体验"，抑或是"非品牌体验"。换句话说，就是纳税人在使用了纳税服务后，他是否深刻地感知到服务品牌并且记在心里，或者愿意告诉身边的人"他们的服务真不错"，如果能够实现这样的体验，就形成了"品牌体验"，否则就是"无品牌体验"。相反，如果客户在服务过程中感觉不好，产生负面印象时，"非品牌体验"就产生了。

提供优质的服务，是办税服务厅的工作重点与难点。纳税人有千千万万，需求各有不同，要想能够让纳税人有愉快的体验，需要办税服务厅的工作人员牢记服务理念，通过实实在在的执行来实现。

(2) 流程：以纳税人为中心

为保证每一次提供的服务都能有保障地执行，需要制定非常规范的操作流程。这些流程应细致入微，尽可能包括纳税人所有可能遇到的问题，并且要做到严格执行和闭环处理，以不遗漏每一个纳税人的要求。这些，可简单地概括为"规范"、"细致"、"严格"、"闭环"这几个特点。

"纳税人为中心"的流程体系就是要站在纳税人的角度来考虑与设计"流程的目的"、"流程的输入"、"流程的输出"以及"流程的环节"等关键要素，以及此流程体系是否在某些关键接触点或者关键时刻给纳税人深刻的服务品牌体验。如果在服务流程中要求纳税人去做一些本该由内部流程处理的环节，比如让他自己去联系其他部门工作人员等，这就没有站在纳税人的角度来设计、优化流程，也难以建立最佳的服务体验，对服务品牌的建设缺少积极意义。

(3) 架构:组织基于流程

办税服务厅人员多、业务繁杂，往往需要多个岗位、多种技能的配合才能满足纳税人的需求。在资源有限的情况下，要实现有效的组织管理，就必须借助于逆向思维的组织架构:即打破常规上的先设立组织架构、后设立岗位，再将流程交由岗位完成的传统模式，而是完全根据流程的需要来设计，形成岗位对流程负责，流程为客户服务的紧密组织。一旦服务流程经过系统地优化，必然可以减少资源占用，缓解紧张状况。

(4) 运营管理:科学

科学的运营管理体系主要包括:制度规范、现场管理、人员管理、培训管理、质量管理、投诉管理、绩效管理等多个方面。这些管理内容分别从不同的角度构成并保障了运营的秩序与效能，不可或缺。

如果将办税服务厅比作一个高度规范作业的“生产线”，要保障每一次服务的准确、优质，要保障每一天的有序运营，要确保税收任务的有效执行，每项管理制度的设计与执行都要充分结合业务特点与纳税人的不同需求进行针对性建设。科学的运营管理，不是简单的参照行业标准，盲目设定服务水平，而是能够根据该单位办税厅现有的资源以及长远的发展战略，设立长期、短期的阶段性管理目标，通过“认真地理，严格地管”来实现办税服务品牌建设的重要任务。所谓认真地“理”，是指在一项制度或者管理规范没有明确以前，需要全面的评估与深入的调研，经过认真的思考与严谨的设计投入执行后，必须体现出“严格”态度，以保证每一项要求不是形式上的文字，而是新工作开展的准则。

(5) 质量管理:全面

全面的质量管理体系，并非仅仅是为纳税人提供一次好的发票验证，或者用语礼貌、微笑标准，而是站在政府的角度上为改善纳税人的服务体验而关注并且采取行动的质量管理策略，主要包括“质量标准”、“质量监察”，以及其“结果应用”。其中每一个环节都有专门的管理工具或者操作流程来保障实施效果，要做到每一个服务人员清楚、接受并且愿意向着最好的标准去努力。

当发现质量问题时,办税厅应该有一套系统的解决方案,比如启动特殊案例培训机制、知识库更新、质量监察、网站更新、短信通告等行动,从行政部门到教育培训部门到知识库管理部门,甚至其他任何一个与该质量问题相关的部门,全面为改善质量调动起来,分工协作,做到一触即发,避免同样的问题重复出现,将质量损失减少到最少。所以,如果仅局限于做好办税服务厅的服务质量管理,是远远不够的。发动全员一起创服务、创品牌,才可标本兼治。

(6) 信息管理:顺畅

办税服务厅作为面向纳税人的“窗口”,就如同“口”、“眼”、“耳”、“鼻”等信息采集感官,随时随地向税务部门传递最为真实的纳税人感受、意见与建议,不能失真、不能损益;同时,也要将税务部门的精神与文化传递给纳税人,让他们了解并且感受到真正的纳税服务。因此,有必要建立统一的信息传递方式、规范的信息传递标准、严格的信息管理制度等。只有这样,才能够使纳税人无论何时、无论何地、无论由哪一位工作人员提供服务,都能够得到准确、一致的服务信息。这本身,就是“服务品牌”形成与提升的过程。

(7) 团队精神:创新

建立强大的服务管理体系,其目的与意义已经不再是单纯的提供标准服务,因为“标准服务”每个服务部门都在提供。如今,标准服务也逐渐在趋向同质化,就如同“请问有什么可以帮到您”一样,早已经广泛应用在各个服务部门,人们已经不再有特别的体验与感受了。政府机关如何建立有自己特色的“服务品牌”,还需要长期的摸索与努力。而办税服务厅的每一名工作者,作为服务的提供者,长期密切与纳税人接触,他们最了解纳税人的需求与习惯,将这些需求沉淀、归纳与总结,加上积极的开发甚至想象,一定可以创新出更加适合纳税人的服务。这种创新精神是需要给予支持与引导的,需要一种由上到下的积极思考。在办税服务厅这个大家庭里,应不忽视每一个微小的创新建议,及时地肯定与鼓励,让每个人都能把自己当成主人。

2. 设施再造:办税服务厅的改进

来到全世界任何一家麦当劳,你都可以看到相同的黄色“M”标志,吃到相同口味的甚至连烘烤时间都一致的汉堡;选择任何一款带有被咬了一口的苹果标志的产品,就意味着你站在了潮流的尖端;而入住任何一家国际青年旅馆,你都会得到干净的被单、真诚的微笑以及合理的价格,这就是品牌形象的力量。

对于南京国税来说,品牌形象的管理,就是要通过事先的整顿和规范,优化工作环境和工作状态,将办税服务从个人为单位的独立小环境,塑造成为出于相同规范和目标融为一体的工作团队,提升组织形象,提高组织竞争力。让纳税人踏入南京国税场所,都能够尽快适应空间布局,得到有效服务。

(1) 改进的缘起

在品牌创建之初,基础管理往往被忽略。有一天,南京国税办税厅的值班长就遇到了一位纳税人:“你们‘办税 e 站’品牌是不错,但是能不能再考虑考虑在每个窗口设个双语标识,让外国人也能看明白,和国际接轨呀?”值班长一问,才知道这位纳税人是境外常驻代表机构的代帐会计,有一次她生病来不了,代表机构的“老外”就自己来了,结果转了一圈啥也没看明白,直到找到了“双语服务”岗,才解决了问题。

说者无心,听者有意。在值班长反映了这个问题后,全局品牌推进小组对各类标识进行了一次“体检”,发现了一些问题,就办税服务厅而言,一是内部显性标识不规范,功能识别不突出。一些服务设施,如导税台、公告栏等各具“特色”,纳税人需要适应各厅不同的办税指引或服务标识。二是办税设施配置不规范,服务标准难以确定。由于办税设备的新旧、性能差异,合理的服务响应速度等指标无从判定。三是物品摆放有随意性。与工作相关各项物品如办税服务厅发售用票证、纳税人申报等实物资料没有分类标识,未能独立收纳或归集摆放,增加了查找时间,降低了工作效率。可见,基础管理对办税服务具有直观的影响,并且对纳税人满意度产生直接影响。

（2）标识的设计

结合纳税人的需求，南京国税根据全国、全省的统一要求和南京的特点，因地制宜，统筹规划，形成了有南京国税特点的形象标志，并严格管理。

**字体颜色**　办税服务厅内部各类标识底色统一为古蓝色（pantone 2945 c），文字色为白色（pantone），配比为 C：100　M：38　Y：0　K：15。中文字体为方正大黑简体，英文字体为 Times New Roman。

**标识类别**　办税服务厅内部标识是引导和方便纳税人办税，传递税务机关纳税服务理念的视觉识别系统。其主要类别如下：

——窗口标识。名称：综合服务 Comprehensive Service；申报纳税 Tax Declaration and Payment；发票管理 Invoice。规格：长 500 mm×高 200 mm。安装：窗口标识应采取吊挂式，安装在办税工作平台正上方，距离工作台面 1.5 m 为宜，各窗口标识之间应当保持合适距离，确保整齐和美观。窗口标识也可采用电子液晶显示屏的形式。电子液晶显示窗口应按顺序进行编号，每个窗口注明窗口名称。

——功能区标识。名称：办税服务区 Tax Service Area；咨询辅导区 Consultation Area；自助办税区 Self-service Area；等候休息区 Waiting Area。规格：长1 000 mm×高 240 mm。安装：功能区域标识一般采取吊挂式，在功能区域所在地正上方安装，距离地面 2.2 m 高。

（3）功能的分区

明确了标识之后，为了突出品牌形象，各办税服务厅按要求，统一设置办税服务区、咨询辅导区、自助办税区和等候休息区等功能区域。将各区域的功能与设置完美结合，并规定了硬件配置，小到复写纸、饮水机的配备均有统计，为纳税人创造温馨舒适的办税氛围。

**办税服务区**——明确该区为窗口工作人员接受纳税人办税申请以及为纳税人提供服务的场所。办税服务区设置综合服务、发票管理两类窗口，条件具备的，设置统一的综合服务窗口，统一办理各类涉税事项，为纳税人提供"一窗式"服务。

咨询辅导区——规定该区为纳税人提供涉税咨询辅导、政策解读、税收宣传、争议调解以及收集纳税人诉求的场所。咨询辅导区设置“纳税辅导中心”,进行明确标识,配置咨询服务台、电脑、电话等办公设备以及纳税人休息座椅、税收报刊及宣传资料架,摆放税收报刊和宣传资料供纳税人阅览或随时取用。

等候休息区——明确该区是供纳税人休息等待的场所,配置纳税人休息座椅、办税指引、公告栏、表证单书填写样本、填单台、举报箱等,并提供纸张、笔墨和其他办公用品。规定在办税服务区,必须配备“柜台笔、窗口指示牌、‘友情提示’牌、‘本柜暂停服务’牌”。

自助办税区——明确该区是为纳税人提供自助网上申报、专用发票自助认证等自助服务的场所,配置连接外网的电脑、打印机、扫描仪等自助办税设备。

图 5-1

(4) 崭新的形象

通过全市有意识地对品牌进行形象管理,南京国税的办税场所面貌一新:“办税服务厅”蓝底白字门头标识规范明显,门前醒目位置的铜牌上公布着对外办公时间,踏进宽敞的服务大厅,办税服务区、咨询辅导区、自助办税区、等候休息区四大功能区域及窗口标识明显,大厅两侧有统一的公告栏和公示栏,公示的内容包括收费标准、处罚依据及处罚标准、承诺服务项目及时限、监督举报电话、工作纪律和廉政规定等全市统一内容;大厅咨询辅导区的资料架上,摆放着整齐的《办税指南》和办税所需的表证单书,方便纳税人免费自取;而咨询辅导区的填写桌上,有供纳税人参考的表证单书填写样本,有必备的印蓝纸和笔,还有纳税人投诉、举报意见箱;自助服务区的电脑旁,围坐着自主操作的纳税人;休息等候区的电子显示屏滚动播放办税叫号提示信息,饮水机内有充足的饮用水和纸杯供纳税人享用;大厅内没有随意张贴的现象,桌、椅面没有灰尘,地面、桌面、柜台台面没有一点纸屑、烟头等杂物。这既是服务品牌的外在形象,同时也在传达这样一个信息:“在这里,我们会全心全意为您提供最优质的服务。”

图 5-2

### 3. 空间拓展:“AAA”级税收门户网站建设

2008 年 10 月 IBM 宣布其 WebSpherePortal 产品协助江苏省南京市国税局完成了“网上南京国税”的第一阶段建设,建立了以纳税人用户为中心的网上税务服务系统和全局的信息门户。“网上南京国税”完成了南京市国税局内外网站的整合统一,初步实现了建立“AAA”级“网上南京国税”的目标。所谓“AAA”级,即在任何时候(Anytime)、任何地方(Anywhere)并以任何方式(Anyhow)为用户提供办税、办公等服务。网上南京国税门户网站主要有以下几个特点:

（1）技术先进

网上南京国税是以 IBM Web Sphere Portal 6 为基础建设的。Web Sphere Portal 是一个框架，可将各种来源的组件、应用程序、流程和内容组合到统一的界面上。用户可以根据用户或工作角色、安全需要、设备设置、个人首选项和管理设置来自定义门户，还可以定义工作流以支持业务流程。同时，用户还能够通过各类设备访问该界面。IBM 在 Web Sphere Portal 6 中引入了一个新的应用框架，客户能够轻松按需组合应用与流程的组件，帮助业务流程所有者创建并修改部门工作流，以满足各部门的需要。

（2）版块清晰

按照服务的四类用户，划分为“社会公众”、“纳税人”、“国税机关”、“协作单位”4 个区域。具体来说，“社会公众区”是以社会公众为主要服务对象的信息集合服务区，所有访问者都可以访问该区，获得关于南京国税的公共信息。“纳税人区”是以纳税人为服务对象，提供涉税事项申请、网上办税、自助服务、信息交流等功能的服务区。而“国税机关区”和“协作单位区”则主要供国税机关和各协作单位内部使用。“国税机关区”主要提供内部信息发布、涉税与行政办公等主要功能；“协作单位区”将实现与政府、公安、工商等其他单位的信息交换和协作。

（3）内容丰富

在“社会公众区”，设置了政务公开、国税资讯、涉税公告、办税指南、政策文件等栏目。任何用户都可以访问这个区域获得他们所需要的信息。用户可以从“国税资讯”栏目获取最新、最全的有关南京国税的新闻、报道、通知以及各类热点信息；“国税新闻”、“最新通知”、“专题报道”、“热点聚焦”等栏目分类汇集了南京国税密切相关的热点资讯；“办税指南”则从各个方面为用户提供办税事项的辅导，包括了税务登记、纳税申报、发票管理、税款缴纳、出口退税等内容，涵盖了所有主要的涉税事项。“最新法规”中还提供了多种方式的查询功能。纳税人不必再往返税务机关或者翻阅大量的文件，只需轻点鼠标，即可第一时间获取信息资料。

（4）充分公开

"办税指南"和"政策文件"公布了税收执法的政策性规定，"涉税公告"中包含了"违章处罚"、"优惠政策"、"办税时限"、"收费公开"等内容，这些都将税务机关执法的依据、程序及标准全面公开，接受社会公众的审视监督。还通过"欠税公告"、"非正常户"、"A 级纳税人"、"定额公开"等公告内容，将执法结果定期公开，让纳税人交明白税、交放心税。尤其是"定额公开"栏目，将全市所有的个体工商户的核定税额在网上公示，任何一个核定征收的个体工商户，都可以在网上找到自己的核定资料，也可以查看同行业、同地区的其他纳税人的核定情况。通过这样的公开方式，让纳税人来监督税务机关的税收执法，规范了税收自由裁量权的运用。

（5）注重实效

目前很多政府网站上都有"公众反馈"这个栏目，但能实际解决问题的并不多。为此，南京国税采取的多种形式会有效地避免这种情况。比如，"公众反馈"栏目包括领导信箱、举报投诉、业务咨询等内容，工作人员将会在规定时间内给予满意的答复。值得注意的是，"网上南京国税"的"业务咨询"还与"12366 咨询服务"相结合，这是很特别的。它的服务方式包括人工接听、自动语音、留言信箱等。如果纳税人有涉税疑问，就可以直接提问，首先由 12366 的工作人员在后台提供实时解答，他们无法解答的问题，将由相关业务处室在 5～7 个工作日内进行专业答复。

（6）形式创新

"网上南京国税"为纳税人提供了便捷高效的办税服务。纳税人可以在线填写申报表，进行增值税、企业所得税等税种的申报，还可以查询自己的申报信息。"语音短信业务"可通过手机短信等方式，为纳税人提供零距离的涉税事项提醒服务，包括催报催缴，涉税账号余额不足提醒等功能。

**4. 服务支撑：办税特色服务的跟进**

在办税 e 站创建之初，南京国税就逐步形成了"办税全市通"、"网上南京国税"、"电话报税"、"12366"、"税银联网"、"税企通"、"一窗式服务”、“联办登记”、“免费税收政策讲座”、“预约购票服务”等十项特色服务。限于篇幅，现选取数例加以介绍：

(1)“12366 纳税服务热线”

12366 纳税服务热线是国税机关为适应加强和改进纳税服务工作的需要所设立的税务机关特服电话。它具有统一呼叫中心代号，人工与自动语音相结合，全天候多功能优质化地提供语音服务。

2003 年 10 月南京市国税、地税局联合成立 12366 税收咨询投诉中心，开创了全国税务系统国地税联建 12366 的先河。2006 年 8 月 1 日起，12366 在南京国地税联建的基础上进一步拓展资讯服务范围，将江苏省地税局直属分局涉税咨询业务纳入其中，成为全国首家“省市共建、国地联办”的税收服务热线。自成立以来，南京 12366 始终以纳税人的需要为关注焦点，强化内部管理，优化对外服务，不断创新服务方式，提升服务质量，及时将税收资讯通过电话、网络、短信传递给社会公众，使税务机关的服务跨越了时空界限，拉近了征纳距离，收到了良好的社会反响。越来越多的纳税人已将 12366 作为了解政策、解惑释疑的首选渠道。

图 5-3

12366 有着丰富的内涵：首先，“12366”作为标识的设计主题，象征着一年 12 个月 366 天，全程为纳税人服务。其次，“12366”的第一个“6”字在品牌标识上与“水滴”的结合，象征人人纳税，滴水汇成江河，造福社会。再次，“12366”的第二个“6”字在品牌标识上与“电话”结合，用“6”字形象化为电话听筒，体现热线电话的概念和服务方式。最后，“12366”品牌标识中的弧线将“热线”形象化，并且红色的弧线象征社会大众纳税的热情[①]。

(2)"一窗式服务"

一窗式服务的实现，使得纳税人以前需要在不同窗口办理的申报征收、防伪税控报税、专用发票认证、其他抵扣凭证采集整合到了一个窗口办理，极大地节约了纳税人的时间。

2004年2月，南京国税积极向兄弟税务机关学习，潜心探索，在单机版防伪税控系统和"高平台"征管系统的平台上实现了一窗式服务，随着业务系统和软硬件条件的升级，一窗式服务日臻完善。目前，一窗式服务已被更便捷的"综合服务窗口"所替代——除了少数特殊业务如防伪税控发行、发票发售外，纳税人所有的涉税业务都可以在同一个窗口办理。

(3)"联办登记"

联办登记是指国家税务局、地方税务局按照国务院规定的税收征收管理范围，实施属地管理。采取"一方受理、联合办证、信息共享、分别管理"的方式实施税务登记管理。

一方受理：指的是国家税务局、地方税务局各税务登记窗口，统一受理纳税人设立、变更税务登记的申请。登记窗口由纳税人任意选择，不需分别向国、地税申报办理。

联合办证：指的是按照"国、地税统一受理、分别录入软件，统一打印发证"的原则办理税务登记，对同一纳税人核发同一份加盖国家税务局、地方税务局印章的税务登记证。

信息共享：指的是联合办证窗口在受理了纳税人的申请后，登记信息由国家税务局和地方税务局共同享有。

分别管理：指的是国家税务局、地方税务局对统一受理的税务登记业户，按照国家税务总局文件规定的税收征收管理范围实施管理。

(4)"免费税收政策讲座"

免费税收政策讲座是全方位的税收政策服务体系中的重要一环，

① 国家税务总局推出全国税务机关"12366纳税服务热线"统一标识和宣传语，http://finance.sina.com.cn/roll/20050408/14064236.shtml

它与《南京晨报》国税专版、南京国税门户网站、税企通等途径，共同构建了纳税人可以方便地通过多种途径了解税收最新政策信息的体系。目前，免费税收政策讲座已经被更完善、更规范的“税务政策解读日”所取代。

5. 社会传播：服务品牌的推广

通过一系列准备工作，“办税 e 站”应运而生。2005 年 4 月 30 日，南京市国家税务局召开“办税 e 站”服务品牌推介会，向社会各界首次提出南京国税“办税 e 站”服务品牌。南京国税在“办税 e 站”服务品牌推广过程中，主要做了以下工作：

(1) 提升组织成员的品牌认同

南京国税多次聘请专家介绍品牌理论；成立项目小组引领大家建立品牌概念；开展培训使干部了解品牌的基本要素、内涵实质和具体要求，牢记品牌所倡导的价值理念、行为规范；在网站设立专版，使干部感受创建品牌的氛围，接受品牌文化的熏陶；通过知识竞赛，增加干部对品牌的兴趣和关注。这些措施使干部对品牌有了基本认知。还举办专题论坛，探讨服务品牌与服务创新；推荐阅读《自动自发》、《问题背后的问题》等书籍，强调责任心与主动性；举办读书访谈，主题征文，征集服务案例、办税服务小故事、持续改进建议等活动，发动干部深刻思考、深度交流，促进干部对微笑服务、优质服务、品牌服务的再比较、再理解。并建立反思反馈、信息共享、互动交流机制，深化干部对服务品牌的了解，产生对品牌的信任和自豪感，使其积极投入品牌建设。

(2) 促进服务对象的品牌认可

一方面，南京国税按照品牌建设的要求，通过不断优化设施配置，努力为纳税人营造温馨、舒适、文明的办税环境；另一方面，通过宣传手册、办税指南、友情提示、宣传展板、《窗口》杂志、电子显示屏、公告栏、回音壁等多种载体与手段，做好品牌的宣传介绍；强化视觉冲击，做到品牌标志随处可见，让纳税人了解品牌的名称、了解品牌的理念、了解品牌的内涵。此外，南京国税还紧紧围绕纳税人的需求，不断创新手段和方法；不断提高干部的政策业务水平、操作技能、服务技巧，通过一系列措施来支撑品牌“便捷、高效、热情”目标的实现;使纳税人切实感受到需求的满足、承诺的兑现以及服务的提高,并由此对品牌认可与信任。

(3) 扩大社会各界的品牌认知

南京国税在推广“办税 e 站”服务品牌时,从建立良好的公共关系入手,与协作部门建立起“相互尊重、沟通合作、责任明确、顾全大局”的关系;在社会上建立起“诚信为本、服务社会”的良好形象;通过积极参与南京市十大服务品牌创建、评选活动,参与公益活动、志愿活动,参与城乡共建活动,参与融入基层、永葆先进活动,拓展了服务品牌向社会的辐射面。南京国税在推广“办税 e 站”服务品牌时,充分利用各新闻媒体做好宣传。通过媒体推介会、新闻发布会、集中采访、专题报道、标题报花等方式使“办税 e 站”被社会各界广为了解,提高了品牌的影响力和知名度。

## 第三节 “办税 e 站”的绩效评估

### 一、“办税 e 站”的社会反响

“办税 e 站”服务品牌的创建推动了系统整体工作的开展,通过创建把全系统 17 个办税服务厅的服务理念、服务质量、外观环境推向全市统一的平台。在工作中,加强督促检查,努力消除“短板”,一些在办税服务上存有“顽疾”的单位通过品牌创建服务水平有了明显改善,确保了全系统征收服务系列 17 个办税服务厅的服务品质按照同一标准,在同一平台上全面提升。通过服务品牌承诺的约束督促,系统上下同心协力,加强整合优化,办税服务工作效率大幅提高。同时,将文化建设、制度行为规范、外部形象标识的规范化建设和办税“全市通”、网上办税、12366 热线等服务手段整合到“办税 e 站”服务品牌之中,实现了征收服务系列工作的突破提升,服务水平显著提高。随着“办税 e 站”服务品牌的逐步推进,优质服务理念逐渐渗透到管理服务系列,服务品牌的号召力也给稽查系列的工作以启示，推动了全局各项税收工作的开展，赢得了社会的肯定。

## 报道链接

**"办税e站您是主角　市国税局打造服务品牌纪实"**

"五一"长假后第一个报缴期里的一天上午，南京市国税局征收分局办公室的江涛正忙得团团转，忽然，一位60多岁的老人走进了他的办公室。

老人手里拿着一叠刚刚从征收大厅里免费领取的国税"办税e站"服务指南手册，说其中一幅照片上的"主角"是他。难道老人是来理论肖像权益的？江涛有些紧张起来，准备和老人好好解释一番。"你们的办税e站办得很好啊，我上了你们的宣传册，我觉得很光荣啊。我想向你们要一张照片回家挂起来，再多要些小册子发给我那些老弟兄，他们都是搞财务的，我帮你们一起宣传！"老人的一席话让在场的每一位税务干部心里暖了很久很久……

e就是便捷，e就是高效

这位60多岁的赵少康老人是有着近40年工作经验的"老财务"，1998年从水产公司退休后，老人又为两家服饰公司代起了账。作为一位用算盘打了30年报表的老会计，老人对南京市国税局精心打造的服务品牌"办税e站"有着自己的理解："那个圆圆的'e'就是网络的意思吧，我不太懂电脑，但我知道那代表着更便捷，更高效！"

的确，近年来，南京市国税局借助信息化手段，突破时空限制，逐步形成了以"便捷、高效、热情"为特征，以"办税全市通"、"网上南京国税"、"电话报税"、"12366"、"税银联网"、"税企通"、"一窗式服务"、"国地税联合办证"、"税收政策免费讲座"、"预约购票服务"十大特色服务为内容的服务品牌——办税e站。目前，该局已将其向南京市精神文明建设指导委员会申报了南京市十大服务品牌。

"现在纳税真是太方便了，门都不用出。我刚刚才打的报税电话，几分钟就轻轻松松实现纳税，再也不用像以前那样排队等候，一年都不用往税务局跑一趟……"当记者拨通南京广宏服装辅料有限公司的周会计电话时,他还沉浸在快捷申报的喜悦中。

就在 3 年前,南京市国税局的办税大厅里,还经常可见纳税人为了缴税排起的“长龙”。这不仅直接影响到纳税人的办税效率,也影响了纳税人对政府机关工作作风的满意程度。为此,该局以解决机关作风中影响经济发展的突出问题为抓手,着力打造现代化办税手段。2003 年,该局启动电话申报方式,增值税小规模纳税人与企业所得税纳税人在报缴期内,只要拨打专线电话,根据语音提示,触击按键,就可以轻松完成纳税申报。而纳税人申报的税款则通过“税银联网”系统,直接从涉税账号上进行划转,完税凭证在数日后就可以自行到银行领取。之后,“网上申报”、“网上认证”等电子办税系统相继开发成功,越来越多的南京纳税人切实感受到了网上办税的方便快捷。

和“面对面”的纳税服务相比,虚拟的网络服务同样让纳税人感受到了税务干部扑面而来的热情。在“南京国税”这一增进税企沟通的平台上,纳税人可以轻松浏览“法规公告”、“有问有答”、“征管公告”、“网上办税”等栏目,查询历年政策法规、咨询涉税业务处理、下载涉税应用软件……绝大部分的办税事宜都可以通过网络搞定。目前“南京国税”的网上点击已超过百万人次,解答纳税人的涉税疑难6 100 多条。

**e 就是周到,e 就是热情**

构建“网上税务局”,让纳税人超越时空,无论身在何处,都可以 24 小时自由申报纳税,这只是南京市国税局构建办税高速公路的一个途径,此外他们还在办税的各个流程上动足脑筋,以周到的服务尽可能地给纳税人提供更多的方便。

从今年 4 月份开始,到南京市国税局办税的纳税人都有一个意外的发现:办税大厅里专门设置了一批综合性服务窗口,纳税人无需再像以前一样到多个窗口重复排队,只要在一个窗口就可以解决申报、认证、报税等整个流程上的所有问题。这种“一个窗口办理,多项事情办结”的“一窗式服务”,大大提高了纳税人的办税效率,在当月办税大厅《意见调查表》的回函中,几乎所有填表的纳税人都对这一周到服务竖起了大拇指。

因为给好几家企业代了账,以前赵少康老人最怕的就是要“满城转”。栖霞的户要到尧化门去报税，秦淮的户要到长乐路去认证，一个报缴期忙下来，老人着实累得受不了。自从去年6月，南京市国税局开通了“办税全市通”之后，企业纳税人可以就近选择办税服务厅办理相关涉税业务。目前，该局已经实现了增值税防伪税控报税、认证两大业务“全市通”。今后，发票查验、销售、代开、纳税申报等业务也将陆续实现“办税全市通”。

“我觉得现在国税部门处处在为纳税人着想，办事效率大大提高，这种切切实实为纳税人着想的工作作风比微笑更让我们温暖，这种蕴涵在工作中的热情才是我们纳税人最想要的。”在南京市国税局征收分局的办税大厅里，27岁的刘小姐刚刚拿到自己开办的商贸公司的税务登记证。她说自己通过网上咨询，了解清楚所要携带的资料后，只跑了这一趟就把国税和地税的税务登记证一起搞定了。刘小姐的快速办税得益于南京市在全国税务系统中率先实行的“国地税联合办证”业务，如今在南京，新办或变更税务登记证，纳税人只需任意选择就近的国、地税办税服务厅办理即可，此举有效降低了征纳双方的成本，大大方便了纳税人。

“办税e站”您是主角

那张让赵少康老人倍感光荣的照片是一年前老人在办税大厅里咨询问题时拍摄的。对于当时咨询的问题，老人至今记忆犹新。“我那次是问一个私车公用该如何入账、如何报税的问题。接待我的是综合业务科的同志，他回答得很认真，还带着我去相关的窗口办理，真的很让我感动！记得那次我去得比较晚，问完问题的时候已经过了下班时间，但是大厅里还有不少纳税人。接待我的同志告诉我，他们一定会把所有纳税人的事情都办完后才会下班，还让我不着急，有什么问题尽管问。我想起来了，当时那位同志还说我们纳税人是主角，只要主角在场，戏就得好好地唱完……”

当社会上不少人还在对政府机关是否需要服务品牌这个问题心存疑虑时，一场席卷南京市国税系统办税服务厅的服务品牌建设已经如火如荼地展开了。今年初，该局对近年来逐步建立的电子化服务方式，进行优化和整合，推出了征收服务系列的服务品牌——南京国税“办税e

站”，以此拉开了南京市国税局着力打造服务型政府“品牌形象”的序幕。正如老人所说，“办税 e 站”中，纳税人是绝对的主角！

“e 代表着 easy 便捷、efficient 高效、enthusiastic 热情的税收服务原则。我们打造品牌的目的就是为了努力提高办税效率，降低办税成本，尽一切可能满足纳税人的需要，让纳税人满意，让社会满意。下一步，我们将全力贯彻全市建设群众满意机关工作会议精神，以全新的工作作风和手段，全力以赴服务发展，全力推进富民强市。”采访中，南京市国税局的顾惠祥局长详细解释了办税 e 站中“e”的含义。

内容涉及征管业务流程和最新税收政策的免费税收政策讲座，已经成为纳税人最好的“充电”场所；电话预约领购发票，可以让纳税人在最短的时间内，从税务干部手中购买到提前准备好的发票；通过人工接听、自动语音、自动传真、留言信箱等方式，24 小时为纳税人提供税收政策咨询的“12366”，已经成为纳税人心目中的“税收小灵通”……

（来源：2005 年 6 月南京日报，作者：施国穗　杨　欣）

南京市国税局精心打造的“办税 e 站”服务品牌被评为南京市首批“十佳”品牌。“办税 e 站”展现的“便捷、高效、热情”的核心理念，所倡导“四个一”：一个中心，即以纳税人为中心；一个目标，即为纳税人提供便捷、高效、热情的服务；一个标准，即以办税服务统一规范为标准，体现公平公正原则；一站到底，即整合流程，简化环节，一次受理，办结全部事项，体现一窗式服务等品牌内容，得到了广大纳税人广泛认可和好评，品牌的知名度和美誉度日益显现。

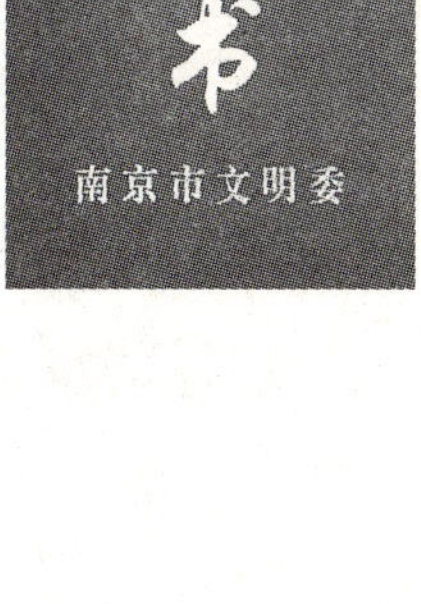


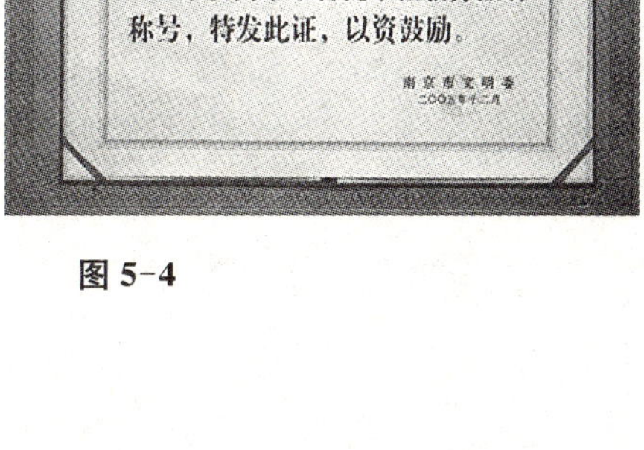


图 5-4

## 二、“办税 e 站”的业内反馈

组织成员是品牌的策划者和执行者，组织成员对品牌的理解、忠诚和支持是品牌推广的内源动力。如果说决策层的支持是自上而下的管理，那么组织成员的理念的树立则是自下而上的管理。

政府机关也要创品牌吗？会不会是作秀？这是许多人最初盘旋在心头的疑问。南京国税在服务品牌推广过程中，通过系列化的内部传播方式，激发大家对品牌的兴趣和热情，积极投入品牌建设。通过品牌理念的培养，南京国税的干部树立了对品牌的正确认识：服务品牌的各项要求都是税务机关对纳税人的承诺，也是作为政府机关对社会的承诺；“办税 e 站”重点要满足纳税人办事便捷的需求。

为了做到“便捷”，南京国税加快电子税务建设：①开发电话申报系统，纳税人足不出户，轻松打个电话就能完成申报；②完善网上申报系统，一般纳税人增值税申报、几乎所有的企业所得税汇算清缴，都可以通过网上办理；③推广网上认证系统，使几万户纳税人受益，每年有几百万份发票在网上认证。这些措施避免了纳税人频繁奔波于税务机关和排队之苦。

为了做到“便捷”，南京国税不断拓宽与纳税人的沟通渠道：①12366 纳税服务热线，实现了纳税人税收政策随时问、及时得，年咨询量达六十余万人次，日均达三千多人次；②通过“税企通（短信）”，及时向纳税人发布提醒、通知、公告和重要政策；③通过南京国税门户网站，纳税人可直接了解最新的政策法规、管理要求、涉税软件。

为了做到“便捷”，南京国税不断创新服务举措：①2003 年，率先在全国实行“国、地税联合办理税务登记”，纳税人可选择国、地税任一办税服务厅办理登记手续；②2005 年 10 月，实现了征管业务全市通，纳税人可就近选择任一办税服务厅办税；③税银联网，做到了税款的实时划转；④银行出票系统的应用，纳税人可在银行直接打印完税凭证，极大地方便了纳税人。

为了做到“高效”，南京国税不断减并资料、简化手续、减少环节，优化流程,大大提高了办税服务的效率。按照 2005 年 4 月测算的结果,初次核定发票从原耗时 15 分钟缩短到 4 分钟;发票供票资格的审核从原耗时 4 分钟缩短到 1 分钟;最高开票限额审批从原耗时 6 分钟缩短到 3 分钟。南京国税还致力于系统的整合和完善,实现发票实物销售与电子发售的同步,纳税人每次购领专用发票原来要 5 分钟,现只要 2 分钟。目前随着硬件和征管软件的更新换代以及工作流程的进一步简化,除上级税务机关另有规定的项目外(如最大开票限额审批),这个速度已经被更快的记录所打破。

为了做到“热情”,南京国税不断提高干部的政策业务水平、操作技能和服务技巧,培养干部的责任心、主动性和工作热情;设立“值班长”,及时引导办税;实行“全程式服务”;落实首问责任制;定期开设免费税收政策讲座等;月末最后一天即使是节假日,也主动加班为纳税人办理发票认证。南京国税还制定应急预案,应对可能突发事件。如,高峰期科学预测次日人流量;办税服务厅出现纵队立即增设窗口;万一出现 5 人以上排队科所长巡视走动管理;按照系统故障时间,拟订人员分流方案。

创建服务品牌以来,全局上下对照服务承诺,查找差距,反思不足,努力加强业务学习和技能培训,改进服务态度,践行服务礼仪规范,办税服务厅干部的工作技能和服务意识有了明显提高。随着服务品牌知名度日益提高,纳税人满意度提高了,表扬也多起来了,税务干部工作积极性明显提高,工作成就感、使命感也油然而生,这样纳税服务从单纯的任务,逐渐成为责任,最后升华为组织的使命,成为全体干部真心要做好的事业,在这过程中凝聚了人心。2005 年全系统十件大事评选,创建“办税 e 站”服务品牌以高票当选,充分表明了全局干部对服务品牌的认同和服务意识的提高。

### 三、“办税 e 站”的未来发展

2010 年 8 月 1 日,来到办税厅申请办税事项的纳税人惊喜地发现,窗口人员受理了资料后,还传递回一份“全程服务服务承诺单”,上面接受时间、办理环节、办理时限甚至咨询电话都一应俱全。“这下我们办税，心里就有底了！”

为了提高服务的跟踪管理，满足纳税人合理需求，提高税务机关工作效能，南京国税全面推行上线“全程服务承诺系统”。

推行全程服务承诺系统是加强品牌管理，提高纳税服务水平和征管效能的一项重要举措，通过公布承诺期限和报送资料，主动要求纳税人监督办税效率并进行服务评价，更好地维护了纳税人的权益。而承诺单、交接单的使用，对各节点的操作时限起到了良好的督促提醒作用，各环节的经办人员能够认真及时地进行操作，从受理环节工作流的启动，到检查、核批环节工作流的完成都能够按服务承诺一一兑现，不仅提升了税务机关的工作效率，也提升了纳税人的满意度，收到了良好的效果。这项工作的开展，对推进阳光执法、优化纳税服务，强化环节监控、提高办税效率，规范执法程序、提高征管质量具有重要的意义。

全程服务承诺系统凸现了当前纳税服务五大理念：一是人本服务理念。坚持“始于纳税人需求，基于纳税人满意，终于纳税人遵从”，将便捷、高效、热情的要求贯穿于税收服务的全过程。二是依法行政理念。坚持依法办税，积极探求在税收执法中深化服务、在深化服务中规范执法的最佳结合点，努力使规范税收执法贯穿于税收服务的全过程。三是阳光办税理念。落实政务公开，努力实现办税资料、办税程序、办税期限、办理状态、办理结果全程公开，办税事项即时查询、实时监控，真正让权力在阳光下运行。四是效能优先理念。通过优化办税流程、简并办税事项、加强部门联动、运用信息化技术，为纳税人减负、为基层税务干部减负，全面提升服务效能。五是科学管理理念。以 CTAIS 2.0 江苏优化版为依托，将纳税服务的职责要求嵌入全程服务的各个环节，加强流程管理和节点监控，量化服务绩效，优化资源配置，实现科学管理。

系统上线以后，已办逾期工作流大幅下降。市区两级强化征管业务流程统计的分析监控，加强对承办事项的统计分析和监督管理，密切关注承办逾期工作流，建立了流转事项逾期预警机制，2010 年 8 月，逾期工作流明显减少，办事效率明显提升，逾期工作流从上半年月均 469 条大幅下降到 8 月份的 126 条；工作流运行用时有所减少。工作流转事项平均办理天数从上半年的 2.9 天下降到 8 月份的 2.47 天，下降了 14.8%。这些数据说明了南京市局内部事项流转速度加快，周期缩短，充分体现了南京国税服务品牌服务高效、便捷的特点。

随着时间的推移，南京国税“办税 e 站”品牌在持续改进的过程中，一种自发的系统内省机制已经形成——你向服务对象承诺了什么？你完全兑现承诺了吗？还有哪些方面能做得更好？上述问题可以看做是服务品牌“心灵化”的结果。相应地，我们也将在全市范围内看到更加规范统一的办税服务厅，更多的国税征收事项将借助现代网络和信息技术进行操作，更加精细化的工作流程将在实践中得以确定和完善。

综上所述，南京国税在落实服务品牌组合战略的历程中，首先充分认识到征收工作在国税品牌创新中的战略地位，以此为切入点，将努力为纳税人提供“便捷、高效、热情”的涉税服务作为基本的理念，在系统总结已有工作业绩的经验基础上，对品牌加以系统的设计。通过“文化引领、设施再造、空间拓展、服务支撑和社会传播”的系统打造，在实现部门绩效刷新的同时，获得了广泛的社会好评，实现了品牌建设的基本目标，并展现出良好的发展前景。

# 第六章

# 管理系列服务品牌创新:"红枫税情"

一套优秀的品牌组合战略能够帮助组织更加有能力去引领未来,通过战略性和战术性品牌延伸,为组织战略提供连贯性和框架结构。2006年4月,全省国税系统全面推行服务品牌建设后,南京市国税局进一步明确了"优化税收服务,打造知名品牌"的创建目标,加强组织领导,强化宣传培训,将品牌理念推广到每一个部门、贯穿到每一项工作,融入到每一位干部心中,实现了"要我创品牌"向"我要创品牌"的转变。

## 第一节　管理系列服务品牌创新的战略定位

### 一、管理工作与国税服务品牌创新

#### 1. 创新税收管理品牌是省局服务品牌建设的纵向落实与细化

江苏国税坚持以纳税人为中心,着力构建以三项服务为主体、六项服务为内容、九项服务制度为保障,具有江苏国税特色的税收服务体系。三项服务主体是:聚财为国的职能性服务、执法为民的权益性服务、便捷高效的程序性服务。六项服务内容是:公开公正的执法服务、简捷高效的办税服务、及时到位的政策服务、促进发展的信息服务、文明礼貌的优质服务、奉献社会的延伸服务。九项服务制度(苏国税发〔2004〕226号)是:《江苏省国税系统办税服务厅环境建设规范》、《江苏省国税系统文明办税"八公开"制度》、《江苏省国税系统办税服务承诺制度》、《江苏省国税系统首问责任制度》、《江苏省国税系统办税服务厅值班长制度》、《江苏省国税系统文明用语规范》、《江苏省国税系统局长接待日制度》、《江苏省国税系统领导干部走访制度》、《江苏省国税系统一次投诉查实待岗制度》。此外还有十项服务举措，即一站式办税、网上办税、公开办税、便捷办税、预约办税、优惠政策服务、税收宣传服务、税收咨询服务、纳税提醒服务、维权特色服务。

税收管理系列正是国税机关为纳税人和地方经济发展服务、承担更多社会责任的重要平台和主要窗口。在准确把握征收、管理、稽查三者关系的基础上，南京国税创建"红枫税情"税收管理系列服务品牌将进一步提升服务的品位与层次，进一步提升国税系统的社会形象。

2. 创新税收管理品牌是市局"办税 e 站"品牌的横向拓展与延伸

相对于征纳双方而言，税收征收系列主要是国税机关在相对固定的办税场所，根据纳税人的办税申请而提供服务，纳税人最需要的是便捷与高效。税收管理系列则具有征纳两方双向互动的特点，其管理、服务行为主要因两种情形而启动：一种是依纳税人申请而发生，纳税人在要求一定效率的同时，最需要的是税务干部服务态度热情、行为规范到位。另一种是依职权而发生，即因税务机关加强管理的需要而启动，需要纳税人的理解与配合，主动、热情成为税务干部开展好工作的自身需要，规范、廉洁更成为纳税人的关注与要求。有时纳税人的申请与税务机关管理需要同时发生，更体现了管理与服务的和谐统一，此时需要兼顾双方的需求，更需要提供热情、规范、廉洁、高效的真情服务。因此，税收管理系列具有自己鲜明的特征。南京国税"红枫税情"服务品牌的推出，是"办税 e 站"服务品牌向税收管理系列的拓展延伸，是全市国税系统服务品牌战略的重要组成部分。

## 二、管理服务品牌创新的价值取向

"红枫税情"服务品牌以"传递真情、收获满意"作为品牌理念，其根本的出发点和落脚点关键在于"收获两个满意"。

首先是服务对象——纳税人的满意。“红枫税情”服务品牌推行后，全市推出的“网上南京国税”、“优惠政策辅导”、“特事特办”等措施，使纳税人直接受益；限时办结、廉洁服务等行为规范也进一步提高了服务的品质与层次，使纳税人享受到真情无价的超值服务。市局还强化品牌的维护与发展，根据纳税人的需求不断推出新的服务举措，使广大纳税人获得更加热情而真诚的服务，构建起征纳双方更加巩固的合作、互信、和谐、双赢的关系，不断提高纳税人的满意度。同时，在继续推进依法治税的基础上，通过服务品牌创建，在不断提高国税机关行政效能、推进行风创建实现“保位争先”目标的情况下，为地方经济社会的发展提供有力的财力支持，打造更加公平、良好的税收环境，不断提高各级政府和全社会对国税工作的满意度。

其次是工作目标——税收规范化管理工作的满意。市局以全面推行“红枫税情”服务品牌为契机，系统梳理了税收管理系列涉及纳税人的各项管理制度，补充完善了税收管理员行为规范、操作规范类的办法，使全市税收管理员有了统一要求和行为指南，有利于推进基层税收管理员服务工作的规范化、精细化。通过服务品牌创建，树立尊重纳税人权利、优化纳税服务的理念，将精神文明领域的纳税服务工作纳入到行政执法范畴，加强了税收管理与服务的有机融合，为建立良好的征纳关系打下了坚实的基础。税收管理与服务相互促进的作用将更加凸现：各种真诚服务措施，将有助于提高纳税人的税法遵从度，推进诚信纳税体系的建立；各种行为规范的完善，可以大大减少执法的随意性，统一全市对外宣传服务的形象；各种廉洁服务规定以及善待纳税人的行为，将争取到纳税人更多的理解与支持，保障税收业务中心工作的顺利开展。

“红枫税情”服务品牌为税收征管工作和全体税务干部搭建了一个更科学、更现代的展示舞台，全市各项税收业务工作、各类征管举措、个人的才华和先进事迹，都能够通过这个舞台集中宣传、展示给社会，从而赢得更多纳税人的关注，产生更强烈的社会效应。

# 第二节　“红枫税情”的发展历程

## 一、“红枫税情”的基本内涵

南京国税税收管理系列“红枫税情”服务品牌，以代表南京作为“四大赏红胜地”之一的红枫作为主题标识，既突出了品牌鲜明的南京地域特征，又彰显了南京国税人如火一般的热情。同时，红枫，有着历经多年风雨，但霜重色愈浓的秉性，寓示着南京国税干部公正清廉、无私奉献的崇高品质，向纳税人奉献的是款款真情。枫叶上金黄色的放射状线条，代表着太阳的光芒，是南京国税权力阳光运行的充分体现。两条动感的弧线，寓指服务品牌“传递真情、收获满意”的内涵；同时也寓指征纳双方。两条弧线共同托起“红枫”，表示双方以真情互动服务为平台，共同打造、呵护“红枫税情”服务品牌。

“传递真情，收获满意”。南京国税人在税收管理服务中，通过“红枫税情”服务品牌的打造，向纳税人呈现的是红枫般火一样的热情，是虽历经风雨但霜重色愈浓的款款真情。南京国税人以“聚财为国、执法为民”为组织使命，以国税文化建设为基础，以真情服务的理念，构建以纳税人为中心的税收管理服务体系，积极推出多种真情服务项目，争取纳税人最大的理解和支持，不断提高纳税人、社会和组织的满意度，全面提升国税形象。

## 二、“红枫税情”的建设历程

### 1. 调研设计

2004 年 8 月，南京市社科院、团市委及市局教育处到栖霞区局调研、指导区局国税文化建设和“红枫税情”服务品牌创建工作。

2005 年 3 月，栖霞区局完成“红枫税情”服务品牌标识、内涵的初步设计和特色服务项目前期构建等工作。

2005年11月，栖霞区局开展“红枫税情杯”知识竞赛，加强对品牌的宣传，在系统内外初步产生了一定的知名度。

2006年3月，市局服务品牌创建领导小组确定由栖霞区局承办税收管理系列服务品牌创建的试点工作。

2006年8月，邀请市社科院、南师大及省文化厅有关专家学者广泛调研，多方面论证服务品牌内涵与特色服务项目。

2006年8月，栖霞区局举办“红枫税情杯”政风行风知识竞赛，在市级行风评议机关、栖霞区委区政府机关、街道、社区和广大纳税人中间产生良好反映。

2006年9月，市局服务品牌领导小组召开税收管理系列服务品牌论证会。

2006年10月，重新设计制作“红枫税情”服务品牌标识。

2. 宣传推广

2006年10月，研究确定服务品牌体系初步框架，先后完成了《“红枫税情”服务品牌申报书》、《“红枫税情”服务品牌宣传手册》、《“红枫税情”服务品牌形象识别系统》等材料制作，上报市文明办，参加全市第二批“十佳服务品牌”评比工作。

2006年11月，市文明办专题调研、指导“红枫税情”服务品牌创建工作。

2006年12月，南京市国税局通过《南京晨报》、《金陵瞭望》等杂志、政府网站，以及贺年卡、台历等形式，加强“红枫税情”服务品牌宣传，在广大纳税人和社会中间引起强烈反响。

2006年12月，继续征求系统内外意见，进一步修改服务品牌内涵、服务体系，制订相关配套行为规范制度。

2006年12月，市局召开局长办公会，研究深化服务品牌创建工作措施，确定在全市税收管理系列推行“红枫税情”服务品牌。

2006年12月，市局服务品牌领导小组共同研究“红枫税情”服务品牌内涵、服务体系，论证相关配套管理制度、行为规范制度的可行性。

2007 年 12 月,《南京日报》头版报道市局深化服务品牌创建、全面推广“红枫税情”服务品牌的信息。

2007 年 12 月,市局召开深化服务品牌推进会,在全市国税系统税收管理系列全面推行“红枫税情”服务品牌。

**图 6-1**

3. 改进举措

税收管理系列是税收征收、管理、稽查系列中的基础环节,也是重要环节,具有直接面对纳税人、与纳税人接触时间长、涉税管理事项多、内容广泛、涉及面广等特征。围绕着“红枫税情”服务品牌的持续改进,主要做了以下工作:

——建立征纳双方“税企三通”(信息通、办税通、百事通)工程。逐步建立互信、及时、多渠道的联系网络,并以此进一步做好纳税提醒、纳税评估和预约等特色服务。

——建立健全税务信息发布制度。通过税务信息“发言人”,定期在相关媒体上向全社会通告税收新政策及重大税务事项。

——建立预约服务制度和办法。根据纳税人的经常性需要和个性化需求,进行统筹安排,简捷、高效地为纳税人提供有针对性的服务。

——完善网上“南京国税”建设。使征纳双方能够方便、快捷地进行申请、受理和办理涉税事项。

——继续开展富有成效的特色服务活动。如税收政策咨询解读日、法律救济、应急援助等活动。

——进一步做好纳税人的分类管理工作，引导纳税人诚信纳税，争做A级纳税人。

——完善内部执法监督机制，加大执法检查力度，确保依法征管、规范服务、廉洁服务。

——让纳税人参与到诚信建设中来，聘请一批“服务品牌质量监督员”，请纳税人批评挑刺、常提建议，实现税企互动，品牌提升。

——品牌促效，税企双赢，为打造优良的税收环境创造条件。

## 第三节 “红枫税情”的推广意义

### 一、“红枫税情”的经验模式

南京国税管理系列“红枫税情”服务品牌的经验模式可以概括为“情感驱动创新模式”。

**1. 对品牌自身的情感——创新服务内容 建设服务品牌**

南京国税推出了“红枫税情”九项真情服务，除网上南京国税、税企通、12366为各服务品牌共有外，主要还包括以下内容：

(1) 税收政策解读

在每月下旬的星期二开展税务咨询解读日活动，建立健全纳税人培训服务机构，有计划、系统地为纳税人提供免费税收知识讲解与培训服务。

(2) 优惠政策辅导

各区县国税局开设“511”电话专线等优惠政策受理绿色通道，纳税人可随时咨询有关优惠政策、办理相关审批手续、了解减免退税开展进度等，为纳税人提供优惠政策辅导、提醒、筹划服务。

(3) 定期巡访

推行税源税户属地化、分片管理，税户责任区的税收管理员定期巡访服务,并结合纳税人的需求和管理需要适时上门服务,了解纳税人的户籍变动、生产经营、申报纳税等情况,帮助纳税人查找和解决存在的问题,为纳税人的发展提供合理化的税务建议。

(4) 服务性调研

定期对纳税人的有关申报信息进行筛选、比对,分析异常信息,辅导纳税人查找异常原因,及时自查自纠,减少不必要的税收成本。同时,还将选择部分纳税人,对其税收政策贯彻、落实情况进行调研服务,排解纳税人政策执行过程中遇到的困难与偏差,帮助查找问题,及时落实相关的税收政策,解决后顾之忧。

(5) 预约服务

纳税人可根据自己的涉税事项,结合自己的时间和工作安排,通过电话或网络提前一周预约,主动申请税务管理人员开展税前清算汇缴、财务核算辅导、票额票量调整信息核对、涉税项目策划等事项。

(6) 维权服务

设立纳税人维权岗和求助热线电话,在纳税人办理投诉举报、听证复议、处理涉税经济纠纷等事项时,根据纳税人的需要,及时提供必要的法律援助和救济。还为老弱病残人员、下岗待业人员以及遭受重大灾害的纳税人等弱势群体提供涉税事项的志愿服务。

**2. 对服务对象的情感——创新服务过程　实现有效沟通**

随着政治体制和经济体制改革,政府机关职能从原来的执法管理型逐渐向执法服务型转变。牢固树立尊重服务对象的理念,以公正的执法、文明的执法、快捷的服务、真诚的服务赢得服务对象的理解与支持,提高政府机关工作效率、优化整个政府机构运行效能,已成为当今和谐社会的主旋律。

(1) 有效沟通

常用的联系方式主要有:

——打电话。打电话非常方便快捷,还能够节省时间和交通费用,是一种非常好的联系方式。但是,如果服务对象没有时间或者不方便接电话,那么就会造成对方的不悦。因此要注意尊重别人,首先询问对方现在是否方便，并尽量言简意赅，抓住关键的问题，让对方一听了然。

——发短信。短信具有节省费用、不用担心对方是否方便等优点，缺点是对方可能没有收到、看到或置之不理。

——发邮件。不管是电子邮件还是纸质邮件都能够很好地传播信息，也不用担心对方是否方便，但是跟短信具有一样的缺点：对方可能没有收到、看到或置之不理。

——网络沟通。建立专门的网站、QQ群、博客等网络通讯方式，经常和服务对象在网上沟通联系。

——上门回访。与服务对象联系有时有必要亲自上门回访，一方面以示尊敬，另一方面可以了解对方的一些实情，便于进一步开展以及更好地改善自己的服务。

（2）征求意见

在联络沟通中，有一项非常重要的内容是向服务对象真诚地征求意见。征求意见没有什么窍门，只要充分表达诚意、真诚地询问就足够了。征求意见看似简单，却可以轻而易举地实现对服务对象的尊重，并在服务对象心中留下美好的品牌印记，从而维护服务品牌。它的作用体现在以下几个方面：

了解不足。通过向服务对象征求意见可以充分了解到品牌的不足之处，这样便可以有效地对服务品牌进行完善，尤其在改进执法和完善服务方面，做到有的放矢。这就是征集意见最容易发现的价值所在。

把握需求。通过向服务对象征求意见可以充分了解到服务对象的变化以及服务需求的新动向，从而有助于把握机关工作的需求，使品牌能够随需应变。对服务对象需求的把握是建设服务型政府机关的关键，因此它对政府机关能否取信于民、载誉于民具有重要意义。

表达敬意。当别人向你征求对某某事情的意见和建议时，你是否会感到一种愉悦的心情？答案是肯定的，如果你对这件事情的关注度越高，那么这种感觉就会越明显，因为你感到自己得到了尊敬。在品牌维护中我们同样可以通过向服务对象征求意见，让他们由衷地感到自己倍受尊敬,从而拥戴品牌。

获得支持。真诚地向他人征求意见除了可以表达某种敬意,还有一番增进感情的作用。充分尊重服务对象提出的意见和建议,这种互动方式可以增进双方感情,是获得他们支持品牌的捷径,可以有效地维护品牌,让品牌成为服务对象“分内”的事情。

(3) 随需应变

我们都知道,服务对象的需求是在不断地变化之中,尤其在这个日新月异的时代,变化之快简直让人难以置信。如果能够做到随需而变,那么我们不仅给予服务对象最大的关注,而且可以使品牌脱颖而出。如果我们不能做到随需应变,真正满足服务对象的需求,即使用各种手段进行包装宣传,留给服务对象的品牌印象也是粗浅的。

(4) 化解矛盾

矛盾可谓无所不在,我们只有不断地化解它,把大事化小、小事化了,才能够让品牌健康成长。政府机关与服务对象之间的矛盾主要体现在服务对象对接收的执法与服务的不满意以及由不满意而引起的抱怨,抱怨未得到很好解决而引起投诉,投诉未得到满意的解决而引起的控告等。这些矛盾都需要我们秉承“以服务对象为中心”的理念以及“共建和谐”的原则,努力做到减少不满、消除抱怨、善待投诉,以理服人,以情感人,巧妙地给予化解,从而有效地维护品牌。

(5) 减少不满

权威机构调查显示:不满意的服务对象中有90%是从来不抱怨的,他们只是保持沉默,当他们感到某个政府部门的执法和服务使他们不满意时,他们就会将不满意告诉周围的10～20人。因此,我们只有尽最大可能事先让服务对象感到满意,才能减少客户的不满。

使服务对象不满的原因有很多,归纳起来有来自主观和客观两个方面。在主观方面,服务对象通常认为自己没有受到应有的尊重,得不到相关人员的理解。在客观方面,国家机关工作人员的执法和服务确实存在有待改进的地方。

那么如何尽量减少服务对象的不满呢?

——真诚对待服务对象。政府机关工作人员应坚持树立“以服务对象为中心”的理念，主动做到尊重服务对象、理解服务对象、善待服务对象，在执法与服务过程中给予对方方便，进行规范的操作，力求传递真情、收获满意。

——耐心听取不同意见。政府机关工作人员在执行公务时，往往会遇见持不同意见者，有的是因为政策制定较为模糊，造成理解上的意见分歧；有的是规章制度没有经过充分地论证，在执行过程中存在许多合法但不合理的规定；甚至有些是因为服务对象自恃经验丰富、自以为是而对某些政策问题存在理解上的偏差，对这些服务对象，公务人员应该有足够的耐心，注意倾听，理解他们，采取谦逊的态度，满足他们被尊重的心理需求。

——让其充分了解。对于政府机关来说服务对象的真正需求是获得快捷高效的服务、得到公平、公正的待遇，知晓自己的权利和义务。服务对象出于自己的目的希望了解更多的情况，这就要求公务人员给予服务对象充分的知情权、申辩权、监督权，尽量减轻因为信息不对等产生的疑虑和对抗情绪。

——完善品牌载体。政府机关品牌的载体，包括执法水平和服务水平要不断与时俱进，使其不断完善，在规划设计阶段能充分考虑服务对象的深层次需求，并根据服务对象的反馈意见不断改进，力求尽善尽美。

(6) 消除抱怨

在过去的观念中，服务对象一旦有抱怨就会认为他们找麻烦、添乱，只看到它的负面影响，实际上这种观点有失偏颇。服务对象抱怨不仅意味着执法或服务没有达到他们的期望和需求，同时也表示他们仍对我们抱有期待，希望能够改善和提高执法和服务水平。所以，当你接受对方抱怨时，不要把它看成问题，而是向我们提出了应当如何改进的信息。

——倾听。我们首先要学会倾听，倾听是解决问题的前提，弄清问题的本质和事实。在倾听过程中适当运用提问技巧，将会帮助你理解事情真相。在倾听抱怨过程中，不但要听他表达的内容还要注意他的语调、音量，这有助于了解对方语言背后的内在情绪，同时通过归纳、复述来确认是否已真正了解问题。

——分担。如果我们基本弄清问题的本质后,可以采取分担的方式,如“您讲得有道理,我们可不可以……”不管什么原因都不能责备对方,使其感觉受到尊重。

——澄清。根据上述两种方法已基本掌握对方异议的本质与动向,此时应对问题本身进行澄清。是对方政策理解问题,还是执法确有偏颇,或是服务态度引发纠纷,指出明确的问题所在,并用鼓励的语言感谢其提出的异议,无论正确与否。

——阐明。能够及时解决问题当然最好,但有些问题较为复杂或特殊,一般人员难以解决。那就不要向对方作任何承诺,而是告知情况特殊,需研究决定,然后约定回复方式,一定要遵守承诺。即使到时仍无法解决问题,也要及时沟通问题进展,表明我们所做的努力,并再次约定给予答复的时间。

——要求。在异议基本解决后,可以问对方还有其他什么要求,以诚恳的态度向对方征求意见和建议,以及其他合理要求。

(7) 善待投诉

当服务对象抱怨的问题没有得到很好的解决,可能会采取投诉的方式,我们要善待对方的投诉。投诉对于品牌而言,可能是一笔宝贵的财富,如果服务对象选择放弃,那么我们的品牌就失去一个支持者,多了一个反对者;而当服务对象选择投诉时,说明他们对我们的改进还抱有信心,若能积极解决,他们或许比没有投诉的更加感到满意,成为品牌的拥护者。

首先是站在服务对象立场上换位思考。漠视对方的感受是处理投诉的大忌,处理部门应站在服务对象的立场去思考问题,换位思考,诚心诚意地表示理解和同情,承认过失或责任。对待投诉的处理,无论已经被证实或没有,都不是先分清责任,而是先表示歉意。

其次是想方设法平息怨气。投诉多数属于发泄性质,只要得到理解、消除了怨气、心理平衡后事情就容易解决。投诉处理人员在面对投诉时,一定要搞清楚对方怨气由来,对症下药,有效平息抱怨,千万不要争辩，那样适得其反。最后是正确及时解决问题[①]。

3. 对本职工作的情感——创新工作方式　提升服务效能

普通发票网络开具的推行对加强税源监控，构建发票管理长效机制，有效遏制制售、使用假发票和非法代开发票行为的蔓延，维护国家正常的经济秩序有着积极而重要的意义。为进一步加强对普通发票的管理，南京国税从2010年11月1日起对全市使用计算机开票的纳税人推行使用普通发票网络开票系统，各区县局排除时间紧、任务重的种种困难，将普通发票网络开具的推行工作做到实处。

直属分局是推行任务最重的一个基层单位，在推行过程中，直属分局借助“四化”稳步推进普通发票网络开具工作。一是强化组织领导。根据市局下发名单，及时按管理员口径对数据进行归集，发放给各税源管理科。同时结合分局管户大企业相对集中的特点，明确推行工作要求，责任落实到位。二是深化宣传发动。不仅主动向纳税人宣讲实行发票网络开具对权益保障的积极作用，而且在发票网络开具调查摸底中，各部门还注意收集纳税人需求，形成声势，营造出良好的外部工作氛围。三是细化培训辅导。对内达到每个管理员都能熟悉软件操作运用、都能辅导纳税人的效果。对外采取基本操作集中培训，个别问题到户安装、现场培训，特殊需求团队支持。四是量化工作效果。推行工作中不仅要求各部门管理与服务并举，主动丰富手段，提高服务的效率。而且对全过程实施跟踪督导，加强对推进情况的检查管理，确保此项工作顺利推行。

4. 对社会发展的情感——创新政策落实　促进城市发展

近5年来，南京市国税局主动融入地方新一轮经济建设大局，坚持依法治税，积极用足国家现行的各项税收优惠政策，充分发挥税收优惠政策对地方经济发展的支持推动和调节导向作用，在地区经济建设中发挥了十分重要的作用。

2010年4月，结合南京科技创新和产业转型特点，南京市国税局新

---

① 杨松霖.品牌速成大师.北京：中国经济出版社，2009

梳理出支持创新经济发展的40条税收优惠政策，具体措施覆盖全市"4＋8＋8"产业体系、都市农业、中小企业和创新平台等6大方面，配合优惠政策南京国税同时还推出个性化、贴近式等十条优化服务举措。

为鼓励和引导传统支柱产业提档升级，提高自主创新能力，南京市将加大增值税转型和低排量汽车消费税、车购税等优惠政策落实力度，以推动环保型、新能源汽车产业发展。同时，为了加快建设低碳型城市，支持钢铁、石化等支柱企业开发运用新技术，发展循环、绿色经济，南京将及时兑现资源综合利用、节能环保优惠政策。比如，对符合条件的资源综合利用产品给予相应的免征、即征即退等增值税优惠；对企业以国家相关优惠目录规定的资源作为主要原材料，生产国家非限制和禁止并符合国家和行业相关标准的产品取得的收入，减按90%计入所得税收入总额；对从事环境保护、节水节能等项目的，享受所得税"三免三减半"；企业购置用于环境保护、节能节水、安全生产等专用设备的投资额可按10%抵免企业所得税。

为助推南京风电光伏、电力自动化、通信环保、生物医药等八大战略性新兴产业发展，南京市将综合运用增值税、所得税、出口税等各项优惠政策。其中对认定的高新技术企业减按15%税率征收企业所得税；对企业为开发新技术、新产品、新工艺发生的研究开发费用，未形成无形资产计入当期损益的，按照研究开发费用的50%加计扣除；形成无形资产的，按照其成本的150%摊销。

针对南京八大重点服务产业发展，南京国税创新执行许多优惠政策。如面向软件和服务外包企业，规定：2010年底前，对一般纳税人销售自行开发的软件产品、动漫企业销售自主开发生产的动漫软件，增值税实际税负超过3%的部分实行即征即退；所退税款，用于研究和扩大再生产的，不作为企业所得税应税收入征收；对新办软件生产企业实行企业所得税两免三减半政策；对国家规划布局内的重点软件企业，减按10%的税率征收企业所得税。而对建设国家重点扶持的公共基础设施投资经营所得，也可享受所得税"三免三减半"。

南京市还将落实鼓励"三农"发展以及支持农场品种养殖和初加工

等多项优惠政策。对企业从事生产、批发、零售且符合规定的部分农业生产资料和农业生产者销售自产农产品免征增值税。对从事符合条件的农、林、牧、渔项目的所得,按规定免征、减征企业所得税。对运用现代农业技术并经认定为高新技术企业的,减按15%税率征收企业所得税。对农民专业合作社销售本社成员生产的农产品视同农业生产者自产农产品免征增值税,引导农民走上集约化经营之路。

为扶持创新性中小企业发展,南京市将落实好增值税小规模纳税人税征收率降低至3%的政策,对符合小型微利企业条件的,减按20%税率征收企业所得税;对年应纳税所得额低于3万元的小型微利企业,所得税减按50%计入应纳税所得额,按20%的税率缴纳企业所得税。

## 二、"红枫税情"的制度创新

2007年,南京国税税收管理系列的服务品牌——"红枫税情"应运而生。与之同时诞生的是南京国税管理系列的上述九项真情服务与下面的六项服务规范制度。

### 1. 首问责任制

进一步深入推行首问责任制,"有事必办"。纳税人首先找到的国税工作人员即为首问责任人,他(她)将为纳税人办理或转交到直接办理人员手中,为纳税人办理相关事项。

### 2. 一次全面告知制

在接受纳税人的咨询或资料时,将一次性全面告知纳税人相关的政策、办理的程序、所需的资料、资料填报的要求以及办理过程前后相关的应注意事项等。

### 3. 受理岗全程负责制

涉税事项的第一道受理岗位就是纳税人的结果反馈岗位,不论纳税人涉税事项牵涉多少个环节和部门,都将由他/她对办税过程进行全面跟踪,及时向纳税人反馈办事结果。

4. 限时办结制

纳税人办理的所有涉税事项,将对办税时限进行明确和承诺,严格在规定的时间内给纳税人办理或答复,逾期未回复的视同已办理或批复。

5. 廉洁服务制

追求“三情”服务、无私奉献,如果国税干部有不廉行为,可通过网上南京国税、12366 等机关作风行风的监督渠道进行投诉、举报,一经查实即实行待岗制度,情节严重的从重处理。

6. 服务评价制

定期不定期召开税收工作情况公开通报会,请纳税人对办税服务态度、质量、效率,对人或事进行评议,对阶段性工作进行综合评价,将根据纳税人的意见和建议进行改进,不断提高为纳税人服务的水平与质量。

## 三、“红枫税情”的未来发展

“世界上唯一不变的就是变化本身。”南京国税人深刻地认识到:我们的社会每天都在演绎着无数变化,环境在变、政策在变、人们的需求在变……如果不经常对政府机关的服务品牌进行维护,不注入新的文化信息或服务举措,就很容易导致服务品牌的老化,渐渐被公众遗忘。可以说,品牌老化是品牌发展的宿敌。缺乏更新效率的、流于形式的服务品牌必然只会成为做秀一场,继而归于沉寂,而那些能够提供与时俱进的贴心服务的政府品牌才会是人们心中的“金字招牌”。

服务创新左右着服务品牌创新的成败。我们先来看看成功的企业品牌是如何把为消费者服务放到核心位置的。海尔品牌的广告语是“真诚到永远”,小天鹅品牌的广告语是“全心全意小天鹅”,还有诺基亚的“专业专注,全心服务”、伊莱克斯的“为您满意,尽心竭力”等等。把服务放到比产品与价格竞争更高的位置,强调为消费者提供完美化的真诚服务,已成为企业在“服务经济”时代竞争取胜的关键。以服务创新推进品牌创新，能够开辟出广阔的天地：海尔创造性地生产出了左开门冰箱、能洗地瓜的洗衣机、适用于多种特殊环境的定制产品；麦当劳遍布全球的“24小时店”、甜品站、24小时送餐服务等使人们“随时、随地享用麦当劳”成为现实。

政府虽不以营利为目的，但在提供服务方面，与企业是有相通之处的。不同政府部门或不同地区的政府之间，有时也存在着竞争关系，存在着吸引公众的问题。比如，企业在进驻一个地区之前都有选择的问题，事实上就是政府机关服务品牌的吸引力，哪里的服务好，哪里的效率高，哪里综合环境优秀企业就愿意到哪里去。牢固树立“品牌之基在服务”的思想，从服务质量、服务领域等方面全面创新，把服务提高到一个新境地，才能为政府服务品牌赢得良好的信誉。

目前，很多企业已实行了全方位的客户满意度管理和全方位的服务质量管理，并逐步引入了国际标准化组织制定的ISO 9000质量管理系列标准，以对服务流程进行严格控制，对服务项目进行持续改进，有效提高服务质量。

我国政府机关要进一步提升服务质量：一是引入类似于ISO 9000的质量管理标准，系统优化服务工作。目前，我国已有一些地方在探索尝试。南京市在2008年就发布过一套南京市服务品牌建设评价标准的地标，但在全国还未就政府服务品牌形成统一规范的质量评价标准体系。二是实行服务对象满意度管理。服务对象满意度是对政府品牌的一个最主要的评价。满意度取决于政府的服务质量。服务质量包括业务质量和职能质量。业务质量包括业务能力和业务完成效率等，职能质量包括政府工作人员态度、与公众的沟通联系、服务诚意、亲和力、工作人员的风度与个性等。政府在提高服务业务质量的同时，必须更加注重提高服务的职能质量。三是实施分类管理。就是要根据不同类别客户需求创新和设计服务产品。

在上述发展趋势和基本认识下，“红枫税情”服务品牌，将进一步建立健全两重保障机制——服务质量过程控制分析机制、纳税人满意度评价分析机制。推行全面质量管理，推广《税收管理员行为规范》，全面规范税收管理员的执法行为、服务行为、言谈、着装、廉政，对税收管理员的服务质量进行全面监控，每年委托南京市民意调查中心开展纳税人满意度调查，实现服务质量的持续改进。推进"三心"服务——便捷透明的贴心服务、规范廉洁的放心服务、文明真诚的舒心服务。通过"网上南京国税"公布法规政策、纳税人权利义务、纳税核定定额、行政处罚结果等，使服务更加透明。继续通过税收政策解读、申报到期提醒短信服务、服务性调研、优惠政策辅导、特殊事项合议、税企一线通等真情服务，为纳税人提供更加便捷周到的服务。

综上所述，南京国税在推进服务品牌组合战略的历程中，在已有征收服务品牌的基础上，根据税收管理系列工作特征，紧紧贴近管理服务对象的需求，通过系统的设计、试点、改进、规范和推广，推行更具有针对性的管理系列服务品牌——"红枫税情"，形成了"传递真情，收获满意"的品牌理念和特色鲜明的"情感驱动创新"的服务实践模式，并配合制度供给，在实现部门绩效刷新的同时，也获得了广泛的社会认可。

# 第七章

# 稽查系列服务品牌创新:“阳光税线”

随着 2005 年“办税 e 站”服务品牌在南京国税征收系列的推行,“便捷、高效、热情”的服务理念已经深入人心,初步实现了理念统一规范、行为统一规范、标识统一规范的目标;2007 年,“红枫税情”服务品牌在南京国税管理系列全面推广,其“传递真情、收获满意”的品牌理念得到广泛认可,其“纳税人和社会满意、组织内部税收管理工作满意”的目标正在稳步实现。经过几年的不断努力,南京国税实施的组合品牌战略正逐步趋于完备。作为征、管、查三个序列的重要一环,稽查系列创建服务品牌、提升服务层次已成为发展必然。稽查系列服务品牌不仅要巩固征收、管理系列服务品牌创建成果,承袭两品牌创建过程中业已形成的各种先进的理念、有效的制度,更要突出稽查业务工作的特点,推动整个国税服务品牌的不断深化和完善。

## 第一节　稽查系列服务品牌创新的独特意蕴

### 一、稽查工作与国税服务品牌创新

税收稽查在整个国税征收、管理、稽查流程中处于最后一道关口,其主要职能是打击和防范税收违法行为,堵塞税收流失的漏洞,促进依法纳税,维护国家正常的税收征管秩序。由于查办案件,税收稽查始终处于税收执法的前沿,立于建设和谐征纳关系的第一线,不仅与纳税人零距离接触，更具有与纳税人交流范围最广泛、交流内容最复杂、交流层次最深入，与纳税人互动性最强、纳税人获取信息含量最多等特点。

稽查品牌创新的意义表现在：一方面，税收稽查系列在管理与服务关系、征纳双方关系、纳税人需求、服务层次等方面存在着较大不同。税收稽查系列更侧重执法与管理，维护公平公正的税收秩序；稽查执法和服务行为是税务机关依职权而启动，税务机关主动，纳税人被动；纳税人需求的是公开、公平、公正的执法和包括税收政策宣讲、规范企业财务与核算制度等特色服务。因此，国税稽查服务品牌的适时推出，可以消除服务的盲点，实现"征、管、查"三个环节服务的无缝衔接，充分发挥各品牌互补的优势，形成品牌合力。

另一方面，国税的税收稽查工作流动性大，对工作质量、服务质量的监督控制难度较大。相对于征收的"有形窗口"、管理的"无形窗口"，税收稽查是向社会展示南京国税服务社会、文明执法的良好形象的"流动窗口"。税收稽查中由于征纳双方存在着"公益"与"私益"的冲突，如何处理好服务国家和社会的"公益"和服务纳税人的"私益"的关系，如何摆正规范公正的执法与优质高效的税收服务位置，需要通过创建具有指导意义和示范效应的稽查系列服务品牌来实现。

## 二、稽查品牌创新的思维转向

创建稽查系列服务品牌，要体现"阳光政务"的理念，打造"规范稽查、公正稽查、文明稽查"的新形象，实现执法理念由收入型向维护法制、维护公平正义型转变，执法方式由监督打击型向执法与服务并重型转变，执法手段由强制型、权威型向人性化、和谐化转变。通过创建国税稽查服务品牌，将无形的国税稽查服务有形化、品牌化，置于社会各界的监督之下。同时，国税稽查机关通过打造服务品牌，自我变革，规范执法，征纳双方在这一过程中实现共赢，产生相互促进的互动效应，不断提高纳税人税法遵从度和对南京国税执法与服务工作的认同度。

——创建稽查系列服务品牌，要树立“征纳双方法律地位平等”和“公正、公开和文明执法”服务的理念。其根本的出发点和落脚点在于“执法公正与提供优质服务相结合”。纳税人正当需求应予合理满足，做到依法、公平、文明服务，促进纳税人自觉主动依法纳税，不断提高税法遵从度。

——创建稽查系列服务品牌，要秉持“规范化”服务的理念。通过对稽查服务理念的规范、稽查服务制度的规范、稽查执法和服务行为的规范、稽查执法程序的规范，推进税收稽查服务职能化、长效化，做到依法、公正、文明服务，建设高效诚信的服务型国税机关。

——创建稽查系列服务品牌，通过品牌体系的有效载体，将稽查环节纳税人的合理需求和服务品牌的基本要求内化为品牌的核心理念，国税稽查机关可以找到执法管理、优化服务的有机结合点，拓展和延伸“服务 e 站”品牌的服务理念，以全新的方式与之接轨，全面提升国税系统纳税服务水平。

总之，税收稽查作为加强税收征管的重要环节，必须与依法治税和整个诚信纳税体系建设紧密结合。作为建设社会主义和谐社会的一个重要组成部分，税收稽查工作必须始终重视维护纳税人的合法权益，文明执法，规范服务，力争实现依法稽查和优质服务的有机统一，这不仅是纳税人的需要，也是全社会营造公平合理、诚信和谐的税收环境的需要。

# 第二节　"阳光税线"的全新视野

## 一、"阳光税线"的理念更新

概念清晰、定位准确是政府机关服务品牌管理的首要任务，而充分处理好执法与服务的关系是定位正确的前提条件。目前，在政府机关服务品牌管理过程中，容易出现两种错误的概念导向，稍一疏忽就会在执法与服务的天平上出现倾斜。以税务机关为例，有两种容易发生的倾向：

一是居高临下，单纯监管。由于长期受陈旧的税收管理模式影响，在服务品牌管理过程中，过分强调行政执法机关的权力多、义务少，而强调纳税人的义务多、权利少，形成一种"居高临下"、"单纯监管"、"有罪推定"等传统的思维定势和管理理念，导致个别机关干部仍然存在权力至上的思想，将自己凌驾于纳税人之上，只讲行政执法，不讲行政服务，漠视公民的权利，时而发生滥用职权的行为，造成服务对象对行政工作的逆反心理，损害了行政机关的形象。

二是执著服务，弱化执法。随着服务型政府理念的建立和执法服务工作地位的不断提升，也出现了一些片面理解服务的科学内涵、忽视行政机关管理职能和弱化执法力度的现象。一些基层单位对服务对象提出的要求，缺少用法治观念思考问题，片面强调优化服务而淡化了管理职能，忽视了执法的严肃性，形成行政不作为，客观上造成了管理偏松，导致了执法不严，以至在行政管理工作中出现了一些漏洞。

基层单位出现的这些问题，反映出部分行政机关和干部对税收执法和纳税服务认识上的误区，简单地将二者对立了起来，没有充分认识到行政执法与服务不是两个独立的个体，在执法中体现出服务，在服务中蕴含着执法。执法与服务这两种行为始终贯穿于服务品牌管理的全过程，既存在着紧密的联系，又存在着不同之处，是相辅相成、互相作用的辨证关系。提高执法的质量和效率与提供优质的服务对于行政机关而言，就如同硬币的两面，不可分割。只有正确认识和处理好这二者之间的关系，才能最大限度地发挥行政执法与行政服务的作用，促进经济建设的发展，服务于改革、发展、稳定的大局。

“服务与执法同行”——南京国税人在税收稽查服务中，通过打造“阳光税线”服务品牌，以“聚财为国、执法为民”为组织使命，以国税文化建设为基础，树立“征纳双方法律地位平等，公正、公开和文明执法”服务的理念。其根本的出发点和落脚点在于提供优质服务与执法公正相结合。以国家税收不受侵蚀为工作目标，维护了税法的尊严。规范执法，维护了社会公平和公正；维护了纳税人的根本权益。构建完善的税收稽查管理服务体系，争取纳税人的理解和支持，不断提高纳税人、社会和组织的满意度，全面提升国税形象。

从这样的意义上说，“阳光税线”服务品牌可以诠释为：稽查是税收管理最后一道防线，它有力打击涉税违法犯罪行为，维护了国家的税收秩序，保护了国家税收，是一道保障线；稽查执法是阳光的，是公开、公平、公正的，是一道公平线；稽查服务是务实的、可信赖的，是一道真正的服务线。

## 二、“阳光税线”的形象刷新

“阳光税线”品牌建设的总体目标是要通过内抓管理，外抓服务，树立国税稽查机关的整体形象，促使国税稽查执法由监督打击型向管理服务型转变，不断提升品牌的认同度、信任度和美誉度，使其成为南京地区的知名服务品牌，使南京国税稽查干部成为文明执法的铁军、热情服务的使者。

### 1. 文明执法的铁军

2009年末，南京国税开展了严打涉票违法犯罪的专项工作：

**【案例一】** 六合区国税局在对南京××科技有限公司的普通发票验旧过程中，发现该企业机打工商业统一发票(千元版)中，有一份号码为01062117的作废发票，存根联和记账联开具的名称是南京××饭店，品名是硒鼓，金额是80元，而发票联开具的名称是"南京"，品名是HP4010笔记本，金额是2 000元。因发票联退回，此份发票作废，三联发票放在一起，"大头小尾"露出了马脚。

【案例二】　建邺区五洲装饰城某建材经销商张某来到区国税局，要求对收到的两份机打普通发票辨别真伪。通过发票网上查询系统查询发票字轨号、号码，为市场代征点开具的发票。但细心的税务人员发现这两份发票销售额高达16万元时，立刻调出存根联进行核实，发现是套用真票字轨号、号码的假发票。张某惊出了一身冷汗。税务人员找到了提供假发票的孙某，事情的原委浮出了水面。赵某长期拖欠孙某一笔货款，于是孙某提出让对方提供两张共计16万元的发票就算了结，并向赵某提供了一张真实的机打普票作为参考模板。在确凿的证据面前，孙某承认了他的违法行为，补充申报销售额16万元，缴税4 800元，同时缴纳了4 800元的罚款。

【案例三】　江宁区国税局稽查局与警方联手成功抓获一名假票贩售人员，涉及普通发票55份，金额431万元。2010年10月中旬，江宁区国税局在对某混凝土生产企业取得发票的真实性进行核查时，发现个体供货人赵某提供的发票存在许多疑点。经过约谈询问，赵某承认其提供的发票都是从票贩子手中购得的。10月30日下午3时许，假票贩子终于现身，被当场抓获，搜出其随身携带的假票3份。经初审，假票贩子自称姓胡，安徽芜湖人，长期在宁从事假票贩卖牟利。案件得以进一步侦破。

【案例四】　鼓楼区国税局通过金税协查系统数据比对发现，南京某智能化系统有限公司有两张海关完税凭证认证不符，涉及税款52.57万元。稽查人员随即对企业展开调查。当税务稽查人员到达企业时却得知，前一天接到检查通知的企业法人代表孙某却突然"失踪"了，手机一直关机。为什么这么巧？从提供的财务资料显示，这两张海关票是由连云港某贸易公司提供，进货、销货、付款、代理进口协议一应俱全，但银行账户往来却将猫腻显现。细心的税务稽查人员发现，虽有这笔货款的发出记录，但钱并未直接支付到连云港某公司，而是由南京某公司代为收款，被孙某以各种名义分批提走。连云港某公司也确认，未与涉案公司发生业务，更没提供过海关票。至此，该公司利用虚假的海关票偷逃税款的行为终于真相大白。

在对违法犯罪行为保持高压态势的同时，南京国税针对近期查处的涉票税案，及时地提醒纳税人，要严格按照发票管理的规定开具、使用发票。在接收到大额发票时，需辨别真伪，除了在发票查询系统中核对发票字轨号和发票号码外，还应在税务机关查询发票联内容与存根联是否一致，这样才能避免不必要的损失。

2. 热情服务的使者

## 案　例

### 一张阳光执法监督卡的背后

“谷科长在吗?”一中年男子推开××县国税局人教科的门，急匆匆地问。他身后还跟着一位女士。“啊呀，这不是百货大厦的唐经理吗!”谷科长一眼认出了对方，“什么事，您请坐，有事慢慢说。”

“我是来送还你们监督卡的!”唐经理边坐下，边示意身旁的女士把一份《阳光执法监督卡》交给谷科长，“当然，我过来还为了道一声感谢!你们阳光税线这个品牌服务，真是太到家了！这是我们大厦的沈会计，她最有发言权，还是让她说说吧。”

“好的!”沈会计接过谷科长递过来的茶水，开始娓娓道来。

#### 故事的开头

这天是2009年4月20日，县百货大厦的沈会计正在办公室理账，一男一女走了进来。“我们是××县国税稽查局的检查人员，我姓童，她姓吴，将对你单位07、08年度增值税申报情况进行检查。在正式检查之前，给你单位三天时间自查，这是《稽查预告通知书》。”童姓稽查人员边说，边将《通知书》递给沈会计。“你们一定要认真对待自查噢！因为对于自查出来的问题，我们原则上从轻或免予处罚。三天后我们再来。”

百货大厦是××县一个老字号商业企业，在该县也算是一个规模较靠前的商贸零售企业。沈会计把前二年的账本和报表找出来简单审核了一遍，然后在自查表上郑重地写上了四个字:查无问题。

星期四，小童和搭档小吴准时来到了大厦，在出示税务检查证和税务检查通知书后，将一份《阳光执法监督卡》交给沈会计，告知稽查结束后寄送县局监察室。沈会计按照要求将稽查所属年度的相关账簿、报表等资料整齐地摆放到小会议室的茶几上，随后向唐经理作了汇报。

临近中午，沈会计小声对小童和小吴说："我们唐经理要请你们吃午饭。""不用！不用！"小童忙不迭地说，"我们单位有午饭供应，你们不要客气。""吃餐饭有什么要紧？再说跑去跑来也不方便吗！你们就不要违拗我们唐经理的心意了，好吗？""请你和唐经理说，心意我们领了，但我们有纪律，恳请以后就不要再提了。"小童态度很坚决。

## 争议的产生

第二天下午，检查结束后，唐经理和沈会计走进了小会议室。"这次检查，"小童说，"我们主要发现了两个违章事实：一是你单位在销售福利卡时，没按规定及时申报缴纳增值税；二是在零售铂金和银饰品时，没申报缴纳消费税。经计算汇总，你们企业需要补缴税款36.50万元。"

"福利卡销售应属预收货款，不应该马上申报缴纳增值税的呀！"沈会计一脸不解。"福利卡销售怎么能立即缴税呢？太不合理了！"唐经理也是涨红了脸，大声喊怨。"《增值税条例实施细则》第三十八条第一款明文规定，采取直接收款方式销售货物的，以收到货款并将提货单交给对方的当天——这里的福利卡就是提货单，因此，申报缴纳增值税毫无疑问。"小童耐心解释。"那文件不是明文规定铂金不需缴纳消费税吗？"沈会计急切地说。"那是老政策规定了，新的文件规定，从2003年起，铂金一律在零售环节缴纳消费税。"

"听你们二位一解释，我算有点懂了，这是我们对税收政策理解得不到位啊！好了，税款补缴就补缴吧，但无论如何不要加收滞纳金了！36.50万元加收滞纳金还不是一笔小数字呢！"唐经理脸上挂着焦急。

"滞纳金是税收征管法规定的，任何人都没有减征的权力，还请唐经理理解。"小童语气非常坚定，同时话锋一转，"但是，由于查补问题都比较明确，且查补数额较大，可能审理时间较长，为了减少损失，你们可以预交查补税款。”“真的吗?”沈会计有点疑惑。

“真的,查补税款预缴是我们稽查部门近年来推出的服务措施之一,目的就是为了减少被查对象不必要的损失。”小童热诚地说。

## 理解和支持

“看来,国税稽查执法的同时还真考虑了纳税人的利益。沈会,既然问题确定了,你就负责和他们沟通,落实预缴查补税款,争取少缴滞纳金。”唐经理说。

过了几天,小童和小吴又来到了大厦财务室。小童将二份资料放到沈会计办公桌上,“这是一份查补税款预缴表和一份稽查建议书,经我们稽查局长批准,你们可以预缴税款了。同时,我们回去后,感觉你们对税收政策的掌握有点问题,这次查补问题基本上是对税收政策理解偏颇造成的。”

“是啊,确实是这样。”唐经理忙不迭地说。“因此,我们商议了一下,觉得应该为企业做点什么,比如为企业提供一些涉税方面的辅导。”小吴轻声说,“我们分别查阅了一些涉及商贸企业的税收政策并加以整理,将这些资料都存到了优盘上,如你们需要就拷贝下来作为参考。”“你们想得太周到了,谢谢你们。”唐经理连忙说,“沈会计,赶快把内容拷贝下来,好好学习。”“你们如果还有问题可以提出来,我们一并讨论解决。另外我们向企业提出了一份加强税收政策学习,合理规避涉税风险的稽查建议。”小童说。

“谷科长,虽然这次我们公司被查补税款 30 多万元,但我们并不怪小童和小吴。”沈会计真诚地补充说,“他们在公司查账 2 天,坚决不吃企业一顿饭,查前主动预告企业自查,查后让企业预缴税款,并进行详细的税收政策辅导,提出很有针对性的稽查建议,使我们受益匪浅,我们感到稽查部门的同志真是太优秀了。”

“感谢你们的反馈意见。”谷科长说,“近年来,我们稽查部门积极开展创建阳光税线服务品牌活动,其核心内容就是把服务融合到执法之中。不仅是对你们企业,在其他检查中也是这样。还希望你们以后对我们的执法多监督,多反馈意见。”

### 案例的背后

这是一个真实的事例，在税务干部获得纳税人由衷称赞的背后，是南京国税品牌的一系列行为管理规范支撑。为了加强品牌建设，2008年起南京市国家税务局连续出台了《办税厅人员行为规范》、《税收管理员行为规范》、《稽查人员行为规范》，对征管查三个系列的行为准则、礼仪规范、服务技巧、文明用语、制服着装进行了全面规范。

为推动行为规范落实到位，南京国税运用人物动漫的形式将三个规范分别编写成册出版，组织学习；运用情景剧演练、网络培训、服务案例、行为规范示范片等形式，加强服务规范的培训演练；学习优秀品牌，主动走出去与南京首批服务品牌——南京交通"爱心始发站"进行工作交流，学习"李瑞班"优质服务经验，发挥品牌示范带头作用；提高干部的服务技能，与团市委联合举办全市国税系统办税窗口服务技能竞赛，持续提高系统品牌服务质量，完成全系统稽查人员、办税厅人员、税收管理员的轮训，强化干部的服务意识和行为规范。

## 三、"阳光税线"的载体创新

南京国税局在"阳光税线"的载体建设方面创造了另一个"12366"。

### 一个稽查服务管理平台

征纳双方互动的稽查管理服务平台，是指以稽查管理规范为依托，通过"一卡通"、"双减负"和"三项告知"等组成稽查综合管理服务平台。

"一卡通"，赋予了纳税人知情权、正当权益被满足权和监督权，节约行政成本，提高对税收执法权监督的效率，实现维权、服务、监督，架起了国税稽查机关和纳税人沟通的桥梁。

"双减负"，即在检查人员下户检查环节将卡递交被查企业，减少了稽查人员频繁发放各类调查表的工作量；卡的内容涵盖了税收执法、纳税服务和党风廉政等方面，既简约又全面，减轻了以往纳税人对执法、廉政、行风、作风等多头应付、多次测评的额外负担，体现了为纳税人减负、为基层减负的原则。

“三项告知”，即告知纳税人权利和义务、告知税务稽查工作规程和工作纪律、告知税务稽查执法和纳税服务的监督渠道。

### 两个评价体系

1. 国税机关内部考评体系：修订了稽查个案考核办法和干部工作绩效考核办法，融入服务绩效指标，全面实施全员量化考核及电子记实，日常考核记录电子化，领导评价数字化，客观、公正、准确地评价稽查人员特定时间内的工作业绩，起到了奖勤罚懒、激发工作激情、促进稽查人员主动提高业务能力和服务水平的作用。

2. 纳税人满意度评价体系：设立意见箱、举报电话、开展纳税人服务质量调查和定期进行满意度测评。每年年末组织国税稽查干部“勤廉双述双评会”，由国税稽查人员述勤述廉，纳税人代表进行无记名测评。实行“721”监督反馈制度，即对稽查人员执法、服务和党风廉政建设情况，70%依靠《税务稽查执法阳光卡》征询意见，20%依靠电话回访，10%登门了解，确保监督面达到100%。

### 三项特色维权服务

1. 稽查执法事项充分告知——告知权利，提醒到位。实施稽查前，向纳税人发出书面稽查通知，告知其稽查时间、所属时期、税种、需要准备的资料等。实施检查时，除了按照规定向被查对象出示《税务稽查任务通知书》和《税务检查证》外，还要有侧重地向被查对象告知《中华人民共和国税收征收管理法》的相关内容。税务稽查人员询问当事人时，应当有专人记录，并告知当事人不如实提供情况应当承担的法律责任。稽查结束时，应当将稽查的结果和主要问题向被查对象说明，核对事实，听取意见。实施税收保全措施时，要有侧重地向当事人告知《税收征管法》和《税收征管法实施细则》的相关内容。作出税务行政处罚决定之前，依法告知当事人作出处罚决定的事实、理由及依据，并告知当事人依法享有的陈述、申辩、听证等权利。作出税务处理决定时，必须告知《税收征管法》、《中华人民共和国行政复议法》和《中华人民共和国行政诉讼法》的相关内容。

2. 组织重大案件陈述申辩——充分陈述，维护权益。在对查补数额 50 万元以上的案件作出稽查结论前，主动约请纳税人，听取纳税人当面陈述与申辩，维护纳税人的合法权益，使稽查结论做到以事实为依据，以法律为准绳，坚持依法办事，让纳税人充分行使知情权、陈述权、申辩权，缓解被查单位的抵触情绪，减少矛盾和冲突，构建和谐的税企关系。

3. 定期征询被查对象意见——主动约请，诚恳纳谏。每年组织召开两次"纳税人意见征询会"，邀请已查结企业的财务负责人对稽查干部的执法与服务、工作作风、廉洁自律等方面进行评议，并就加大税收宣传和执法监督力度，加强征管、服务纳税人等方面议题征集其意见和建议。每年年末，组织专题会议，由税务检查人员进行述勤述廉，邀请纳税人代表、检察机关领导、驻税公安办领导以及本局领导对其评勤评廉。测评结果直接应用，作为对稽查人员年度考核的组成部分。

## 六项"人性化"举措

1. 杜绝不必要的检查。如对没有具体线索的举报案件、近年已查户、A 级纳税信誉等级户等不安排检查。

2. 根据纳税人作息时间合理安排检查工作，被查对象在接到稽查通知后，因特殊情况，配合税务检查有困难的，可以申请调整稽查时间。

3. 试行"查前自查"制度，在专项检查开展前，事先告知纳税人，允许企业先行自查、补缴税款，给予企业自查补报的机会，深化稽查服务效能。

4. 提高工作效率。提高一次取证成功率，尽量缩短下户检查时间，减少对纳税人正常生产经营活动的影响。

5. 整合案源，实行一次进户，各税统查，未经审批的，一律不得擅自进户实施稽查，防止多头稽查、重复稽查，减少对纳税人正常生产经营的干扰，降低纳税成本。对举报案件限时督办，署名的举报案件，查处结果，必须按程序及时回复举报人。

6. 在税务案件处罚方面体现人性化要求。对非故意违规，善意取得抵扣凭证，超期发现的、情节轻微的违法行为等从轻或免予处罚。

## 六个服务机制

1. 在纳税服务热线"12366"中体现稽查法规服务方面的内容。

2. 在南京国税门户网站——“网上南京国税”(http://www.nationaltax-nj.org)中增加“违章处罚”和“案例分析”栏目。

3. 开通投诉电话。

4. 积极参加南京人民广播电台的“政风热线”栏目。

5. 设立局长接待日。

6. 参加税法解读日活动。

## 报道链接

### 税收权力在阳光下运行

11月9日,张侠百货商店业主交了第一笔620元税金,成为南京市国税局自2004年10月以来,使用个体定额管理系统进行纳税核定的第26 171人。

个体定额电子化,是医治“关系税”和“人情税”的有效良方。南京市委副书记、纪委书记陈绍泽在专项调研中指出,南京市国税局在电子政务构筑权力阳光运行方面走在了全市前面,为全市推进权力阳光工作提供了很好的经验和借鉴。

近年来,南京国税在构建权力阳光运行机制中,紧紧抓住税收执法过程中的关键部位和重点环节,依托信息技术,努力打造网上服务平台,切实推进执法过程、执法监督、过错追究电子化,全系统税收执法日趋规范,征纳关系更加和谐,税收环境进一步优化。据江苏省百姓税收意识调查,南京市民的权益观念日渐浓厚,逐渐由关系维权向法律维权转变。有95%以上的人群知道自己有知情权、受尊重权、受赔偿权和申请减免退税权,高于全省20%。纳税人满意度达到98.2%。

#### 自由裁量不“自由”以公正促“阳光”

“自由裁量”若变成“随意裁量”,不但会有失公平,甚至会演变成某些执法者手中的权力棒、利益棒。南京市国税局按情节轻重划分相关处罚标准,并通过“税务行政处罚处理模块”加以固化,给税收自由裁量装了“刻度表”。

"遇到处罚，找人说情"，是一些纳税人认为的"捷径"。南京市国税局对症下药，采取对税务稽查案件中偷税行为的处理，检查的不审理，审理的不检查；对重大税案实行分权、分层集体审理，杜绝个人说了算和处罚标准掌握不一。"被审理的纳税人想疏通一个审理委员容易，疏通11个就不容易了。"应邀参加重大税案审理会的法官杨清贵感慨道。类似的审理会南京市国税局每年要举行30多次。

防止税务执法中的弹性幅度，才能充分保障纳税人的权益。今年，南京市国税局又推出《涉税违章行为处理管理办法》，给"自由处罚"上了"龙套"，防止量罚尺度"凭关系、靠感情"。近3年，南京市国税局共查处涉税案件5 136件，查补合计8.63亿元，前来说情的人员大大减少。

"定多定少，全由电脑说了算"。个体户纳税定额过去多是税务人员凭估计、靠感觉，缴多少纳税人搞不清，时常会引发纳税争议。2004年10月始，南京市国税局使用"个体税收定额核定系统"定税，推广电脑量"额"制。纳税人在申请纳税定额时，税务人员只要将调查核实后的行业、从业人员数、经营路段等级、经营面积、租金及其他费用等指标录入到定额管理系统中，系统自动产生纳税定额，税务人员执法的弹性和操作空间被大大压缩，定额结果普遍得到个体户的认同。即使有个别纳税人感觉定额不公，还可通过公示监督电话维护自己的权益。

## 权力运行公开以"透明"换和谐

权力"阳光运行"，是纳税人的期盼，也是税务机关推进依法行政的内在要求。

以公开为原则，以不公开为例外，政务公开程度是检验权力阳光运行质量和水平高低的重要标准。近年来，南京市国税局加大对税收执法依据政策的宣传，撩开了权力运行的神秘面纱，让纳税人对税务机关税收执法监督有了依据。《南京晨报》国税专版、"网上南京国税"、12366税收咨询热线、短信群呼、电子邮件等成为市民耳熟能详的税收宣传载体和平台，实现了政务公开，保障了纳税人权利，激活了南京市民税收意识。统计显示，"网上南京国税"网站平均每月解答纳税人提问200余件，12366热线平均每月接受纳税人咨询9 000多人次。

让权力运行全过程“网上行”。南京市国税局近几年经过不断推进，信息化建设已涵盖了税收执法、行政管理和税收服务的各个环节和整个过程。33个执法岗位、102条行政审批流转过程、111项工作规程，构建起了电子政务体系。税收执法流程管理实现了从“受理”到“调查”、从“审批”到“执行”，全过程电子化运作。以往需要12分钟左右完成的行政许可，现在敲几下键盘，两、三分钟左右就能得出结果，工作效率提高了4倍。

### 权力运行规范以“标准”促管理

南京市国税局除在网上公开纳税人的权利义务、公开税务机关执法的依据、程序及标准外，还将执法结果予以公开，如欠税公告、非正常户公告、重大税收违法案件公告等。特别是在税收自由裁量权的运用上，通过网上公告方式，力求使执法更加公平公正。

落实纳税人权利，监督执法，追究过错，为税收执法权的阳光运作装上“助推器”。

在税收执法过程中，建立责任制考核指标。近年来，南京市国税局设立了84项执法责任制考核指标，其中有13项考核指标由机器生成异常信息，自动进入过错责任追究程序，其他考核指标实行过程控制，成为工作差错绩效考核的依据，实现过错责任追究电子化的“阳光”考核。今年1至3季度，全局对执法过错和工作差错实施责任追究共792人次。

据2006年度南京市市级机关作风建设和行风建设4 500个测评点统计，群众对国税部门总体满意率为96.2%，高于全市平均水平10个百分点。

（南京晨报　通讯员　李　根　王　兵　季卉卉）

## 第三节　“阳光税线”的拓展空间

### 一、“阳光税线”的实践启迪

就国税稽查品牌建设而言，南京国税“阳光税线”的实践有如下启示：

1. 理念愿景化

要将纳税人满意度作为衡量国税稽查工作绩效的关键指标，定期开展教育培训，不断改进稽查干部的心智模式，使执法与服务有机融合，将品牌理念作为稽查干部的目标和愿景，明确国税稽查干部执法和服务的努力方向。

2. 执法规范化

公正执法是最佳服务，国税稽查除了捍卫税法尊严、护卫国家税收的安全以外，还有一个重要的职能，就是维护税收秩序，为广大纳税人提供公平的纳税环境，这是国税稽查机关的神圣职责，也是国税稽查服务的重要内容。

3. 制度体系化

完善服务制度，把稽查执法与服务进行科学融合，将纳税服务导入稽查管理的框架体系，制定稽查服务质量手册、流程文件和作业指导书，明确稽查选案、实施检查、案件审理、执行各个环节的权责设置、业务指导和质量标准，完善服务制度体系。

4. 机制科学化

针对业务性质和纳税人的需求，健全科学的运行机制，主要包括投诉举报、调查沟通、质量监测、处理反馈四个持续改进机制，从而加强服务监督和管理，不断完善服务标准，提升稽查服务品位，走长效管理之路。

## 二、"阳光税线"的深层思考

### 案　例

#### 新稽查　新形象

南京市国税局稽查局一线检查人员在某次深入到某企业进行税收

风险知识宣讲。为取得良好的效果，宣讲人员事先细致地分析了该企业成长中的税收风险，以企业“走出去”过程中应注意的问题为讲解重点，从境外提供劳务是否构成境外常设机构、如何申请协定待遇、遇到境外税收纠纷如何寻求税务援助、设备出口中软件部分不得享受软件产品“即征即退”增值税优惠在实际执行过程中税务处理难点问题、承包境内企业分包业务境外执行的税收处理、出口商品人民币结汇的税务处理等六个方面进行了深入浅出的讲解，并结合具体案例分析了最新的偷漏税手法和形式，同时强调企业财务人员的工作要尽量前置，不能就账做账，要深入了解企业经济经营过程，要注意将财务人员个人的风险意识，转化为企业的风险意识。宣讲人员还根据该企业作为其集团内部信息化试点单位的特点，对 ERP 环境下的税收风险防范提出了自己的看法，包括风险点的设置、风险点的更新、正确看待预算制度，如何掌控风险等。

该企业与会财务人员纷纷反映：以往认为税务稽查都是“包公”，风险宣讲会常常开成“审批会”，且针对性不强，没想到此次宣讲税务稽查人员如此专业，仅凭其网站信息就能分析出税务风险，而且分析得那么深入；偷税案例的分析，让财务人员也开了眼界，原来其中猫腻有如此之多；应对策略简单适用，既轻松化解税务风险，也不会造成财务与其他部门的关系紧张，希望类似的培训要常搞，且受众面要宽，除了财务人员，还要让更多部门人员参与，共同做好税收风险防范。这次风险宣讲，让企业看清了风险，更多的是未来主动地防御风险，这种形式代价最小，执行力最佳。国税提倡阳光稽查，企业阳光发展。真心希望国税稽查局这种风险宣讲会能多举办，阳光稽查助阳光发展，大家共同为社会多做贡献。

从以上案例可以看到，服务对象的品牌感知是对过程和结果的感知。服务对象对服务质量的感知来自接受服务的过程和接受服务后的结果。服务过程的感知更多是对“一线员工”如何提供服务的评估，例如是否信守服务承诺，是否主动热情，是否与对方有效沟通，出现失误时是否及时弥补等等。而接受服务后的结果感知与过程感知一同构成了服务对象对服务品牌的总体评价。

由此可见"一线员工"在服务品牌塑造中的重要地位，"一线员工"如同服务品牌的生命原动力，没有卓越的"一线员工"难以成就卓越的服务品牌。一直和服务对象联系的不是局长或科长，也不是他们向服务对象传递政府机关的形象，是"一线员工"在和服务对象联系，所以是"一线员工"肩负着给服务对象留下良好服务印象的重任。"一切以服务对象为中心"也是众多政府机关的服务理念，但如果离开了激情饱满、热情主动的"一线员工"，这就只是一句形同虚设的口号。如何提升"一线员工"的核心竞争力？主要有以下四个方面①：

1. 充分肯定"一线员工"的价值

"一线员工"并不是服务品牌中不足挂齿的无名小卒，他们是最重要且数量最多的直接面对服务对象的群体。对所有的管理层而言，充分理解、肯定每一位"一线员工"的价值是很重要的事。正如肯·布兰查德博士在其著作《一分钟老板》中写道："经理人应当试着发现那些把事情做对的下属。或者，只要发现他们把事情做得更好一点儿就奖励他们，促使他们继续干下去，去争取更大的成功。"因此，赞扬与奖励是肯定"一线员工"价值的最好表现。赞扬员工不需要昂贵的花费，他们只想让别人知道自己的价值和成绩。领导发自内心的赞扬，可以明显提升"一线员工"的士气，精神与物质的结合将会发挥更大的作用。

2. 形成支持"一线员工"的组织结构

有效的组织结构和支持系统也是确保员工高水准服务表现的基础。美国学者 Karl Albrecht 认为，服务组织应该向所有员工传递一个简单的原则："如果你不是在服务顾客，那么你最好服务于某位服务顾客的人"。根据这一组织结构原则，服务组织内部每个人都充当着一个服务者的角色，连从未见过服务对象的后勤服务人员、行政人员、中高层领导也不例外。在组织机构中，"一线员工"努力向服务对象提供高品质的服务；后勤服务人员全力支持"一线员工"的工作；而行政及管理人员的职责是为上述员工提供全面的内部服务和支持，创造良好的工作环境和工

① 陈丽娟. 创服务品牌"一线员工"是关键. 现代营销(经营版)，2008(2)

作气氛。这种组织结构真正体现出“服务是每一个人的工作”的价值观，并能够确保服务人员真心地关心服务对象。

3. 强化“一线员工”的培训

培训员工与服务一样重要，都是关系政府机关形象的大事。培训工作应该以服务文化的培训作为核心内容，如果没有服务文化的认可，如果不了解正在进行什么以及为什么这样，再好的技能培训也未必能改善“一线员工”的服务素质和服务形象。因为影响服务对象对服务品牌的价值评判因素中，“一线员工”的态度永远是第一位的。众多机关对员工的培训通常是“一条腿”走路，只重视了服务技能的培训和提高，忽视了服务文化的传播、服务意识的渗透。服务培训大致可以分为四部分：第一，组织服务文化的传播；第二，对服务组织的各项职能和组织结构形成整体的认识，理解如何以服务导向方式运作；第三，掌握从事各项工作的技能；第四，掌握特殊的沟通和服务技能。四部分的培训应相辅相成，缺一不可。

4. 转变“一线员工”的服务意识

传统观念中，政府机关的职能是管理，随着政府职能转变，我们已经进入“人人都是服务员、行行都是服务业、环环都是服务链”的服务品牌制胜时代。服务就是扮演有用的角色，对自己的服务对象发挥和体现自我价值。“一线员工”只有充分转变服务意识，才会用发自内心的微笑善待服务对象，才会积极有效地与服务对象互动。

有这样一个故事，两个石匠正在将花岗岩切割成方块，一个参观者问他们在做什么？一个人显得垂头丧气，无精打采：“我在把这块该死的石头劈成石块！”第二个人却非常自豪，得意之情溢于言表：“我们要建造一座宏伟的教堂，我是其中一员！”为什么做同样的工作会有这样完全相反的工作态度？这是工作者意识的差异。只有充分理解了组织使命，认可了自身工作的价值，才会全身心投入。而这种理念的渗透、意识的转变必须通过不断的教育和引导才会逐渐形成。

综上所述，南京国税在推进服务品牌组合战略的历程中，积极转变稽查工作思维，平衡执法与服务的关系，通过创新工作载体，更新服务认知，系统打造和形成了"阳光税线"服务品牌。这是一道阳光的税务稽查执法风景线，这个过程的重中之重在于一支训练有素的专业队伍——既是热情服务的使者也是文明执法的铁军。事实上，打造国税服务品牌，制胜点是要把"内强素质、外显形象"作为队伍建设的方针，通过理念认同、行为规范和业务锻炼，建设一支在"德、能、勤、绩"四个方面都能充分展示品牌风采、展现时代风貌的国税人。

# 第八章

# 南京国税服务品牌的社会效应

政府机关建设服务品牌主要有两个推动因素，一是社会推动服务型政府建设步伐的加快，以及和谐社会建设，社会大环境的建设；二是行政行为和服务的现状，已经不适应日益发展的社会需要。20 世纪 90 年代，在社会各界的推动下，文明创建工作得到大力弘扬，明查暗访、开门评议机关等活动，让很多政府机关不断推出优化服务措施，由此催生出越来越多的服务品牌。南京国税的征管查组合品牌就是在这一大环境下创建的，并取得了突出的社会效应。

## 第一节　公共服务品牌创建的效度分析

政府效能包括“效”与“能”两部分。“效”指政府在实现服务管理目标中所达到的服务管理效率、效果、效益的综合反映；“能”则指政府在实现服务管理目标过程中所显示的能力。在实践中，政府效能或者体现为行政体系在一定资源条件下能够提供更多的行政服务，或者体现为在一定服务水平条件下能够减少更多的行政成本[①]。南京国税服务品牌的创建从质量效度、感能效度和首位效度三个方面全面提升行政效能和服务能力。

① 中共河北省委党校赴美培训考察团：对美国政府服务效能与公务员管理的考察和反思. 领导之友，2006(6)

## 一、服务品牌创建的质量效度

提供优质的服务，是办税服务厅的工作重点与难点。纳税人有千千万万，需求各有不同，要想能够让纳税人有愉快的体验，需要办税服务厅的工作人员牢记服务理念，通过实实在在的执行来实现。南京国税在创建服务品牌的过程中，积极打造政府机关服务品牌，行政效能明显提高，服务质量明显优化，加快更新服务理念，创新服务模式，整合服务资源，优化服务方式，强化服务功能，做到集约服务和分别服务相结合，全面服务和个性服务相结合，现场服务与网络服务相结合，实现纳税服务的人性化、个性化，切实提高税收服务效能。特别是坚持以纳税人为本，以纳税人合理合法的要求为导向，满足不同纳税人个体对公共物品和服务的需要①。比如，税务服务品牌的树立与完善，需要办税服务厅、税收管理员、稽查人员在与纳税人的每一次接触的过程中，建立正面的品牌影响力，促进纳税人对于服务品牌的认知与传播。办税服务厅为纳税人提供的各种服务能够进一步作为一种政府的品牌形象而自然存在。纳税人在使用了纳税服务后，深刻地感知到服务品牌并且记在心里，或者愿意告诉身边的人“他们的服务真不错”，形成“品牌体验”。

## 二、服务品牌创建的感能效度

“纳税人为中心”的流程体系站在纳税人的角度来考虑与设计“流程的目的”、“流程的输入”、“流程的输出”以及“流程的环节”等关键要素，以及此流程体系是否在某些关键接触点或者关键时刻给到纳税人深刻的服务品牌体验。南京国税通过流程再造，优化征管流程，实施零距离服务，以个性化纳税服务为突破点，促进以纳税人为中心的服务感能效度的提升。主要抓了两个环节：一是梳理优化税收管理员工作规程，使个性化的纳税服务落实到人、落实到户、落实到位。二是在机关的办税

① 坚持以纳税人需求为导向优化纳税人服务的思考. http://wenku. baidu. com/view/4aede5off78a6529647d53/f. html

大厅，推行三项制度：合理分解申报时段，解决纳税人排除等候和拥挤现象；坚持领导在大厅值班，发现问题随时解决；实行导税员制度，引领纳税人办理涉税事宜，使纳税人需要跑几个科室才能办结的事情，一般在一处就可办毕。通过优化征管流程和实施近距离服务，个性化纳税服务日趋具体化、制度化、常态化和有效化[①]。同时，为保证提供的每一次服务都能够有保障地执行，制定非常规范的操作流程。这些流程细致入微，尽可能包括所有可能遇到的纳税人问题，并且做到严格执行和闭环处理，以不遗漏每一个纳税人的要求。在服务流程中站在纳税人的角度来设计、优化流程，建立最佳的品牌服务体验。

## 三、服务品牌创建的首位效度

首位度是一个形容市场竞争力的指标，比如城市首位度，是用于测量城市的区域主导性的指标，反映区域城镇规模序列中的顶头优势性，也表明区域中各种资源的集中程度。南京国税积极改进和优化纳税服务、构建和谐税收征纳关系的要求，加大纳税服务的宣传力度，增加纳税咨询辅导宣传的内容，提供更多的纳税咨询、办税指南等服务。大力宣传税务系统在队伍建设、文明创建、反腐倡廉等方面的模范人物和先进事迹，弘扬正气，促进税务干部队伍建设和税收工作水平的提高。立足税收、置身经济、面向社会，大力宣传报道税收与经济、税收与社会、税收与民生、税收与改革的关系，不断拓宽税收宣传视野。通过规划合理的服务品牌架构，确定品牌梯次发展的优先顺序以及相应的资源投入，并处理好品牌间的关系，确保统一、协调、清晰的品牌形象，与时俱进地推进“办税 e 站”、“阳光税线”、“红枫税情”三大服务品牌，从而使品牌价值最大化，极大地增强了服务效能首位度。例如，随着纳税人生活工作节奏的加快，从 2003 年开始，围绕“便捷、高效、热情”的理念，南京国税首先在征收系列推出“办税 e 站”服务品牌，大大节约了纳税人的时间、人力、金钱等办税成本。

---

① 秦新建. 关于推行个性化纳税服务问题的探究. 中国税网

# 第二节　南京国税服务品牌的效应评估

以新公共管理运动为代表的行政改革的核心特征，就是对政府绩效和责任的高度关注。行政效能评估体系是对整个行政效能建设的成效进行客观考核考评的评价体系。建立科学的行政效能评估体系，是开展行政效能建设的重要环节。建立科学规范的行政效能评估体系对加强行政效能建设具有十分重要的作用。如何评估纳税服务效能确保纳税服务体系的健康发展，是各级税务机关值得重视和解决的问题。

## 一、南京国税服务品牌的效能评估

行政效能评估体系是对整个行政效能建设的成效进行客观考核考评的评价体系。建立科学的行政效能评估体系，是开展行政效能建设的重要环节。南京国税针对服务的有效性设定了效能评估体系。一是建立科学规范的行政职责体系。分清职能职责是实施效能评估的前提。二是建立科学的岗位目标体系。加快建立科学的岗位目标责任体系，细化人员岗位职责，明确每个岗位的目标任务和办事时效，加强绩效评估和考核是加强行政效能建设的重要任务[①]。三是建立规范的效能评估体系。工作绩效考评考核任务主要由人事部门的目标管理办公室来负责，对绩效考评考核办法适时进行科学的调整、充实和完善，逐步建立起人事部门考核部门、部门考评考核公务员、群众参与、绩效并重的绩效评估考核体系。四是建立规范的指标任务体系。结合年度工作任务，使各项目标任务与各个具体岗位一一对应，并提出时效要求，便于评估考核，从而做到职责清楚、任务明确，谁不能按时完成就打谁的“板子”。五是重视群众评估结果的运用。在效能评估当中要建立群众评估机制，重视群众评估结果的运用，发挥群众对政府机关和公务员的监督作用。

① 浅谈如何建立科学的行政效能评估体系. http://www.bjsjjw.gov.cn

## 二、南京国税服务品牌的品质跨越

南京国税的征管查组合服务品牌战略促进了南京国税实现从理念到内容一体化嬗变的品质跨越：

1. 实现服务理念由重执法轻服务向执法服务并重的跨越，促进理念和程序上的改观

征收环节，提出了“便捷、高效、热情”的服务理念，办税服务厅呈现“两多一少”的现象，即干部为纳税人着想的多了，纳税人对办税服务和一线干部的表扬也多了，全系统征纳双方的矛盾明显减少；管理环节，“红枫税情”品牌以“传递真情、收获满意”作为品牌理念，南京国税着力打造一个征纳双方互动的管理服务平台，构建起征纳双方更加巩固的合作、互信、和谐、双赢的关系。稽查环节，“阳光税线”服务品牌以“阳光执法，服务同行”为品牌内涵，不仅将国税稽查创建成一道维护国家税收秩序的保障线，一道创造良好税收环境的公平线，更创建成一道文明、维权的服务线，同时也是一道为政清廉的廉洁线。品牌创建工作将执法与服务融为一体，在执法中服务，在服务中执法，使得整个队伍的观念发生彻底的变化，干部高高在上的优越感没有了。

2. 实现服务内容由低层次向高层次质的跨越，促进征管查各系列的服务得到深化

“办税 e 站”服务品牌，借鉴品牌理念将办税服务厅的服务规范标准纳入品牌化管理，实现了优质服务的长效管理，通过品牌建设将全面质量管理、CIS 形象识别系统、全市通、学习型组织创建等管理措施整合提升，纳入品牌创建这一统一的平台，向社会各界和纳税人集中展示国税形象，可以产生较好的集聚效应和社会效果；“红枫税情”服务品牌，建立健全两重保障机制——服务质量过程控制分析机制、纳税人满意度评价分析机制。推行全面质量管理，出台《税收管理员行为规范》，全面规范税收管理员的执法行为，每年委托南京市民意调查中心开展纳税人满意度调查，实现服务质量的持续改进，重点推出了税收政策解读、申报到期

提醒短信服务、服务性调研、优惠政策辅导、特殊事项合议、税企一线通等真情服务，为纳税人提供更加便捷周到的服务；“阳光税线”服务品牌，努力构建“12366”稽查服务体系，即建立一个规范公正执法与提供优质服务相结合的稽查服务管理平台、内部和外部两个稽查服务评价体系、三项特色维权服务、六项“人性化”举措、六个服务机制。服务层次的提升主要体现在：办税服务满意率进一步提高，纳税人对办税服务的综合满意率达到96.85%。政策服务更加全面规范。调查显示，纳税人对政策服务的综合满意率达到95.64%。服务行为更加规范热情。调查结果显示，纳税人对税务干部的服务态度满意率达到94.70%。

总之，从一个品牌到三个品牌，从单个品牌到组合品牌，从办税服务品牌到执法服务品牌，每一步都是一个突破、一个创新，在不断丰富和拓展着新型纳税服务体系的内涵和外延。

## 三、南京国税服务品牌的亮点纷呈

南京国税通过服务品牌的打造，在特色服务打造、品牌内涵凝聚、执法主体确立、服务水平提升、社会形象塑造和内部管理提升上均取得了显著成效。

### 1. 纳税服务由一般中展现特色

创建前，纳税服务就是局限在每个执法行为中提醒、辅导、告知等简单的一般服务，创建后则逐步形成了鲜明的特色服务：明确的品牌定位、鲜明的品牌个性、恒久的品牌承诺，品牌服务被更多的融入了人性化管理元素。三大服务品牌的特色服务项目主要包括：“全市通”、“国地税联合办证”、“预约购票服务”、“税务门诊”、特色维权服务等，服务人性化在纳税服务的方方面面得到体现。

### 2. 服务品牌核心内涵得到凝聚

“办税e站”、“红枫税情”和“阳光税线”三个品牌相对独立，有各自的内涵和外延，工作各有侧重，使得国家税务总局三个纳税服务理念分别得到充分的展示和实践，共同构成了南京国税服务品牌的总体框架和内容,落实了科学发展观的要求,体现了南京国税服务品牌的核心理念是以纳税人为中心,基本要求是提供公正、便利的纳税服务,根本目的是提高纳税人的税法遵从度和社会满意度。

3. 执法者的服务主体地位得到确立

国税干部是服务品牌建设的根本,是提升纳税服务水平的组织保障。品牌创建促进全体国税人的主体地位得到体现,推进国税机关以坚定理想信念为重点加强思想建设;以造就高素质、专业化干部队伍为重点,加强组织建设;以优化服务、规范执法为重点,加强行业作风建设;以完善惩治和预防腐败体系为重点,加强反腐倡廉建设。

4. 提升了纳税服务水平的整合助推作用

导入品牌战略,借助品牌的整合能力,将内部价值理念转化为被社会或服务对象所认可和信赖的行为规范和视觉形象,具有知名度高、美誉度高、信任度高和社会示范性的特点。组合品牌建设对于规范服务行为、完善服务制度、提高服务质量、塑造国税形象都有十分重要的作用。

5. 优化了国税优质服务的社会形象

服务品牌的创建不仅得到了纳税人的认同,也得到了地方政府、上级部门、社会各界的初步认同,南京国税的社会形象进一步优化。“办税 e 站”服务品牌创建一定程度上优化了地方政务形象,成为南京市首批“十佳服务品牌”,得到了地方政府的认同。“红枫税情”、“阳光税线”服务品牌知名度不断提高,在南京市众多服务品牌中脱颖而出,先后入选南京市服务品牌。服务品牌创建进一步深化了全局的文明创建工作,市局成功跻身全国文明单位行列,连续五度入选省市文明行业。目前,“办税 e 站”服务品牌在南京市和全国税务系统已经具有一定的知名度,成为南京国税优质服务的代名词。

6. 促进和完善了内部管理体系

随着服务品牌知名度日益提高,纳税服务从单纯的任务,逐渐成为责任,最后升华为组织的使命而凝聚了人心。2005 年全系统十件大事评选,创建“办税 e 站”服务品牌以高票当选,充分表明了全局干部对服务品牌的认同和服务意识的提高。通过服务品牌创建把全系统17个办税服务厅的服务理念、服务质量、外观环境推向全市统一的平台；通过将文化建设、制度行为规范、外部形象标识的规范化建设和办税"全市通"、网上办税、12366热线等服务手段整合到"办税e站"服务品牌之中，实现了征收服务系列工作的突破提升，服务水平显著提高。随着"办税e站"服务品牌的逐步推进，优质服务理念逐渐渗透到管理服务系列，服务品牌的号召力也给稽查系列的工作以启示，推动了全局各项税收工作的开展。

## 第三节　南京国税品牌服务的效应综介

### 一、南京国税服务品牌的人文和谐效应

南京国税紧扣"人文"与"环境"两大主题，围绕建设和谐税务机关总的要求，以打造先进税务文化为目标，把税务品牌建设和机关建设有机结合起来，积极创新学习载体，以强化机关作风建设为切入点，进一步提高干部的积极性、主动性和创造性，增强机关的凝聚力和向心力。一是构建和谐的人文环境。共同的理想目标、共同的价值取向、心齐气顺的人文环境是税务服务品牌建设的基础。坚持以德育工作为先导，以落实科学发展观为主线，以服务经济社会平稳较快发展为目的，加强思想文化建设，以和谐的人文环境凝聚人，以先进的理论武装人，以高尚的言行示范人。二是构建催人奋进的办公环境。把机关文化建设与和谐税务机关建设结合起来，把环境文化作为税务品牌建设的重要组成部分，把税务精神理念、职业道德、职业纪律等广植于环境建设的各个角落，努力营造浓厚的文化氛围。通过加强环境卫生管理，在健康的环境中完成对人的思想、理念、精神的再塑造，使人们走进单位就能领略建设税务品牌成果，品味税务文化气息。三是构建和谐友爱的精神环境。核心是强化凝聚力建设、营造拴心留人的和谐氛围，树立鲜明的用人导向。严格执行《党政领导干部选拔任用工作条例》的规定，坚持走群众路线，构建有

利于干部个人发展的良好环境，营造“谋事业、干事业、干好事业”的良好氛围。四是构建健康高雅的文体环境。积极发挥机关群团组织的作用，开展一系列各类文体活动，愉悦身心、增强体质、激发活力，同时注重“劳”、“逸”的有机结合，逐步加大设备硬件投入，大力实施“干部健康工程”建设，倡导“绿色环保”理念及健康低碳生活方式。

## 二、南京国税服务品牌的效能标杆效应

在建设法治型、效能型、服务型政府的大环境下，加强税务机关自身建设、提升税务机关行政效能是时代的必然选择，也是落实科学发展观、建设和谐社会的迫切需要，更是履行税收职能、促进经济又好又快发展的内在要求。南京国税围绕“加强效能建设、优化发展环境”这一主题，力求在解放思想上有新突破，在转变职能上有新举措，在服务水平上有新提高，在工作作风上有新改进，以机关效能的提升推动国税事业的跨越式发展。一是以提高效率为中心。在规范执法行为、简化办税程序、优化工作流程、减少事前审批等工作上下功夫，并通过首问责任、限时服务、执法过错责任追究制等一系列制度予以保证。只有这样才能使效能建设尽快见到实效。二是以技术创新为支撑。加快税收信息化建设作为效能建设的技术支撑，实现税收管理全过程的计算机网络运作、监控，以计算机代替税收管理流程各环节人工的简单劳动和重复劳动，减少人力资源的机械消耗。三是处理好分工与协作的关系。在效能建设中根据“效率优先”原则，正确处理好分工与协作的关系，既要积极推行税务事务的专业化，分解、界定每个岗位的工作任务、职责、权限，因事设岗，以岗定职，又要注意相互之间的衔接、配套；既强调制约，更注重效率。四是千方百计降低征纳税成本。税收成本偏高一直是税收管理的一个难点[①]。要树立强烈的成本观念，税收管理各项工作都要讲究成本和效益。近几年南京国税以信息化、专业化为重点的征管改革在解决这个问

① 平仄. 税务机关如何搞好效能建设. 江苏国税网. http://www.js－n－tax.gov.cn/html/2004/11/24/50424.shtml

题上取得了明显成效。通过税收征管信息市级集中、税库联网、银行代扣、网上申报以及一票多税、一票多费等多种信息化途径，在方便纳税人的同时，也降低了纳税人的交税成本，同时税务部门征税成本也直线下降。效能建设是一项长期而艰巨的任务，信息化建设依然是各级税务部门十分关注的核心问题。五是提高队伍整体素质作为着力点。南京国税把提高队伍整体素质作为着力点，搞好现有人力资源的优化、整合，发挥整体效能，实现人力资源的倍增效应。同时，要加强培训，用先进的知识、技术武装干部，挖掘人的潜能，实现人的能力增值。南京国税在建设服务型政府的进程中，把服务理念融入税收工作之中，进而调整税收工作思路，达到税收与经济、税收与社会、征税与纳税的良性互动。

## 三、南京国税服务品牌的理念蝴蝶效应

近些年来，纳税服务的理念、服务方式、服务形式等都发生了重大变化，南京国税做好纳税服务，维护纳税人的合法权益，应当树立责任理念、效率理念、创新理念、沟通理念、人本理念“五个纳税服务理念[①]”，进一步提高为纳税人服务水平、保障纳税人合法权利，促进征纳关系和谐发展，在纳税服务尤其是理念创新方面进行了积极的探索与尝试。具体：一是要正确理解纳税服务的灵魂要素。纳税服务有六大要素：民主、透明、公正、效能、敬业、专业。民主就是要充分地尊重纳税人的权利，要扩大纳税人在税收领域的知情权、参与权、监督权。透明就是税法体系、征管体系、流程体系必须是公开的，没有歧义，便于操作。公正就是必须公正执法；效能就是税务机关的工作必须有效率；敬业就是税务干部必须要爱岗敬业，对待工作必须要忠诚；专业就是税务干部必须有素质、有水平，要能准确地解答纳税人的问题。二是要了解纳税人现时的诉求。通过我们的调查了解，当前纳税人的诉求突出体现在以下三个方面：希

① 汕尾国税局. 新形势下纳税服务理念的思考. http://portal. gd－n－tax. gov. cn/html/gd/nrpage/GDC7NJOLL1OAAI4EJ82DNL6PGTC2D0LI. htm

望缴纳“明白税”;希望缴纳“公平税”;希望缴纳“效率税”。我们要根据纳税人的个性化需求,提供动态服务和特色服务。三是要有全员、全程、全天候、全职能的服务意识。纳税服务涉及各税种、各环节、各岗位,渗透于税收征管的全过程,不能片面的理解纳税服务就是纳税服务机构及办税服务厅的工作,要将服务措施及服务标准落实到管理的各个环节之中,体现在各个岗位中。三是要变税务机关“以我为主”的服务方式为“以纳税人为中心”的服务方式。要积极开展调研,充分了解纳税人需求,要根据纳税人的需要来有效地开展我们的纳税服务工作。

2010 年南京市国税局制定了《南京市国家税务局 2010—2012 年纳税服务工作规划》,提出了“始于纳税人需求,基于纳税人满意,终于纳税人遵从”这一工作主线①,不断更新服务理念,以强化教育为先导,以纳税人的合理需求为出发点,以公开、公平、效率为立足点,找准依法治税与纳税服务的着力点和平衡点,建立完善的纳税服务体系,予加强管理于服务之中,逐步构建了和谐的社会征纳关系。积极打造“三个平台,一个机制”的专业化纳税服务体系,规划今后 3 年内纳税服务的总体要求和具体目标,对新形势下的纳税服务工作提出了新的要求。在服务理念的突破上主要从角色转变和创新意识两个维度率先求变。一是摒弃在思想上认为征纳双方的博弈关系和经济人实现个体经济利益最大化的理论。实现从“管理者”到“服务者”角色的真正转变,堵塞征管漏洞,加大打击偷、逃、骗税的力度,强调以强化管理为主,优化服务。二是加强纳税服务理念的创新意识。经过税收征管改革,在不断探求创新纳税服务上,南京国税各级税务部门经过多年的发展、积累,已经形成了许多属于优化纳税服务范畴的新项目、新内容。例如,当前基层税务机关都在围绕着为了方便纳税人做文章,采取了“一窗式”、“一站式”等做法②,也

① 蔺红. 纳税服务要求. http://www.fj-n-tax.gov.cn/admin/vfs/fj/content/contentTemplate.jsp?ContentId=1051793

② 新形势下如何进一步优化纳税服务之探讨. http://www.doc88.com/p-106261005097.html

经常会看到、听到某某税务局为纳税人提供“一张笑脸，一杯热茶，一声问候”的亲切服务等诸如此类的新闻报道。这些做法产生了很多积极的效果，也为纳税人提供了很多便利，与过去相比已经有了明显的进步。

# 第九章

# 南京国税服务品牌发展的战略构想

近年来，在服务型政府建设不断兴起的背景下，政府公共服务方式的多元化发展成为一种趋势，这也是源于公共服务主体的多中心、公共服务需求的复杂化、现代科学技术工具手段的发展等多重原因。创新公共服务方式，关键在于公共服务多元方式与技术工具的集成运用，打造政府公共服务品牌。税务服务品牌创新是一个长期过程，是一项随着税收事业不断发展而逐步成熟的事业。南京国税将加强实践探索，逐步完善、提高税务服务品牌建设水平，持续推动税务文化的大发展。

## 第一节　公共服务品牌的发展趋势

### 一、公共服务品牌发展趋势

#### 1. 机关服务品牌随着社会管理体制的创新而与时俱进

20 世纪 80 年代，为了应对马克斯·韦伯的官僚组织和传统管制型政府理论所面临的困境，西方学者提出了以公共选择理论和新制度经济学为基础的公共服务型政府理论。今天，服务型政府建设在我国也已经从理论走向实践。党的十六届六中全会就把“建设服务政府，强化社会管理和公共服务职能”作为政府改革和建设的一项重要目标任务。税务部门与社会各领域联系紧密，税收信息是全社会基础信息资源体系的重要组成部分，是加强社会管理的重要资源。胡锦涛在省部级主要领导干部社会管理及其创新专题研讨班上强调，加强和创新社会管理，提高社会管理科学化水平。税收涉及千家万户，与广大人民群众特别是纳税人利益密切相关。加强和创新社会管理，具体到税务部门，重点就是要不断改进和优化对纳税人的服务和管理工作。[①] 通过积极推进税收征管改革与创新，应把“服务于国家、服务于社会、服务于人民”的理念贯穿于税收工作全过程，着力打造服务型团队，不断提升服务效能努力营造公平公正的市场环境，促进形成诚实守信的社会氛围，切实维护社会和谐稳定。

2. 机关服务品牌随着电子政务的发展而日新月异

推进电子政务建设，是适应改革发展形势、转变政府职能、增强机关效能、推动政务公开、规范政府行为、加强廉政建设、提高政府对公共事务管理水平的迫切需要，是顺应国际化、信息化趋势，加快行政方式变革，坚持与时俱进的必然选择，是改进机关作风、创新服务手段、提升机关形象的具体步骤，是落实科学发展观、实现我省“两个率先”、建设创新型省份、构建和谐社会的现实要求。随着物联网技术的发展，通过扎实推进电子政务和政务公开工作，将为企业和社会公众提供更加便利的税务管理信息咨询和业务办理服务，树立执政为民的良好税务形象；提高工作透明度，促进依法行政，提高执法水平；办事程序更加规范，强化对行政权力的监督制约，促进廉政建设；在极大地方便企业和社会公众的同时，也大大提高税务部门自身的工作效率和服务水平。

3. 机关服务品牌随着社会发展而以人为本

近年以来，税收征管工作为达到“强化税源管理，优化纳税服务”的目的，工作重心实现了战略性调整。在税收管理员制度下，可以依据工作内容的不同，将纳税服务工作细分为公众化服务和个性化服务。公众化服务是指税务部门面向社会的、集中办理涉税事项的服务，是一种“点对面”的服务；个性化服务是指税务部门的税收管理员为所管辖的纳税人提供的个别的、有针对性的涉税事项的服务，是一种“点对点”的服务。在税收管理员制度下，以上两方面的纳税服务将成为税务部门纳税服务

① 国家税务总局局长肖捷. 税收征管制度的改革与创新. 答记者问. 学习时报，2011年8月9日

工作的主体。为纳税人提供集中式的公众化服务,可以提高税务机关办事效率,节约成本,简化纳税程序,节约纳税人办税时间。同时,应组织开展以“走进企业,服务民生”的主题活动,通过“一对一、面对面”的服务方式,推进机关效能提速增效。

## 三、服务品牌发展的理论溯源

品牌理论是西方经济发展竞争加剧的产物,并随着时代发展而更新,早期主要有“品牌形象理论”、“品牌定位理论”、“品牌个性论”等。这些理论可以为我们树立机关服务品牌,提供一定的理论参照和启示。

### 1. 品牌形象理论

大卫·奥格威在20世纪50年代末从品牌传播的角度提出品牌形象理论,倡导用广告树立品牌形象。他在《一个广告人的自白》里认为,“最终决定品牌市场地位的是品牌总体上的性格,而不是产品间微不足道的差异”。这一理论启示我们,创建文明机关,树立良好形象,这是一个群体性的命题。一个机关团体,或是一个单位,可以说处处是窗口,人人显形象。

### 2. 品牌定位理论

20世纪70年代,A·里斯(AI Rievs)和J·特劳特(Jack Trout)在美国营销杂志《广告时代》和《工业营销》上发表相关定位文章。他们认为,要在一个过度传播和产品同质的时代赢得顾客,需使产品独树一帜,在顾客心理占有独特地位。这一理论启示我们:服务定位的第一步骤就是确立需要特别关注的是那一层次的定位。采取哪一层次的定位一般是很明确的,但是有些部门会在不同的时期强调不同的层次。一旦定位层次加以确立,就需要针对选定的服务对象确立一些重要的专门特性。①

### 3. 品牌个性论

20世纪80年代由美国精信广告公司提出。它认为,品牌应人格

① 范诗基.西方品牌理论与品牌本土化发展之探究.河南科技学院学报,2010(3)

化，从性格走向个性。品牌个性论是对品牌形象极大补充、发挥，使没有生命力的品牌具有生命力，具有人性化。对于机关部门而言，品牌是服务对象对服务本身形成的一种人格化象征，品牌代表着某种价值观，是文化象征，即品牌人格，也是品牌个性。它有真诚、兴奋、能力、精致和强韧五个人格倾向。这个理论启示我们：个性化服务是一种有针对性的服务方式，应该根据服务对象的设定来实现，依据各种渠道对资源进行收集、整理和分类，向服务对象提供和推荐相关信息，以满足服务对象的需求。从整体上说，个性化服务打破了传统的以被动服务模式，能够充分利用各种资源优势，主动开展以满足服务对象个性化需求为目的的全方位服务。

4. 品牌资产论和品牌认同论

大卫·爱格认为，品牌是一种重要资产。品牌资产包含正反两个方面的价值，正的是资产，负的是负债。品牌价值包含四个方面：知名度、品质、忠诚度和关联性。还认为，以品牌核心价值和意义建立品牌长久生命力，品牌认同是其本性不会消失。品牌形象是人们心理的综合反应。例如：品牌价值、商品属性、品牌标记，以及人们对品牌评价，继而产生品牌联想。这一理论启示我们，文化资本实质是从资本视角审视组织文化所衍生出来的概念，在文化资本的逻辑框架下，我们可以运用资本形成、资本开发、资本运作的有关理论来解读机关文化建设。机关服务文化作为一种重要的资本形态，乃是机关服务软实力的代表，是机关服务综合竞争力的核心。一旦机关服务达成了共识，形成了内部的认同，树立了品牌服务的形象，此类服务文化本身可以形成一个部门和机关的无形资产。

5. 品牌精神理论

丹麦的J·昆德(2000)在其著作《公司精神》中指出，“将来的观念和价值观将会使很多我们今天认为是想当然的事物发生巨大变化，品牌会成为信仰，品牌代言人也会成为信仰或精神”，他认为品牌分为产品、概念化品牌、公司理念、品牌文化、品牌精神。这一理念奠定了品牌理论向品牌哲学转变的基础。这一理论启示我们：服务是机关软环境建设永恒的话题，机关服务意识是软环境营造的核心。一个单位或者机关要形成具有特色的精神文化共同体，具备独有的价值观念和行为方式，而这样一种文化将有力地促进一个机关良好服务氛围的形成。应该用“情”打造规范化服务型机关，树立“以民为本、以客为尊”的新型服务理念。

## 第二节　南京国税服务品牌发展的战略重点与路径选择

### 一、南京国税服务品牌发展的现实意义

随着科学发展观和构建社会主义和谐社会目标的提出，中国的税务服务理念也应有新的内涵，应按照构建社会主义和谐社会的总体目标来设计南京税务事业发展的总体目标。税务服务需要完成从传统型法治向现代型税务的历史性转换。其中，税务品牌文化建设处在促进和谐税务文化形成的核心地位。[①] 税务管理各项工作千头万绪，通常要有一个甚至多个制度来保障，但是，无论多么健全的制度，都是静态意义上的被动管理，即硬性的外在管理。要更好地建设税务队伍，还应坚持内在管理与外在管理并重的管理原则。而这种内在的管理即为动态意义的柔性管理，具有管理上的主动性。这种以人为本以“营造税务先进文化氛围，塑造税务官高尚职业道德”为内容的柔性管理模式逐渐成为南京国税系统上下的共识。新时期，南京国税系统深化服务品牌建设的意义主要有：占领税务队伍先进文化阵地的需要；加强税务队伍职业道德建设的需要；加强税务队伍思想政治工作的需要；陶冶税务人员情操和人文底蕴的需要；管理科学化、规范化的必然选择；“内强素质、外树形象”的有效途径。

① 中国税务学术研究委员会“税务文化建设研究”课题组. 税务文化建设研究总报告. 2007 年 3 月 2 日

## 二、南京国税服务品牌发展的目标模式

### 1. 南京国税服务品牌发展的目标定位

(1) 以倡导税务共有精神为契机，营造团结进取、敬业奉献、昂扬向上的工作氛围

税务精神是税务群体共同价值观念、发展目标、管理哲学、执法理念的集中体现，是税务文化的灵魂。一些税务部门以“局训”等言简意赅的方式表现出来，有很强的感召力和影响力。国税应当结合国税群体思想实际和税务事业发展目标，认真总结和提炼，使之得到广泛认同，自觉作为价值追求和行为准则。

(2) 以强化职业道德为切入点，确立共同行为准则，推动税务品牌文化建设

职业道德建设是税务文化建设的重要内容，应以职业道德深化税务文化，以税务文化滋养职业道德。职业道德建设是长期任务，在加大思想教育的同时，要突出抓好养成教育，以确立共同的行为准则，强化税务群体的责任意识、角色意识，引导广大税务工作人员一点一滴地培养良好的职业道德习惯。

(3) 以税务物质建设为载体，彰显税务文化底蕴，塑造税务品牌服务形象①

税务的精神文化通过物质环境等载体体现出来，税务的物质建设需要体现便捷、高效、文明等税务精神文化的内容。在进行税务大厅、办公场所的建设改造以及税务征收装备的配置时，应当紧紧围绕税务精神文化的内涵，提升相应品牌服务的形象。

### 2. 南京国税服务品牌发展的模式选择

瑞士洛桑国际管理学院著名教授丹尼尔. 丹尼森，在经过对 1 500 多家样本公司的研究后，指出适应性(adaptability)、使命(mission)、参

---

① 国家税务总局. 关于印发《国家税务总局关于加强税务文化建设的指导意见》的通知. 国税发〔2009〕14 号

与性(involvement)与一致性(consistency),这四大文化特征对一个组织的经营发展,具有重大影响。在此基础上,丹尼尔森又将每一种品牌服务特征细分出几个考察维度,即参与性从授权、团队导向与能力发展三个方面进行考察;一致性从核心价值观的配合、协调与整合来考察;使命从愿景、目标、战略导向与意图来考察;适应性从组织学习、顾客至上、创造变革来考察。就是利用这十二个考察维度,能够比较准确地确定某一组织的品牌类型与明显特征。根据不同的标准和不同的用途,理论界目前对组织品牌文化有着不同的划分方法,其中,最常见的划分方法有以下几种①:

(1) 按照组织服务文化的内在特征,可以将组织服务文化划分为四种类型:学院型、俱乐部型、棒球队型、堡垒型。

(2) 按照组织服务文化所涵盖的范围,可以将其划分为主文化和亚文化。

(3) 按照组织服务文化对其成员影响力的大小可以划分为强文化和弱文化

(4) 根据组织服务文化与战略和环境之间的匹配,把组织服务文化分为:适应性/企业家精神服务文化;使命型服务文化;小团体式服务文化;官僚制服务文化。

综合已有的组织服务文化分类和丹尼森的企业文化诊断模型,联系南京国税发展实际,我们认为南京国税服务文化建设模式的选择应该是基于变革的使命型服务文化。一方面强调南京国税服务文化建设的灵活性和变革欲望与能力,另一方面强调南京国税组织内部的和谐能力,在服务品牌创建中平衡和解决内外冲突。

## 三、南京国税服务品牌发展战略

战略是组织基于现实环境对未来所做出的选择。战略的高度就是

① 梁喜生. 组织文化模型——组织文化诊断的有利工具. http://www. sinoec. net/zixun/way/zixun_7284. html

组织立足现实、谋划未来的特定条件，是组织从自身资源和能力出发，着眼于未来的路径选择、目标实现的独特视角，这是战略营销理论的核心思想之一。南京国税服务品牌的创新应该建立在战略的宏观把握基础上。

1. 品牌资本战略

品牌资本指由组织文化，即核心价值观、信念、行为规范和模式以及文化的物质载体所构成的资本。在深入构建服务型机关的大背景下，品牌资本已经越来越成为组织一项重要的资本。品牌资本的形成既是货币形式投资的结果，如通过各种培训、教育和有关文化活动来建立正式规范、设计企业形象等，形成组织的主导观念；又是非货币形式投资的结果，如领导风格、精力、时间和关注程度等，形成组织的日常观念。文化资本直接影响到组织达成共识的难易程度、气氛和凝聚力，而这些又成为影响组织的战略制定与实施、组织结构正常运行及其有效性得以发挥的重要潜在因素。因此，这一理论启示我们要积极树立"组织品牌资本"投资的理念，建立组织文化品牌建设可持续投入保障机制和统筹推进机制。

2. 资源整合战略

组织文化建设必须把整合资源、优化资源放到战略高度，并做到三个"善于"。一要善于整合传统资源与现代资源，深入挖掘梳理组织历史发展过程中形成的优秀文化传统与精神元素，将其积淀为组织发展的文化历史基础，并积极探索现代税务服务的新内涵，将二者有机融合起来；二要善于整合内部资源与外部资源。组织内部人员的主动参与是组织品牌发展的关键动力，同时，也要利用外部平台、外部力量共同推进品牌服务活动创建，要积极利用周边企业、机关、社区在组织文化建设中的联动力，共同打造品牌服务和文化综合体，积极利用上级机关、平级机关在品牌创建中的支持力，共同凝聚形成组织建设合力；三要善于整合物质资源与精神资源，尤其要注意组织品牌建设的精神特色，充分发挥精神激励作用。

3. 能力支撑战略

未来十年税务事业将迎来历史高峰，领导与百姓对税务事业发展也有更高的期待与要求，能力提升成为组织发展关键所在。必须把能力建设作为品牌服务建设的立足点与落脚点，把组织发展能力与个人能力提升作为检验组织文化建设成效的根本标准。要全员动员共同分析新形势下组织能力建设面临的问题与困境，努力从品牌创建角度寻求解决组织能级提升的突破口。税务干部队伍素质的高低，直接决定着纳税服务质量的好坏。因此，提高税务人员的素质是提高税收服务水平的根本，只有高素质的税务人员才有可能进行高质量的税收征管，才能更好地服务纳税人。针对当前税务人员素质状况，要通过加强思想政治和职业道德教育、强化业务技能和岗位培训，不断提升干部的职业道德修养和综合业务素质，提高税收执法水平和行政执行能力。

4. 品牌塑造战略

把服务品牌主心业务作为国税管理与服务品牌加以打造，发挥品牌建设在组织文化建设中的提升带动作用，使品牌成为核心竞争力。现代企业品牌管理理论认为，创建品牌主要集中在设计(或加强)品牌视觉形象、激发顾客品牌联想和建立深度的顾客关系等方面。从战略层面来说，一方面，必须实实在在把品牌服务创建作为国税部门的重要工作抓手、上下一致、全员参与，使其真正成为下一步发展重要动力与鲜明特色；另一方面，必须确立起品牌战略，通过专业性的手段与方法，对品牌建设问题进行策划，积极推广组织文化建设的好的经验成效，利用焦点事件，提升品牌的知名度与美誉度。

5. 社会营销战略

社会营销的关键在于“社会”，也就是说它挖掘出组织的社会属性，把组织运作模式转移到社会公共领域来，在社会营销时期内，变自觉适应为主观能动地从事其社会属性范围内的事情，其往往以某个具有极度聚焦效应的社会事件为契机，因此它很多时候表现为事件行销。(比如一些公共应急事件的危机处理能力往往可以强烈地树立组织形象。)社会营销战略强调税务部门积极参与社会的建设，充分发挥部门的职能，促进民生的改善和社会的和谐，将文化建设工作融入到服务社会发展的大局中，创建“社会效益型”机关，彰显部门的形象力、影响力和文化力。

6. 流程再造战略

流程再造的核心是面向顾客满意度的业务流程，而核心思想是要打破组织按职能设置部门的管理方式，代之以业务流程为中心，重新设计组织管理过程，从整体上确认组织的作业流程，追求全局最优，而不是个别最优。要借鉴现代组织管理中的流程再造与重组原理，建立科学分工和快速衔接的岗责体系，正确处理好税务管理的内部目标与对外服务的关系；同时要简化办税程序，合并一些相同相近职责的岗位，提高税收管理信息的共享度，以免纳税人来回奔波和重复提供资料，方便纳税人办税。如一窗式办税直通车制度，纳税人所有涉税审批、核准、备案、登记、证明事宜，均由纳税服务综合窗口受理，由窗口内的专职纳税服务责任人按程序全程办理相关涉税事宜(如果相关涉税事宜须通过基层税务机关内部职能部门进行传递处理，纳税服务责任人负有督办、查询、收集、反馈的责任)。

## 四、南京国税服务品牌发展策略

1. 以理念突破为先导，持续发挥理念的蝴蝶效应

随着经济全球化和社会主义市场经济的深入发展，纳税人的组织形式、经营方式、经营业务不断调整，大型企业集团相继涌现，税源国际化趋势日益明显，征纳双方信息不对称现象越来越突出，纳税人的法律意识不断增强，对改进税收征管工作提出了新任务。实施纳税服务理念创新，必须以正确的理念为先导，以保证服务措施的到位和落实。目前，从税务机关和税务人员来说，要通过学习和教育，强化以下几种理念：

一是与时俱进的理念。市场经济较之计划经济，经济结构、经营性质、经营手段、分配方式等，都有很大的不同，个性化因素不断增多。随着经济全球化的推进，市场经济将向更广的领域和更深的层次发展，并

且将显示出更为鲜活的生命力。税收工作作为调节经济运行的重要杠杆，必须解放思想，与时俱进，强化市场观念，强化竞争观念，强化个性化服务观念。

二是承认差异的理念。多元化的经济发展形态必然存在多元化的经济实体。从纳税人的角度讲，不仅经营规模、经营实力、经营方式千差万别，而且对政策的感知程度、对依法纳税的认识境界也存在很大的差异。要使国家的税收法规"放之四海而皆准"，就必须"一把钥匙开一把锁"，一种思维、一种面孔、一种方式是绝然不会奏效的。[①]

三是以人为本的理念。具体到税收征管，就是要以纳税人为中心，充分考虑到我们的所思、所想、所忧、所盼，坚持以纳税人的呼声为第一信号，纳税人的需求为第一服务，纳税人满意为第一标准。要区别情况，因人而异，提供规范、全面、便捷、经济的各项服务，使纳税人遵照政策，各得其所。

四是挑战自我的理念。个性化的纳税服务，对于税务人员来说，是一个富有挑战性的课题和任务。从思想方面讲，必须具有敬业精神和奉献精神；不能敷衍了事，草率从事，不能图省事，怕麻烦。从政策方面讲，必须谙熟有加，不能只知其一不知其二，只知其然不知其所以然，以至在个性化服务中变了味、走了样。从业务方面讲，必须是行家里手，样样精通，以高超的综合技能应对个性化服务的各种问题；不能以不变应万变，不能以其昏昏，使人昭昭。在作风方面，必须过得硬，行得端，在个性化服务中求得征纳和谐，征纳双赢；不能搞违背政策、违背纳税人意愿的不正之风，以至授人以柄，失去主动。所以，个性化的纳税服务是对税务人员的全面挑战。

五是矢志创新的理念。个性化的纳税服务，在市场经济条件下的税收征管中富有长期性、多变性的特征，对其理论性和实践性的探索不能停步，也不能一劳永逸；必须根据变化了的情况，不断创新思路、创新理论、创新对策、创新方法，才能使个性化的纳税服务不断具有针对性、时

① 秦新建.关于推行个性化纳税服务的探究.中国税务网，2008年7月28日

效性和科学性。

2. 以素质提升为载体，持续增强服务效能首位度

税收管理的目标是促进经济协调健康发展，维护市场公平和经济秩序，这一目标的实现，离不开一支高素质的税务干部队伍。我们认为高素质的税务干部队伍应该是"思想政治的高要求、依法行政的高标准、行为品质的高境界、理论素养的高水平、文化知识的高层次、业务技能的高起点、廉政建设的高风尚、职业忠诚的高追求、生理心理的高耐力"，从更加广阔的视野来看，税务干部队伍正面临着一系列新旧转变，包括新旧体制的转变，新旧经济增长方式的转变，新旧监管方式的转变，新旧人事行政的转变。而目前税务干部队伍现状，在新旧转变的背景下，与实现自身的目标还有很大的差距。这就要求我们深化对建设高素质队伍内涵的认识，探索建设高素质队伍的途径，建立完善建设高素质队伍的措施。具体应该①：

一是树立新观念。观念是素质的根本，观念决定态度与行为。要提升自我，赢得革命性的效果，必须从观念着手，克服"惯性"的思维，更新传统的观念。作为税务干部，必须树立与新旧转变相适应的新观念，包括依法行政观念、发展观念、市场观念、竞争观念、信息观念、系统观念、效益观念、改革观念、创新观念、开放观念、未来观念、新的价值观念等等。我们必须时时刻刻主动理解、消化、熟悉和接受这些新观念，全面造就自己的新观念。

二是忠诚于目标。目标是方向，目标是行动的先导，我们要对照高素质标准，综合分析和诊断，认真地计划自己要成为什么样的税务干部，清晰确立自己的"使命宣言"。该计划目标应该是：①有的放矢的，具有针对性。②具体的，如一年要读几本书籍，要争取办多少起案件，要写几篇理论文章等等。③系统的，要着眼于高素质的标准。④切实可行的，必须建立在现实条件的基础上而不能凭空设想。⑤需要阶段性地评估以及持续修正和改良。⑥符合世界观、人生观、价值观，这是计划目的

① 李华新. 建设高素质税务队伍的途径. 中国税务网，2010 年 6 月 1 日

“根”和“本”的性质问题。计划目标确立之后，使我们洞悉自己的工作生活重心是什么？什么是自己生命中最重要的？这样我们就能凝聚意志力，全力以赴且持之以恒的付诸实现。

三是不断地学习。非学无以广知，非学无以明识，非学无以立德。科学研究表明，在现代社会里，一个人的知识，只有 20％是靠正规学校获取的，其余 80％是靠工作实践和在职勤奋学习获得的。因此，我们一定要善于学习，善于重新学习。首先，要明确学习的目的，端正学习的态度。学习科学税收发展观，关键在于用科学发展观指导税收工作。学习各门学科要切合实际，学以致用。如通过学习现代计算机技术，推行网上登记、网上年检、网上查询、网上办税、网上举报、网上完成办案审批程序和网上制作办案文书等，以提高工作效率和综合监管效能。在处理工作和学习的关系时，要树立学习是工作的核心、学习与效率是同义词、学习是工作的新形式等新理念，自然而然地正确解决“工学”矛盾。其次，要选准学习内容。我们应根据新旧转变需要，结合税收工作的实际，选定内容，既从书本上学，又从实践中学，从自己和别人的经验教训中学，既着重学习税收管理专业知识，又要学习法律、社会科学和自然科学等知识。最后，运用各种手段，提高学习效率，并持之以恒。

四是致力于实践。实践出真知，实践长素质，实践增才干。当前，我们要紧密围绕南京国税出台的“十二五”规划，在发展服务经济、体制机制改革、整顿和规范税收经济持序、队伍建设等方面进行大胆实践。通过实践，不断提高科学决策能力，有效执行能力，组织协调能力，改革创新能力，收集、处理信息能力，生理、心理承受能力，紧急应变能力，全面推进信息管税与服务创新，保障税收管理工作与时俱进。

五是塑造好形象。因为税收职业的特殊性，执法人员的形象很重要，这并非指税务干部都要英俊美丽仪表堂堂，而是说应该有得体自信的举止，端庄亲切的仪表，大方谦虚的言谈，清正廉洁的气质，沉稳自强的性格。并且应使服务对象产生一种信赖感、亲切感，办案人员应该给人以庄重感和威严感。塑造良好的形象，要靠自身不懈的“四自”磨练。“自重”——珍重、钟爱自己所投身的事业、所在的岗位、所任的职务，以及业务、身体、情感，做到自尊、自信："自省"——自我反省、领悟，经常地严于剖析自己，并以自身的缺点、弱点与过错为"敌"，以求自我的"日日新"。"自警"——时刻警惕和抵制外界的各种诱惑，在特定的条件下，保持着"念念有如临敌日、心心常似过桥时"这样一种高度的警惕性。"自励"——在困难条件下和各种困境中，总是勉励自己以坚忍不拔、自强不息的精神去战胜困难，赢得胜利。

## 五、南京国税服务品牌发展重点

### 1. 品牌内涵建设

(1) 税务廉政建设

南京国税开展税务廉政文化建设要坚持教育为先，重在培养廉洁意识，塑造廉洁理念，营造廉洁氛围，使税务干部自觉把廉洁要求变成具体行动，变成自身的信仰和追求；开展国税系统廉政文化建设，既是一个崭新的课题，又是一项系统、长期而艰巨的任务。必须把握好"引导、融入、结合、渗透"等四个方面的问题。坚持正确的政治方向，引导干部积极向上；坚持以人为本，将"便捷、高效、文明"的服务理念融入广大税务人员的心中；[①]坚持强化税务服务素质，将职业道德文化结合到国税系统廉政文化建设之中；坚持在形式多样、丰富多彩的活动中，渗透廉政文化的内容。

(2) 人力资源建设

以培养"业精、敬业、清廉"的税务官为切入点，认真落实科学发展观，以人为本，注重用好人、管好人、培养人、关心人，充分调动一切积极因素，建立健全符合便捷高效税务建设的素质提升运行机制，着力打造"靠得住、信得过、有本事"的高素质税务队伍，全面履行税务征管职能，为经济发展和社会稳定提供可靠的财政保障。

(3) 精神文化建设

税务精神文化是一个由诸多观念要素组成的系统综合体。它以税

① 海南国税. 关于税务廉政文化建设情况的报告. http://www.chinatax.gov.cn/n8136506/n8594236/n8594493/8695696.html

务共同价值观为基础，以税务发展目标为导向，从哲学的角度以科学的方法论对税务实践加以指导，大力弘扬群体精神和现代税务理念。因此，南京国税精神文化的构建必须以系统科学理论和系统辩证观作指导，在理论和实践的结合上系统地优化和升华税务文化。

2. 品牌维护建设

品牌在不断发展的过程中，品牌的内涵无疑会得到很大程度的丰富，品牌的结构也会发生变化，品牌的经营也会相应的变得复杂。但组织的管理能力未必能适应这些新情况，所以组织有必要对品牌进行调整。对于表现优秀的服务品牌，应集中资源给予充分的支持，争取培养成组织的支柱和核心竞争力。品牌维护是组织实施品牌战略中的一项影响深远而又实施困难的工作，

(1) 强化品牌维护的意识

众多组织做不好品牌维护，根源在于品牌维护的意识差。因此强化品牌维护意识是做好品牌维护的首要前提。具体：一要明确品牌的核心价值是品牌维护的基本前提。二要进行定期的品牌跟踪，尽早发现问题所在，及时对症下药。三要在资源投入上长期维持一个高于行业水平的广告投入。四要在组织保证上打造一个实施品牌维护所需的组织制度架构。总之，品牌维护是一场“持久战”，而不是一场毕其功于一役的“攻坚战”。

(2) 建立品牌维护的机制

当组织品牌得以树立，具备了相当的品牌声誉后，应随即建立起品牌的维护机制。将品牌维护提升到战略高度加以考虑和规划，并在职能结构的设置和战略、制度的制定上加以反映，以完成品牌树立到品牌维护的职能转变。品牌维护机制的确立是保障品牌的运营管理顺畅的基础要件，它包括品牌维护领导和组织机制、人才广告等资源保障机制、品牌运行评估机制等。

(3) 深化品牌延伸的内涵

品牌维护的最好办法不是固步自封，而是积极进攻。组织只有不断丰富品牌的内涵，使其具有深厚的文化底蕴，推出新品牌和新产品，才能

使品牌得到发展。发展中的品牌才是有生命力的品牌。在品牌的发展中，既可以对现有服务品牌进行深度或宽度的调整，也可以对品牌进行延伸。两种方式都能起到丰富品牌的作用。利用品牌原有影响力发展品牌，十分有效的方法就是品牌延伸。品牌延伸是组织实施品牌战略的重要内容，它是在原有品牌已拥有一定社会影响力的基础上，利用原有品牌的影响力来创新服务项目，以达到能够让服务对象快速和顺利接受的目的[①]。

(4) 做好品牌维护的危机管理

在组织树立品牌以后的经营过程中，品牌服务只有承受起社会的考验才算成功。而这种考验，有一些就是突如其来的危机，对这些危机的公关便成为企业和品牌能否维续的关键。品牌危机可能来自很多方面，比如品牌服务的质量，组织内部的管理，社会需要的变化，政府政策的调整等等。甚至一些偶然事件也会引发品牌危机，如媒体偶然的报道，组织管理人员的口误等。面对这些潜在的危机，组织能做的就是树立忧患意识，建立起危机预警机制，防患于未然。还应设置专门的危机管理或公关部门，以便在发生危机时能够及时控制和解决。

**3. 品牌评价建设**

品牌服务建设的一个重要环节就是评估反馈。南京国税服务品牌建设初步形成了一个品牌服务建设推进路径的自我循环系统，并创设了基层税务服务品牌建设的评价反馈机制。今后应该在对税务服务理念、服务品质、服务结构、服务方式、服务效益、服务成本、服务承诺实现度和公众满意度等相关指标导入设计的基础上，组织进行量化分析和科学评估，继而评定和划分等级，做到“计划—执行—反馈—改进”的自我循环改进，实现全新理念、全程管理、全员参与、全域覆盖和全天候服务(五全模式)。

---

① 武同升.品牌维护策略的探讨.今日科苑，2009(22)

# 参考文献

1. 著作

[1] [德]艾尔布莱特·罗赛切. 品牌背后的故事:企业文化与全球品牌. 广西师范大学出版社,2006

[2] 波立特(C. Pollitt). 管理主义和公共服务. 盎格鲁和美国的经验,1990

[3] [美]戴维·奥斯本,特德·盖布勒. 改革政府:企业精神如何改革着公共部门. 上海译文出版社,1996

[4] 王海涛,王润涛. 品牌竞争时代. 中国言实出版社,1999

[5] 艾丰. 名牌论. 经济日报出版社,2001

[6] 斯图尔特·克莱纳. 如何打造品牌的学问. 陕西师范大学出版社,2003

[7] 黄合水. 品牌建设精要. 厦门大学出版社,2004

[8] 于忠珍,盛永安. 名牌战略与两个文明战略. 红旗出版社,2004

[9] 余明阳. 品牌学. 安徽人民出版社,2004

[10] 李光斗. 品牌竞争力. 中国人民大学出版社,2004

[11] 陈云岗. 品牌管理. 中国人民大学出版社,2004

[12] 余明阳,杨芳平. 品牌学教程. 复旦大学出版社,2005

[13] 乔春洋. 品牌文化. 中山大学出版社,2005

[14] 乔春洋. 品牌论. 中山大学出版社,2005

[15] 余兴安,等. 激励的理论与制度创新. 国家行政学院出版社,2005

[16] [英]彼得·切维顿. 品牌实施要点. 李志宏,林珏,译. 北京大学出版社,2005

[17] 万后芬,周建设. 品牌管理. 清华大学出版社,2006

[18] 谢旭人. 中国税收管理. 中国税务出版社,2007

[19] 刘世忠. 品牌策划实务. 复旦大学出版社, 2007
[20] 杨芳平. 品牌学概论. 上海交通大学出版社, 2009
[21] 薛可. 品牌扩张:路径与传播. 复旦大学出版社, 2008
[22] 周云. 品牌学:原理与实务. 清华大学出版社, 2008
[23] [美]艾·里斯,劳拉·里斯. 品牌的起源(第2版). 山西人民出版社, 2010
[24] 卫海英,等. 品牌危机管理:基于品牌关系视角的研究. 暨南大学出版社, 2011
[25] 刘凤军,祝合良,李慧,等. 品牌运营理论与实践:基于十个行业的分析. 首都经济贸易大学出版社, 2010
[26] 赵琛. 品牌学. 高等教育出版社, 2011
[27] 杨莉萍. 品牌管理. 合肥工业大学出版社, 2011
[28] 庞守林. 品牌管理. 清华大学出版社, 2011
[29] 郭伟. 品牌价值管理:中国品牌的困境与出路. 中国人民大学出版社, 2010
[30] 李玉香. 品牌与企业发展. 知识产权出版社, 2010
[31] 舒咏平. 品牌传播论. 华中科技大学出版社, 2010
[32] 张贤平,陈丽娟. 服务品牌传播. 北京大学出版社, 2010
[33] 让·诺尔·卡菲勒. 战略性品牌管理. 商务印书馆, 2000
[34] [美]B·盖伊·彼得斯. 税收政治学:一种比较的视角. 郭为桂,黄宁莺,译. 南京:江苏人民出版社, 2008
[35] 杨文士,李晓光. 管理学原理. 中国财政经济出版社, 1998
[36] 于省宽. 独具中国特色的企业人文管理理论与实践. 机械工业出版社, 2005
[37] [美]文森特·奥斯特罗姆. 美国公共行政的思想危机. 毛寿龙,译. 上海:三联书店, 1999
[38] 杰伊·M·沙夫里茨,艾伯特·C·海德. 公共行政学经典. 北京:中国人民大学出版社, 2004
[39] J. Greenwood and D. Wilson. Public Administration in Britain Today. London: Unwin Hyman, 1989

[40] Simon, Herbert. Administrative Behavior: A Study of Decision-Making Process in Administrative Organizations. New York: The Free Press, 1965

2. 论文

[1] 梁瑞仙.论企业品牌战略.生产力研究,2011(3):172-173,182
[2] 程鸣,吴作民.西方服务品牌研究评介.外国经济与管理,2006,28(5):53-60
[3] 韩梅.顾客价值导向的服务品牌构建路径研究.中央财经大学学报,2007(10):84-90
[4] 赵天娥.服务品牌培育策略研究.理论探讨,2004(3):98-100
[5] 叶明海,翟庆华.基于模型比较的服务品牌影响因素分析.商场现代化,2009(11):123-124
[6] 张文利.论企业如何打造服务品牌.商场现代化,2008(31):170-171
[7] 陈国平.服务品牌创建的路径与策略探索.商场现代化,2008(28):156-157
[8] 韩梅.服务品牌构建的策略与方法研究.理论学刊,2007(10):76-79
[9] 王晶.关于运用项目化管理打造服务品牌的探讨.中国科技纵横,2011(7):116
[10] 刘兆华.浅议如何打造服务品牌.中国经贸,2010(20):90-92
[11] 高厚礼,吴宗杰.论工业企业服务品牌的推广.科学管理研究,2001,19(3):40-43
[12] 翟庆华.服务品牌影响因素分析.合作经济与科技,2009(9):34-35
[13] 廖伟.对服务品牌创建的几点思考.沿海企业与科技,2008(6):121-122
[14] 魏胜.试论企业如何打造服务品牌.时代经贸(学术版),2008,6(23):213-214
[15] 罗惠.服务品牌提升策略研究.新西部(下半月),2008(5):60-61
[16] 史国君.服务品牌及策略浅析.科协论坛(下半月),2007(6):318
[17] 王立永,李君荣.基于消费者体验的服务品牌建设.中国商贸,2010(19):2-3

[18] 张谦.论服务品牌整合营销.湘潭大学,2004
[19] 耿佩民.服务企业的品牌培育研究.商场现代化,2009(2):136-137
[20] 耿正龙.服务品牌创建研究.复旦大学,2005
[21] 李博.服务品牌的创建策略研究.北京工业大学,2008
[22] 张玉明.现代商业服务品牌化探析.商业时代,2004(18):46,56
[23] 刘建国.服务品牌形象研究.山东大学,2008
[24] 姜磊.服务品牌及其管理.复旦大学,2005
[25] 陈钰.感性消费时代服务品牌的功能与策略.冶金经济与管理,2002(4):36-37
[26] 陈振明.评西方的"新公共管理"范式.中国社会科学,2000(2)
[27] 张梦中,杰夫·斯特劳斯曼.美国联邦政府改革剖析.中国行政管理,1999(6)
[28] 杜漪,张小梅.浅论城市品牌与企业品牌的协同效应.经济问题,2006(6)
[29] 丁煌.西方企业家政府理论述评.国外社会科学,1999(6)
[30] 徐辉,樊帆.试论企业品牌文化建设.鄂州大学学报,2003(2)
[31] 刘永誉,李德星.塑造绩效导向的机关文化.青岛市委党校学报,2007(4)
[32] 吴殿信.论品牌培育与企业文化.河南社会科学,2006(3)
[33] 黄蔚.论城市品牌.城市发展研究,2005(3)
[34] 焦叶芬.重庆塑造城市品牌初探.重庆交通大学学报(社会科学版),2005(3)
[35] 青岛市机关建设领导小组办公室.关于申报"青岛市机关名牌"的通知.2006(9)
[36] 刘绪义.落实科学发展观,努力破解当前思想政治工作中的难题——对双峰县国家税务局税务文化建设的调查与思考(上).湖南税务高等专科学校学报,2008(6)
[37] 刘绪义.落实科学发展观,努力破解当前思想政治工作中的难题——对双峰县国家税务局税务文化建设的调查与思考(下).湖南税务高等专科学校学报,2009(1)

[38] 洪旭. 税务文化的儒家思想探析. 财政监督,2008(17)
[39] 靳东升. 繁荣税务文化 增强税务软实力. 中国税务,2008(7)
[40] 胡道新. 弘扬税务文化 凝聚精神力量——文化兴事业 和谐促发展——安徽省国税局税务文化建设的认识与实践. 中国税务,2008(7)
[41] 尹迪. 对加强基层领导干部文化素质的思考. 中国科技信息,2008(10)
[42] 张宁忠,钟树稷. 税务文化建设刍议. 镇江社会科学,2008(1)
[43] 江志伟."国家名片"上的税文化. 中国税务,2008(2)
[44] 崔源潮. 加强税务文化建设 推进税收事业发展. 中国税务,2007(12)
[45] 夏文川. 建设税务文化 打造和谐国税. 中国税务,2007(12)
[46] 黄玉远. 税务文化建设的实现途径. 税务研究,2007(12)
[47] 蔡建勋. 构建"以人为本"的税务文化. 淮海文汇,2007(6)
[48] 计永生,毕丽,金晓扬. 新型税务文化建设初探. 职业圈,2007(6)
[49] 朱立. 品牌文化战略研究. 中南财经政法大学,2005
[50] 陶晓红. 品牌文化是品牌力的重要依托. 管理现代化,2003(12):27-29
[51] 曾朝晖. 品牌主题讲义. 北京蔚蓝远景营销顾问机构,2005:6-30
[52] 吕秋君. 中国企业品牌文化建设研究. 哈尔滨工程大学,2006
[53] 刘邦根. 品牌文化的研究. 北京交通大学,2006
[54] 唐锐涛. 中国品牌:离真正崛起还有多远. 哈佛商业评论中文版,2003(9):32-35
[55] 刘素琴. 企业品牌文化建设对策探析. 市场周刊,2007(5):50-51
[56] 蒙玉玲,李瑞华. 论品牌文化定位战略. 商业时代,2006(12):67-68
[57] 孙晓强. 品牌文化建设的五大误区. 天津市经理学院学报,2007(1):17-18
[58] 贾春荣. 品牌国际化的文化性审视. 商场现代化,2007(4):233-234

[59] 张瑞敏.创中国的世界品牌.企业改革与管理,2005(10)
[60] 涂清山.品牌竞争力分析.市场营销(中国人民大学书报资料中心),2001(6)
[61] 黄琼波,付贵.对品牌文化建设的几点建议.黑龙江对外经贸,2006(11):58-59
[62] 祁永寿,段辉民,等.关于企业品牌与品牌文化的基本理论问题.青海大学学报,2004(12):90-92
[63] 任寿根.征税成本领先性假设与中国税务组织结构优化.经济研究,2003(2).
[64] 王荣.国、地税机构合并:税收征管的现实选择.山东工商学院学报,2004,(3).
[65] 吴旭东.税收管理形式决定税收管理机构的设置——兼论我国省级以下国税、地税机构能否合并.财经问题研究,2004(11)
[66] 怀化市税务学会地税局课题组.纳税服务考核与评价探析.财经界,2010(3):93-95
[67] 吴素贤.优化纳税服务应当解决的几个问题.税务研究,2004(4):71-72
[68] 郭小东,王倩.优化纳税服务与交易费用的降低 .税务研究,2004(8)
[69] 刘翔.论服务型政府有效运转的公民社会基础.理论与改革,2010(6)
[70] 栗志松.关于优化纳税服务的几点思考.湖南冶金技术学院学报,2006(9):292-294
[71] 王路帮.新时期企业人文管理探讨.山东省农业干部管理学院学报,2005(6)
[72] 刘军.税务管理的环境约束与制度安排.涉外税务,2002(8)
[73] 王华君.澳大利亚纳税服务经验及对我国的启示.涉外税务,2010(1):37-41
[74] 市场经济条件下纳税服务的理论依据、制度条件与思路创新[EB/OL]. http://www.chinatax.gov.cn/n480462/n7921376/n7921576/n7921766/n7921917/8802425.html,2006-02-10

[75] 税务总局关于印发《全国税务系统 2010—2012 年纳税服务工作规划》的通知[EB/OL]. http://www.gov.cn/gongbao/content/2010/content_1585436.htm,2009-09-10

[76] Woodrow Wilson. The Study of Administration. Political Science Quarterly, Vol. 2, No. 2, 1887

[77] Vincent Ostrom, Charles M. Tiebout, Robert Warren. The Organization of Government in Metropolitan Areas: A Theoretical Inquiry. The American Political Science Review, Vol. 55, No. 4,1961

[78] Michael McGuire. Collaborative Public Management: Assessing What We Know and How We Know It,Public Administration Review. Special Issue, 2006

# 后　记

随着社会的发展、品牌的内涵和外延逐步的被越来越多的人重视，各行各业都在打造着属于他们的品牌战略。品牌作为一种特殊的文化软实力，也在不断的更新和发展，成为衡量一个地区或产品或事物最重要的指标。“办税 e 站”、“红枫税情”和“阳光税线”，契合税收征收、管理和稽查的各自特点，满足纳税人的个性化需求，形成有机的整体，共同建构南京国税组合品牌体系。南京国税之所以能成为品牌，有着深刻的体制、文化和时代根源，南京国税服务品牌的创新过程体现了从被动应对到主动变革，从外部推动到机制内生的变迁过程。

本书为南京市国税局与南京市社科院合作开展的“税收服务品牌创新研究”课题的最终成果。在书稿撰写过程中，我们参考了南京市国税局相关研究成果及近年来的计划、总结、领导讲话等材料。本书的框架结构和总体思路由沈中立、杨洁、陈如提出，并由陈如最后统稿。参加本书撰写的有沈中立、杨洁、陈如、田园、李军、翁旭波、商春锋、左璐、任克强、匡强、季媛媛、陈金城等。

本书在撰写过程中得到了中共南京市委宣传部和文明办的关心和支持，得到了省、市国税局和南京市社科院领导的帮助和支持，得到了东南大学出版社、南京师范大学、应天学院、南京市民意调查中心等单位的配合和支持，对此，表示诚挚谢意！

在服务品牌创建过程中，市国税局顾惠祥、许庭新、陈修根、王国良、林岗、胥德明、徐春燕、黄经东、朱安海以及沈宁、胡文红、查学清、李红军、庞宝林、夏敏、聂正、周皓、严铀、江沁沁、李毅、杨发荣、石良、刘宁、闫杰、许斌、王学根、徐岚、陶明坤、张瑞玲等同志倾注了大量的心血。在此,谨向所有关心、支持服务品牌创建的同志表示衷心的感谢!

由于书稿的调研和撰写时间较短,掌握的资料有限,书中必有诸多疏漏,不当之处,敬请各位读者批评指正。

**2012 年 9 月 8 日**

# 附　录

ICS 01.040.03
A 00

**DB3201**

# 南京市地方标准

DB3201/T 139—2008

---

# 南京市服务品牌建设评价准则

Evaluation Criteria for Brand-Building of Service in Nanjing

2008-12-05 发布　　　　2009-01-01 实施

南京市质量技术监督局发布

# 目　次

# 前　言

为提升南京市精神文明创建工作水平，满足南京市各类组织服务品牌建设评价的需要，规范服务品牌的培育、管理和评价过程，特制定本标准。

本标准的主要内容按 GB/T 15624.1—2003《服务标准化工作指南》确定，编写格式依据按 GB/T 1.1—2000《标准化工作导则第 1 部分：标准的结构和编写规则》的要求进行。

本标准由南京市精神文明建设指导委员会办公室提出。

本标准负责起草单位：南京市标准化研究院。

本标准参加起草单位：南京市国家税务局、南京市交通局。

本标准主要起草人：杨红、张彩玲、杨音、盛东。

# 南京市服务品牌建设评价准则

## 1 范围

本标准界定了南京市服务品牌建设的术语和定义，还规定了服务品牌评价的原则、内容以及评价程序，并提供了服务品牌评价的评审和评分要素。

本标准适用于南京市服务品牌建设的评价，也可作为创建服务品牌的组织自我评价的依据。

## 2 规范性引用文件

下列文件中的条款通过本标准的引用而成为本标准的条款。凡是注日期的引用文件，其随后所有的修改单(不包括勘误的内容)或修订版均不适用于本标准，然而，鼓励根据本标准达成协议的各方研究是否可使用这些文件的最新版本。凡是不注日期的引用文件，其最新版本适用于本标准。

GB 3096—2008　声环境质量标准

GB/T 15624.1—2003　服务标准化工作指南　第1部分:总则

南京市公共信息标志标准化管理办法

## 3 术语和定义

GB/T 15624.1和下列术语和定义适用于本标准。

3.1　服务品牌(Brand Services)

组织在长期持续地提供某种服务的过程中，形成的核心价值理念和特色服务行为，并为社会或服务对象所认可和信赖。

3.2　服务对象(Service Object)

接受某种服务的组织或个人。

3.3　客观证据(Objective Evidence)

建立在通过观察、记录或其他手段所获得事实的基础上，证明是真实的信息。

3.4　纠正措施(Corrective Measures)

为防止已出现的不符合、缺陷或其他不希望的情况的再次发生，消除其产生原因，所采取的措施。

3.5 预防措施(Preventive Measures)

为消除潜在不符合、缺陷或其他潜在不期望情况的原因所采取的措施。

3.6 改进(Improvement)

通过纠正措施或预防措施，对违规现象进行改进和验证，不断提高服务品牌的质量。

3.7 评审(Accreditation)

对所申报的服务品牌达到规定要求的有效性所进行的活动。

3.8 有效投诉(Valid Complaints)

有客观证据证明组织有违反法律法规、工作程序、职责和规范、服务对象的正当期望、本标准的要求等行为而遭到的内外部相关方的投诉。

3.9 服务对象满意/服务对象满意度(Service Object Satisfaction/Degree of Satisfaction)

服务对象在消费产品或接受服务的过程中(以及之后的一段时期内)所形成愉悦或失望的感觉状态。服务对象满意水平的量化就是服务对象满意度。

## 4 评价原则

4.1 客观性原则

应通过寻找客观证据与本标准的相关要求进行比照。

4.2 开放性原则

应充分调动不同的评价主体开展评价活动。在评价方式上，采取开放多元的评价体系(如：自我评价、组织认定、社会确认等)。

4.3 通用性原则

指标设置应尽可能综合、全面地反映共性的社会服务现象，能够基本满足不同地区、行业对服务品牌评价的要求。

4.4 创新与发展原则

在科学、规范、系统的基础上，注重内部指标与社会责任的结合，应关注社会发展和技术进步的影响系数。

## 5 评价内容

5.1 理念识别

5.1.1 理念识别由品牌名称及含义、服务宗旨、服务准则、核心价值观、主要宣传口号等要素组成。

5.1.2 组织应以科学发展观为指导，以社会责任为己任，以服务对象需求为导向，结合本组织的服务特色，确定并贯彻服务品牌理念。

5.1.3　服务品牌的策划、培育和推广应体现现代管理理念，并贯穿和指导服务过程的各个环节。

5.2　行为识别

5.2.1　内部识别系统

5.2.1.1　环境设施

5.2.1.1.1　配备与所开展的服务项目相适应的公共服务环境设施和设备，设置咨询、投诉的平台。

5.2.1.1.2　设置公共信息标志应符合《南京市公共信息标志标准化管理办法》的规定。

5.2.1.1.3　服务环境噪声应符合 GB 3096 的规定，提供服务的场所、物品应符合环保要求。

5.2.1.2　制度规范

5.2.1.2.1　建立学习制度。采用适合组织特点的学习方式，对员工开展政治、业务和服务品牌意识的教育，培养创新精神，增强创新意识，提高创新技能，树立科学发展的观念。

5.2.1.2.2　建立岗位责任制。分工明确，责任到位，定期考核。

5.2.1.2.3　建立激励制度。激励员工爱岗敬业、开拓创新、求真务实，并对模范人物与先进典型给予精神和物质奖励。

5.2.1.3　标准体系

5.2.1.3.1　制定和完善服务标准体系。服务标准体系内容应包括：

——服务基础

——服务管理

——服务质量

——服务规范

——服务资质

——服务设施

——服务安全、卫生

——服务环境保护

——保护消费者权益

5.2.1.3.2　应根据标准实施情况适时修订和完善标准内容。

5.2.1.4　培训体系

5.2.1.4.1　应根据需要确定培训科目，制定培训计划，实施培训工作，建立培训档案。

5.2.1.4.2　培训内容应包括：相关法律、法规和涉外有关规定；各岗位的工作标准和管理标准；职业道德，组织协调与沟通能力。

5.2.1.4.3　应对培训的结果包括应获得的岗位资质证书进行有效性评价。

5.2.1.5　监督体系

5.2.1.5.1　建立和实施服务监督体系，保障各类标准的有效执行。

5.2.1.5.2　监督体系包括内部监督和外部监督。

——内部监督是指领导定期组织的内部评价、部门间定期的互相评价、员工日常的自我和相互评价。

——外部监督是指服务对象的反馈意见、社会调查的结果、外部相关部门的评价及提示。

5.2.1.5.3　对监督过程中出现的不符合、缺陷或其他不希望的情况应及时采取纠正措施，并对纠正措施的结果进行跟踪和验证，以防止此类现象再次发生。

5.2.1.5.4　应长期有效公正地对各个部门及成员实施奖惩，规范服务工作。

5.2.2　外部识别系统

5.2.2.1　服务品牌的影响力和创新

5.2.2.1.1　组织建设的服务品牌应有公信力和明显特色，得到社会的广泛认同和赞赏，在行业中具有明显示范导向作用。

5.2.2.1.2　组织在建设服务品牌的过程中应不断推进和提升服务水平和质量，有创新意识和举措，形成显著的服务特色。

5.2.2.2　服务对象与市场

5.2.2.2.1　建立和谐的客户关系，满足服务对象合理的期望。

5.2.2.2.2　为服务对象提供方便清晰的信息查询、服务提供和投诉的渠道。

5.2.2.2.3　明确投诉管理过程及相关职责，确保投诉能够及时解决。

5.2.2.3　宣传与公关活动

5.2.2.3.1　定期举办以服务品牌为主题的宣传公关活动，提升服务品牌的知名度、美誉度。

5.2.2.3.2　宣传公关活动内容包括文化活动、展示活动、新闻发布会、座谈会等专题活动。

5.2.2.4　社会责任

5.2.2.4.1　确保产品、服务和运营符合安全卫生、环境保护、节能减排、资源综合利用等方面的要求。

5.2.2.4.2　确保服务行为符合履行社会责任道德规范。

5.2.2.4.3　积极参与社会公益事业，确定重点参与的公益领域，策划并开展公益活动。

5.3　视觉识别

5.3.1　服务品牌应有统一形象对外展示，包括：

——标志(LOGO)

——标牌

——标语口号的图形、色彩、字体、规格

5.3.2　视觉识别的使用应有完整的管理规定。

5.4　战略推广

5.4.1　制定和部署连续而有针对性的品牌推广目标。

5.4.2　制定有效的推广策略和规划，围绕推广目标确定责任人和参与者的责任、主要步骤、实施时段。

5.4.3　应适时分析，评估规划与实际的偏离，监测计划的进展情况，并动态调整。

5.4.4　改进

5.4.5　改进是不断完善服务、管理的有效办法，改进的内容：理念、环境设施、制度规范、标准体系、培训体系、监督体系。改进方式：日常改进和持续改进。

5.5.2　日常改进

5.5.2.1　信息来源

实施改进的信息来源包括

——服务对象反馈意见

——社会调查

——内外部相关部门的评价及提示

5.5.2.2　数据分析

应对数据信息进行及时分析，宜采用统计方法对相关信息进行分门别类的处理，以发现采用预防纠正措施的机会。

5.5.2.3　纠正措施

当信息来源和数据分析显示不符合、缺陷或其他不希望的情况发生时，应寻找情况发生的原因，及时采取消除产生的措施，防止再度发生。

5.5.2.4　预防措施

当信息来源和数据分析显示有潜在(未发生)的不符合、缺陷或其他不希望的情况发生时，应及时采取预防措施，防止相关情况的发生。

5.5.2.5　有效性验证

应对纠正和预防措施及改进的有效性进行跟踪验证，保证相关措施及改进实施到位，其结果应作为服务与管理持续改进的重要依据，也可作为对社会明示和向组织承诺的依据。

5.5.3　持续改进

5.5.3.1　应提供对相关内容进行改进、提高的措施和结果。

5.5.3.2　适时进行提高服务水平的各类研究，结合预防和纠正措施的实施，保持服务水平和品牌质量不断提升。

## 6　评价程序

6.1　评审机构

由南京市精神文明建设指导委员会办公室设立专门评审组织机构，负责对评审工作的指导、服务、协调和管理工作。

6.2　组织申请

由申请参加评审的组织向评审机构提出申请并填写申请书，提供参评所需要材料。

6.3　资格审查

由评审机构对申请参评的组织进行资格审查，核查上报资料的真实性，确定参评者资格。

6.4　正式评审

由评审机构组织评审专家按本标准各项要求对现场及参评资料进行评审（考核要素参见附录 A、附录 B）。

6.5　评价

6.5.1　评审结果

通过对现场和客观证据的评审，对组织的行为按表 A 服务品牌建设评审要素、表 B 服务品牌建设评分要素进行综合评审，以判别组织的服务品牌建设是否符合要求。

6.5.1.1　否决项

应按服务品牌建设的特点，设一次性否决项，否决项内容参见附录 A。

6.5.1.2　分值项

应按服务品牌建设的特点，设评分要素，评分要数参见附录 B。

6.5.1.3　评定

无否决项且总分值≥95 分，本次评审通过，否则不予通过。

6.5.2　评价

由南京市精神文明建设指导委员会办公室对申请程序、评审过程及评定结果进行综合性评价，确保评价结果的正确性。

6.6　评价结果发布

由南京市精神文明建设指导委员会办公室向社会公布评价结果。

6.7　监督评审

为保证服务品牌的公信力，每二年将获得南京市服务品牌称号的组织按本标准各项要求进行评审，对不符合本标准规定的组织取消其南京市服务品牌资格。

## 附录 A （资料性附录）服务品牌建设评审要素

**表 A1 服务品牌建设评审要素**

| 评审项目 | 评审内容 | 评审结果 |
| --- | --- | --- |
| 目标评价 | 1. 组织和个人不应出现有违反党纪国法或影响严重的有效投诉 | |
| | 2. 所有投诉均应及时处理和记录，有效投诉解决率应为 100% | |
| | 3. 年度服务对象满意度应达 85%以上：由测评人员现场对被评审单位相关的服务对象进行 30 份以上的取样调查，采用的形式为：现场和电话问讯、电子邮件、传真、纸质问卷等。 | |

## 附录 B （资料性附录）服务品牌建设评分要素

**表 B1 服务品牌建设评分要素**

| 项　目 | 评审指标 | 评审内容 | 评审方法 | 分值 | 得分 |
| --- | --- | --- | --- | --- | --- |
| 理念识别 | 理念识别由品牌名称、服务宗旨、服务准则、主题价值观、行为准则、道德规范、主要宣传口号等要素组成 | 品牌服务理念内容完整(5 分) | 听汇报，查看有关文件资料 | 15 分 | |
| | 组织应以科学发展观为指导，以社会责任为己任，以服务对象需求为焦点，结合本组织的服务特色，确定并贯彻服务品牌理念 | 有确定体现组织的价值观的服务品牌的有关文件或记录(5 分) | | | |
| | 服务品牌理念的策划和推广应体现现代经营观念，并贯穿和指导服务过程的各个环节 | 有服务品牌推广的长短期发展方向及目标(2 分)，员工对服务品牌理念的知晓率达 100%(3 分) | | | |
| 行为识别 | 配备与所开展的服务项目相适应的公共服务环境设施和设备，设置咨询、投诉的平台 | 服务设施提供配套、齐全，设置咨询和投诉设施(1 分) | 看现场，听汇报，查看有关文件资料 | 60 分 | |
| | 设置公共信息标志应符合《南京市公共信息标志标准化管理办法》的规定 | 有醒目的服务品牌标志，且符合《南京市公共信息标志标准化管理办法》的要求(1 分) | | | |
| | 服务环境噪声应符合 GB 3096的规定，提供服务的场所、物品应符合环保要求 | 用仪器测服务环境噪声应符合 GB 3096 的规定，提供服务的物品符合环保要求和使用节能设施(1 分) | | | |

续表 1

| 项目 | 评审指标 | 评审内容 | 评审方法 | 分值 | 得分 |
|---|---|---|---|---|---|
| 行为识别 | 建立学习制度采用适合组织特点的学习方式，对人员进行政治、业务和服务品牌意识的学习，培养创新精神、增强创新意识、提高创新技能，树立科学发展的观念 | 有学习制度及学习计划、学习方式等记录(2分) | | | |
| | 建立岗位责任制分工明确，责任到位，定期考核 | 有岗位责任制及分工、考核等记录(2分) | | | |
| | 建立激励制度激励敬业、开拓创新、求真务实，并对模范典型给予精神和物质奖励 | 有激励制度及相关措施材料的记录(2分) | | | |
| | 制定和完善服务标准体系服务基础；服务管理；服务质量；服务规范；服务资质；服务设施；服务安全、卫生；服务环境保护；保护消费者权益 | 制定服务标准体系且标准齐全，能满足组织需要(3分) | | | |
| | 应根据标准实施情况适时修订完善标准内容 | 有适时更新标准，不断推进和提升服务水平的记录或措施(2分) | | | |
| | 应根据需要确定培训课目，制定培训计划，实施培训工作，建立培训档案 | 根据培训课目，制定培训计划，建立培训档案(2分) | 听汇报，检查记录和资料 | | |
| | 培训内容应包括：相关法律、法规和涉外有关规定；各岗位的工作标准和管理标准；职业道德和组织协调与沟通能力 | 培训有记录，全员参训率达到80%以上(2分) | | | |
| | 应对培训的结果包括应获得的岗位资质证书进行有效性评价 | 对培训的结果包括应获得的岗位资质证书进行有效性评价(2分) | | | |
| | 建立和实施服务监督体系，保障各类标准的有效执行 | 服务监督体系完善，有落实各类标准的措施(2分) | | | |
| | 监督体系包括内部监督和外部监督 | 有定期组织的内部评价的计划和记录(3分)有服务对象的反馈意见、社会调查的结果、外部相关部门的评价及提示的记录和材料(3分) | | | |

续表 2

| 项目 | 评审指标 | 评审内容 | 评审方法 | 分值 | 得分 |
|---|---|---|---|---|---|
| 行为识别 | 对监督过程中出现的不符合、缺陷或其他不希望的情况应及时采取纠正措施,并对纠正措施的结果进行跟踪和验证,以防止此类现象再次发生 | 对监督过程中出现的不符合、缺陷或其他不希望的情况有纠正措施,并对纠正措施的结果进行跟踪和验证的记录(2 分) | | | |
| | 应长期有效公正地对各个部门及成员实施奖惩,规范服务工作 | 有奖惩制度和相关记录(2 分) | | | |
| | 组织建设的服务品牌应有公信力和特色,得到社会的广泛认同和赞赏,在行业中具有明显示范导向作用 | 有服务品牌建设在行业处于领先地位的资料(2 分) | | | |
| | 组织在建设服务品牌的过程中应不断推进和提升服务水平和质量,有创新意识和举措,形成显著的服务特色 | 有推进和提升服务水平和质量的措施(2 分) | | | |
| | 建立和谐的客户关系,满足服务对象合理的期望 | 有完善的服务对象管理档案,开展多种方式的服务对象回访活动的记录(2 分) | 听汇报,查看有关文件资料,向服务对象发放问卷调查 | | |
| | 为服务对象提供方便清晰的信息查询、服务提供和投诉的渠道 | 提供服务对象查询信息、服务和投诉的主要方式(3 分) | | | |
| | 明确投诉管理过程及相关职责,确保投诉能够及时解决 | 提供投诉管理过程及相关职责,确保投诉能够及时解决(3 分) | | | |
| | 定期举办以服务品牌为主题的宣传公关活动,提升服务品牌的知名度、美誉度 | 每年举办 1 次以服务品牌为主题的宣传公关活动,提升服务品牌的知名度、美誉度(3 分) | | | |
| | 宣传公关活动内容包括文化活动、展示活动、新闻发布会、座谈会等专题活动 | 有开展宣传公关活动的记录和材料(3 分) | | | |
| | 确保产品、服务和运营符合安全卫生、环境保护、节能减排、资源综合利用等方面的要求 | 明确企业或组织的产品、服务和运营对环境保护、能源消耗、资源综合利用、安全生产、产品安全、公共卫生等社会影响所采取的措施(4 分) | | | |

**续表 3**

| 项目 | 评审指标 | 评审内容 | 评审方法 | 分值 | 得分 |
|---|---|---|---|---|---|
| 行为识别 | 确保服务行为符合履行社会责任道德规范 | 有履行公共责任、公民义务及符合诚信准则等道德规范方面的具体方法和要求(3 分) | | | |
| | 积极参与社会公益事业，确定重点参与的公益领域，策划并开展公益活动 | 树立起良好的社会形象，热心支持社会公益事业，公益领域可包括：文化、教育、慈善、行业发展和环境保护等，做到有计划、有落实、有记录(3 分) | | | |
| 视觉识别 | 服务品牌应有统一形象对外展示，包括：标志(LOGO)；标牌；标语口号的图形、色彩、字体、规格 | 服务品牌对外展示内容完整(3 分) | 看现场，听汇报，查看相关规定 | 5 分 | |
| | 视觉识别的使用应有完整的管理规定 | 对带有视觉识别标志的办公用品、宣传用品、环境指示以及公共场所的使用有统一规范的要求(2 分) | | | |
| 战略推广 | 制定和部署连续而有针对性的品牌推广目标 | 有品牌推广实施方案，对目标进行分解，明确阶段目标、工作步骤和保障措施(5 分) | 听汇报，查看有关文件资料 | 15 分 | |
| | 制定有效的推广策略和规划，围绕推广目标确定责任人和参与者的责任、主要步骤、实施时段 | 制定有效的推广策略和规划，确定推广工作的责任人、主要参与者、推广过程、主要步骤、规划时间区间(5 分) | | | |
| | 应适时分析、评估规划与实践的偏离，监测计划的进展情况，并动态调整 | 有分析、评估计划与实践的偏离，监测计划的进展情况，并动态调整的措施(5 分) | | | |
| 改进 | 采取相关措施，提高服务质量和服务管理水平，不断提高服务对象满意率及投诉解决率 | 有服务工作持续改进的程序或制度，服务改进目标数量化，具备可操作性(1 分) | 听汇报，查看有关文件资料 | 5 分 | |
| | | 有持续改进的工作方案或计划，有检查、评审、纠错等持续改进的记录(2 分) | | | |

续表 4

| 项目 | 评审指标 | 评审内容 | 评审方法 | 分值 | 得分 |
|---|---|---|---|---|---|
| 改进 | 适时进行提高服务水平的各类研究，结合预防和纠正措施的实施，保持服务水平和品牌质量不断提升 | 有创新研究工作规划，有改进和提高的措施和结果（2 分） | | | |
| 总分 | | □ 通过<br>□ 不通过 | | 评定 | |

评审专家：　　　　　　　　　　　　　　　　评审日期：

# 南京市服务品牌创建管理办法（试行）

## 第一章　总则

第一条　为加强对我市服务品牌的培育、管理、保护和宣传，进一步提升我市行业单位精神文明创建工作水平，使创建服务品牌工作经常化、规范化、制度化，特制定本办法。

第二条　服务品牌是行政管理部门、消费流通服务企业及从业人员在提供服务中，形成独特的服务价值观、服务模式、业务技能、接待艺术，被社会或服务对象所认可和信赖的特定服务方式，反映了服务组织管理、经营决策、文化理念、经济实力、服务创新和整体形象，具有知名度高、美誉度高、信任度高和社会示范性的特点。

第三条　服务名牌创建工作要从与群众生活密切相关的窗口单位抓起，以点带面，逐步扩大。

第四条　南京市精神文明建设委员会办公室（简称市文明办）负责全市服务品牌工作的组织实施和市级服务品牌的评审、管理、宣传和推进工作。

## 第二章　服务品牌的标准

第五条　市级服务品牌应符合下列标准：

1. 建立先进、健全的服务规范，有完善的品牌管理体系和服务保障机制，在本行业或社会上有明显的示范导向作用。

2. 有内涵丰富、能够体现时代特征、行业特色的品牌理念、服务名称和行业标识。

3. 在品牌的宣传和推广方面有持续的、较大的投入，所提供的服务在社会上有较高知名度和美誉度，得到了服务对象的普遍认可，群众满意度达到85%以上。

4. 适应社会发展的要求和群众的需求，不断创新服务内涵和服务方式，综合效益显著增强。

5. 近两年没有发生对社会产生较大负面影响的服务质量问题。

## 第三章　服务品牌的创建

第六条　服务品牌创建工作的内容和要求：

1. 制定切实可行的服务品牌创建工作计划或实施意见。
2. 建立服务承诺制等可操作性强的系统的管理规范。
3. 加强服务品牌的策划、宣传和推广工作，不断提高服务品牌的创建水平。
4. 形成具有先进理念和鲜明特色的创建工作经验。

## 第四章　服务品牌的评选

第七条　南京市服务品牌实行达标申报制。

第八条　坚持公开、公平、公正的原则，逐步建立以市场评价机制为基础，政府推动、引导和监督为保证，服务对象满意为标准的创建评估体系。

第九条　由市文明办组织市有关部门的代表和专家组成评审组对申报的服务品牌进行评审。

第十条　注重服务品牌的培养工作，成熟一个，确认一个。

第十一条　服务品牌的评审程序：

1. 申报。申报市级服务品牌的单位对照标准进行自我评估，认为基本符合标准后，向其上级行业管理部门提出申请报告，由其上级行业管理部门按照要求向市文明办推荐；无行业管理部门的单位可直接向市文明办申报，申报单位应如实填写申报表，并提供合法有效的资格证书，提供服务品牌创建的基本情况。

2. 初评。由市文明办组织有关部门或机构通过多种形式征求申报单位服务对象的意见，了解其服务质量管理情况、知名度、服务对象满意度等情况，并在此基础上提出预选名单。之后，由评审组进行综合评审。

3. 公示。经过专家评审团初选产生的市级服务品牌名单通过市级以上新闻媒体向社会公示，公示期为一周。

4. 审核。市文明办综合各方面意见进行审核，形成建议名单，报市文明委审定，确认南京市服务品牌。

## 第五章　奖惩

第十二条　南京市服务品牌由市文明委确认，并颁发证书。

第十三条　南京市服务品牌认定的有效期为二年，自公告之日起计算。被命名的南京市服务品牌，期满后经复查考核符合标准的，保持其南京市服务品牌称号；对不符合标准，失去示范作用以及发生重大服务质量问题导致不良社会影响的，随时撤销其市级服务品牌称号，并收回证书。

第十四条　在南京市服务品牌认定有效期内,企业或单位可以在该品牌的标识、经营和宣传中使用服务品牌标志和称号。

第十五条　市文明办将与有关部门一起,组织对南京市服务品牌进行宣传、推广。

## 第六章　附则

第十六条　本管理办法由南京市精神文明建设指导委员会办公室负责解释。

第十七条　本管理办法自发布之日起实施。

南京市精神文明建设指导委员会

2004 年 12 月 6 日

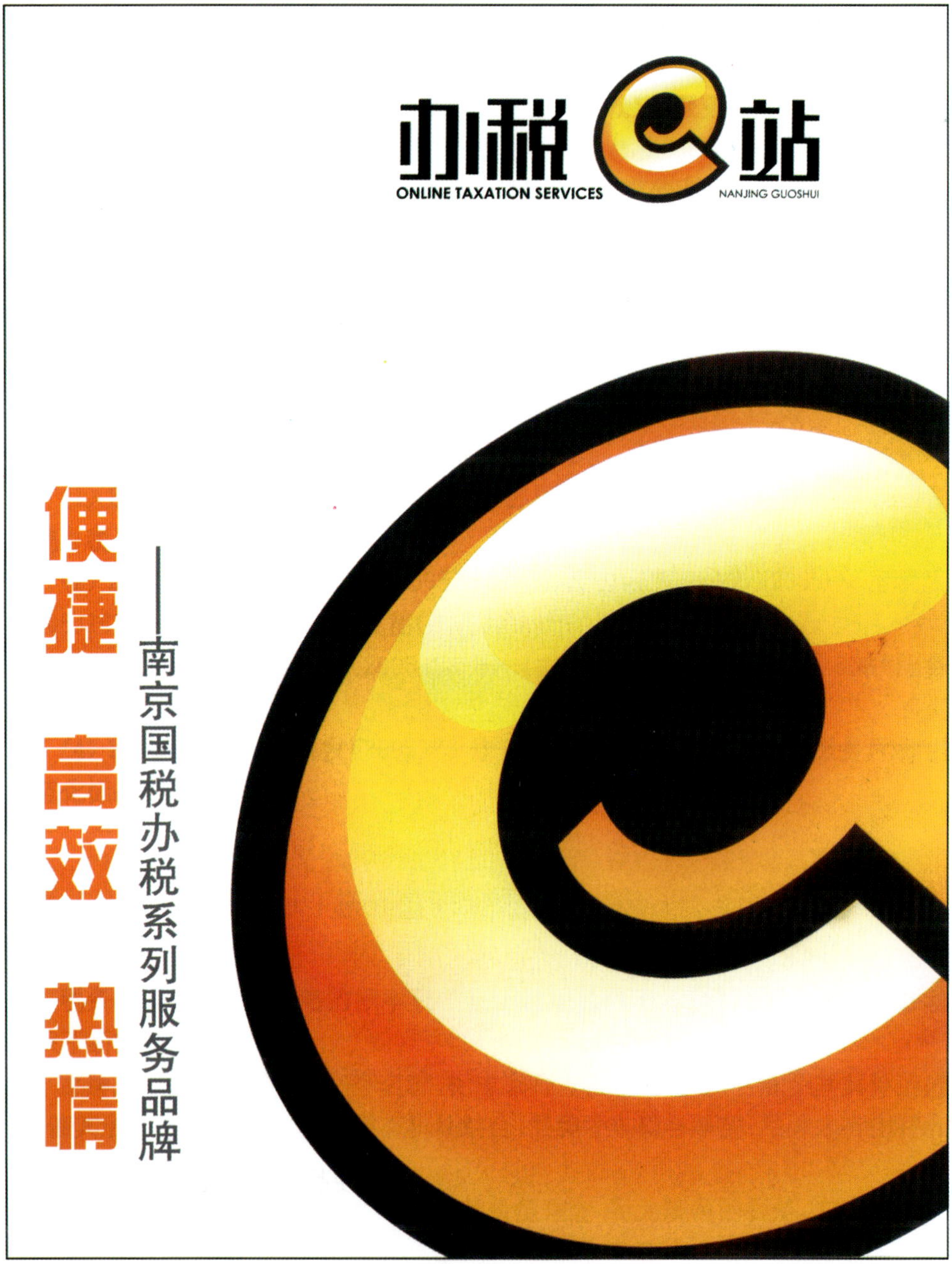
办税e站
ONLINE TAXATION SERVICES
NANJING GUOSHUI
便捷 高效 热情
——南京国税办税系列服务品牌

# 目 录

# 第一部分　序　　言

## 一、前　　言

品牌创造价值，品牌成就未来。品牌推动组织持续发展，已成为共识。近年来，南京国税在建设服务型政府过程中，坚持“聚财为国，执法为民”的宗旨，坚持“以纳税人为中心”的服务理念，创新思维，引进品牌理论，实施品牌战略，充分发挥了税收职能作用，促进了经济社会发展，建设了和谐征纳关系，得到了广大纳税人、社会各界及上级的肯定与认同。

“办税 e 站”服务品牌是南京国税不断创新思维，引入先进理论，指导税收工作的又一成功实践。经过多年的提炼、打造，南京国税推广“办税 e 站”服务品牌取得了明显成效。借助服务品牌，将组织使命、核心价值、愿景构想、组织精神、形象目标等抽象的理念转化为被组织成员、服务对象、社会公众可以感知、了解、认可、信任和欣赏的行为规范与视觉形象，并通过持续改进机制，不断提高品牌的信任度、美誉度、知名度和社会示范性，使品牌保持活力、经久不衰，提高了组织的核心竞争力，推动着组织不断向前发展。

## 二、品牌理论

### （一）品牌定义

品牌是市场经济的产物，是市场营销学中的一个名词和概念。美国著名营销学者菲利普·科特勒是这样定义它的：“品牌是一种名称、名词、标记、符号或设计，或是它们的组合运用，其目的是借以辨认某个销售者或某群销售者的产品或劳务，并使之同竞争对手的产品和劳务区别开来。”

### （二）服务品牌定义

服务品牌是品牌中的一个特殊种类。服务作为附加产品，虽没有实质性的物质表现，但却以物质为载体，促进组织目标的顺利实现。

《南京市服务品牌创建管理办法》对服务品牌做出了如下定义：“服务品牌是行政管理部门、消费流通服务企业及从业人员在提供服务中，形成的独特的服务价值观、服务模式、业务技能、接待艺术、被社会或服务对象所认可和信赖的特定服务方式，反映了服务组织管理、经营决策、文化理念、经济实力、服务创新和整体形象，具有知名度高、美誉度高、信任度高和社会示范性的特点。”

### （三）服务品牌核心要素

服务品牌由诸多要素构成，任何一个要素的缺失都会导致品牌的缺陷。以下是服务品牌最为重要的要素，关系到服务品牌的影响力和渗透力，关系到品牌的成功与否。

一是服务质量。服务标准、服务方式、服务方法、服务手段等方面都会影响到服务质量。服务质量的评价必须以服务对象为中心，而不是以组织本身为中心。服务质量构成了服务品牌的核心，正如产品质量对于产品品牌的意义一样。因此，必须将服务具体化、标准化、规范化，以获得稳定的服务质量。

二是服务模式。服务模式包括经营模式、管理模式等方面。一个稳定的、有效的、高效的服务模式对服务质量至关重要。它使组织不会因机构变革、人员变化、服务内容调整等而影响到服务质量。品牌就是标志着一种优质的、稳定的、使人信任和欣赏的服务质量。品牌需要由良好的服务模式和科学的管理机制来保证。

三是服务技术。服务技术是制约服务质量的重要因素之一。通过不断创新服务技术和手段，可使品牌保持活力，持久发展。

四是服务成本。服务亦有成本。为无限制地提升服务质量而不计服务成本是不现实的。在品牌创建过程中，除考虑到组织自身的服务成本，也需考虑服务对象的成本。

五是服务信誉。诚信是一个品牌不容缺失的品质。品牌是一种承诺，更需要百分之百兑现承诺。承诺未兑现、服务有瑕疵、细节有不足、工作有失误会直接影响到品牌的信誉，更影响到服务对象对品牌的信任。

## 三、实施品牌战略的意义

### （一）政府品牌溯源

品牌理论不仅被无数企业成功运用，近年来也逐步被引入国内服务型政府建设和政府形象塑造。越来越多的省市开始实施品牌战略，相继推出了各具特色的政府服务品牌。青岛、大连、温州等地推出的政府服务品牌已收到了良好效应。对南京市来说，政府服务品牌建设历经多年，已取得初步成效。

2003 年，南京市委、市政府号召在全市开展“争一流，创品牌”活动，全市服务行业和执法部门纷纷响应。

2004 年，为创建全国文明城市，迎接十运会，南京市正式拉开了在政府机关和服务行业“争创十大服务品牌”活动的帷幕。

2005 年，南京市评选出“首届十大服务品牌”，并向社会公示和公布。

2006 年，南京市委宣传部组织多次推介活动，集中报道和宣传“首届十大服务品牌”，以扩大服务品牌的示范效应。

### （二）实施品牌战略的意义

**1. 实施品牌战略是服务有形化的必然结果**

服务正变得越来越有形，服务的价值越来越被感知。服务的有形化和价值的重要性要求服务产品化，并加速服务产品化的进程。任何组织若要保持服务这种“产品”长久的竞争优势，就必须像打造产品品牌那样塑造服务品牌。

**2. 实施品牌战略是组织实现可持续发展的重要保证**

让服务对象满意是组织实现可持续发展的重要战略。为此，各项工作的开展，首先要把服务对象是否满意放在第一位，并以此作为衡量工作好坏的标准。实施品牌战略后，“满足服务对象的需求，使服务对象满意”不再是一句空洞的口号，而是组织成员自觉自愿的、实实在在的行动。品牌使组织生存和发展有了持久的动力，不再那么虚无。组织成员的认知、信任和忠诚，服务对象的认可、信任和赞誉，推动着组织不断向前发展。

**3. 实施品牌战略是服务创造新价值的需要**

文化是组织的灵魂。卓越的组织离不开卓越组织文化的支撑。品牌展示的是“顾客至上、服务至优、效率为先、品质制胜；零缺陷实现顾客满意；尊重、忠诚、相互合作、共同成长”为核心的组织文化。这种价值观，要求组织必须始终以服务对象为中心，不断满足其需求，实现其价值；要求促进服务对象的不断发展，使其赢得更多的收益，提升其价值；要求构建与服务对象的和谐关系，创造新价值，最终与其共享、共荣、共赢。

## 第二部分　品牌策划

品牌建设需要深入的调研、科学的论证、系统的策划。

品牌建设是建立在组织文化基础之上的。文化是品牌的根，一个组织如果没有文化，就不可能有品牌。南京国税在实施品牌战略过程中，从品牌建设首先必须解决的几个问题入手，进行了长时间的调研、论证、策划。主要包括：明确品牌所承载的价值理念,制定品牌所要求的行为规范,建立品牌应展现的形象目标,提炼品牌的内涵实质,研究品牌的组合方式,预期品牌达到的效果等。从理论上来说,这些都是组织文化的内容和范畴。

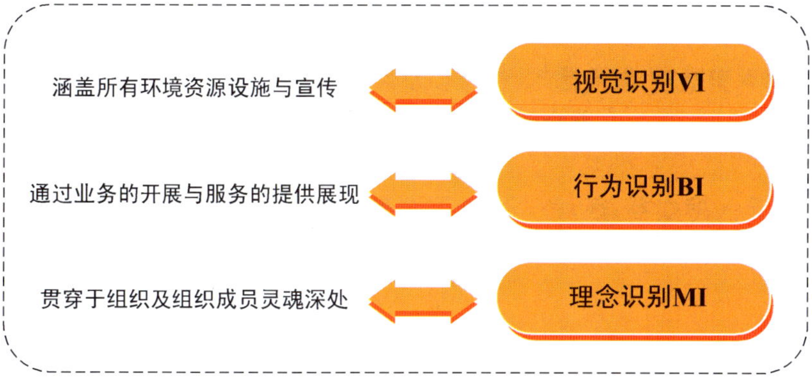


CIS形象识别系统架构图。其中,理念识别是最基础、最根本的要素

## 一、明确品牌所承载的价值理念

一个品牌包含物质要素和精神要素。这两类不同的要素需要通过不同的方法来体现。对物质要素,需要建立专业的视觉识别系统(Visual identity system),通过环境资源设施及其他载体来展现,以产生强烈的品牌视觉效果;对精神要素,需要建立组织的理念识别系统(Mind identity system)和行为识别系统(Behavior identity system),通过品牌这一载体,将组织使命、价值理念、行为规范、制度要素等表现出来。所以,实施品牌战略,首先必须对组织长期发展过程中形成的价值理念、行为规范等进行概括、总结和提炼,这一步至关重要,必不可少。

南京国税"办税 e 站"服务品牌是对自己在长期发展过程中形成的价值理念、行为规范等进行概括、总结和提炼基础上逐步形成的。它代表的是南京国税主动、优质、高效地服务纳税人、服务经济社会发展的使命、责任和精神,展现的是南京国税的组织文化。

### (一)明确组织使命

任何组织都有自己的使命,这是一个组织存在的基石。在对组织使命进行定义时,基本思想必须集中于突显组织在社会体系中的地位与责任。有明确使命的组织才能够直接、清晰地向行为对象表达和传递他们存在的价值和意义,并得到他们的共鸣。

南京国税的组织使命：聚财为国，执法为民。

### （二）提出核心价值观

组织的核心价值观是一种持久不变的价值信念，它是为了完成组织使命应运而生的。一种好的核心价值观的建立，引导着组织及组织成员的行为，支撑着组织的持续发展，同时还具有解决复杂问题的能力。

南京国税的核心价值观：以人为本、依法治税、文明服务、和谐发展。

### （三）寻求愿景构想

组织的愿景构想是对组织未来发展方向的展望和发展目标的描述，是组织将来要成为什么的一个主要概念，是组织未来的蓝图。它必须具有现实性，又需要雄心壮志和远大抱负，在整个组织内部创造激情和动力。

南京国税的愿景构想：实现南京国税现代化，让纳税人满意、让税务干部满意。

### （四）统一组织精神

组织精神是组织在长期的活动中，为谋求自身发展而逐步形成的，并为组织成员所广泛认同的一种群体意识。它统一于组织的核心价值观，是组织灵魂的集中体现，是支持组织实现愿景的思想动力。

南京国税的组织精神：敬业、学习、创新、团队。

### （五）创建形象目标体系

形象目标是组织的期望认知，是服务对象和社会公众对组织行为的总体认知，是对组织文化的认同。打造具有组织特色的服务品牌是树立组织形象、创建形象目标体系的重要方式。

南京国税的形象目标：树立南京国税“公正、廉洁、文明、高效”良好形象，实现组织使命和愿景。

## 二、制定品牌所要求的行为规范

实施品牌战略需要制定一套能够规范、指导、示范、约束组织及组织成员的行为规范体系。南京国税在打造“办税 e 站”服务品牌过程中，提出了组织及组织成员行为的基本主张，建立了组织及组织成员的公共关系，制定了组织及组织成员的基本行为规范体系，使品牌建设有章可循、有范可依。同时要求组织成员坚决地贯彻执行。这种明晰的、标准的、规范的行为准则，体现了品牌的内涵和基本要求。在行为规范体系中，业务行为规范和服务行为规范是最为重要的内容。

## （一）业务行为规范

南京国税的业务行为规范：

以国家法律法规和税收政策为依据，结合质量管理的要求，制定了 17 个程序文件、156 个作业指导书和操作规程，做到了涉税事项、岗位设置、办税流程、操作规程、涉税文书、档案资料的统一。确保了各项工作规范、统一、准确、有效的开展。

### 1. 业务职责行为规范

要求组织成员必须按照相关文件要求与权限范围，严格履行岗位职责。

### 2. 办税流程行为规范

要求优化、简化并规范涉税服务的工作流程，并按照统一的流程处理各种涉税事项。

### 3. 业务用章行为规范

严格按照用章管理制度，加强各类用章与戳记的刻制、使用、保管和缴销管理。防范骗取、盗用、违规刻制和使用印章而对品牌造成的损害。

### 4. 业务操作行为规范

通过整合业务流程、优化工作程序、简化办事环节、规范操作行为，降低办税成本，提高办税效率，体现“办税 e 站”服务品牌“便捷、高效、热情”的内涵要求。

### 5. 办税指南行为规范

南京国税针对不同时期税收政策、管理要求、办税流程的变动，统一编制并发放或发布各类办税指南和宣传辅导资料。指导纳税人办理涉税事项，提高纳税人自主办税和延伸办税的能力。

## （二）服务行为规范

服务行为是思想观念的物化形式。服务行为不仅反映了组织成员的文化水平和道德修养，也反映了组织的整体水平和精神风貌，更体现了品牌的层次和品质。

南京国税具有独特的文化背景和价值取向，其组织使命和行业特点决定了对组织成员服务行为有更深层次的要求。“办税 e 站”服务品牌对组织及组织成员的服务行为提出了严格的规范。

南京国税组织成员的服务行为规范：

以《江苏省国税系统文明办税“八公开”制度》、《江苏省国税系统办税服务承诺制度》、《江苏省国税系统首问责任制度》、《江苏省国税系统办税服务厅值班长制度》、《江苏省国税系统文明用语规范》、《江苏省国税系统局长接待日制度》、《江苏省国税系统领导干部走访制度》等文件为标准，结合南京国税工作实际，制定了一系列能够规范、示范、指导与约束组织和组织成员服务行为的具体制度、办法和要求，保证了优质服务长效机制的建立。

1. 服务仪表行为规范

每一位组织成员的一言一行及举手投足之间都展示着该组织的整体形象。南京国税按照品牌建设的要求，强调每一位组织成员必须做到仪表端庄、着装整洁、姿势优雅、稳重大方、礼貌热情、待人谦逊。细微之处见精神，在纳税人和社会公众中树立良好形象。

2. 服务用语行为规范

语言在人与人之间的沟通中起着关键性作用。南京国税在办税服务过程中，要求使用文明礼貌用语与办税规范用语，并提倡普通话，做到诚恳、礼貌、规范、清晰，以真诚换取信任，以“便捷、高效、热情”的服务使纳税人满意。

3. 服务方式行为规范

南京国税在品牌建设过程中，以各项制度为依托，通过公开纳税人权利义务、公开税收政策法规、公开管理服务工作规范、公开稽查工作规范、公开税务处罚标准、公开办税结果、公开社会监督渠道、公开责任追究，增强办税透明度；通过落实首问责任，加强主动服务意识；通过设立值班长，协调办税过程中的矛盾；通过局长接待日，使管理者和决策者更深入地了解征纳双方的情况。

4. 服务承诺行为规范

南京国税在品牌建设过程中，针对纳税人的需求，不断创新方法和手段，不断改进条件和技术，对涉税事项的内容、标准、要求、时限等在法律规定的范围内进行承诺。坚持公正执法、文明办税，保证“办税 e 站”服务品牌提出的“便捷、高效、热情”目标的实现。

## 三、设计品牌应展现的形象和标志

实施品牌战略，需要研究并设计品牌应展现的形象和标志。

南京国税经过近三年对品牌理论的研究、办税服务特点的归纳、专家学者的咨询论证、组织成员的集思广益，最终将服务品牌定名为：南京国税“办税 e 站”，并在办税服务系列推广，涵盖全市 18 个办税服务厅。南京国税同时还设计出体现办税特色、蕴藏深刻含义、体现品牌内涵、具有视觉冲击的品牌标志。

南京国税“办税 e 站”服务品牌标志基础要素图

## （一）品牌标志说明

“办税 e 站”标志整体由英文“e”字同中文字“办税”、“站”相结合，抽象演变而来。

“办税”二字体现了该品牌是在办税服务厅推广的特点；“e”承载了品牌的内涵；“站”代表的是服务的环境、手段与方式等；ONLINE TAXATION SERVICES 说的是税收服务；NANJING GUOSHUI 指南京国税。

## （二）蕴藏深刻含义

“办税 e 站”中的“e”字代表了电子化、网络化、现代化及电子税务的中心思想。

“办税 e 站”中的“e”还代表着“便捷、高效、热情”的税收服务原则。

## （三）体现服务理念

旋转的弧形由中心向四周展开，体现了以纳税人为中心的服务理念，给人以亲和力，同时也体现了方向、速度。

## （四）具有视觉冲击

“办税 e 站”标志主体采用橙色渐变色系，营造出温馨、文明的办税环境。标志整体的和谐性，具有着强烈的时代感与视觉冲击。

南京国税所设计的形象标志已在各种环境设施资源、表证单书、宣传资料、内外网以及媒体推广中被广泛应用。鲜明的形象标志被广大纳税人所识别与记忆。

纳税人一见到“办税 e 站”标志就想到南京国税，一提起南京国税就想到“办税 e 站”。品牌标志对推广服务品牌、宣传南京国税发挥了重要作用。

## 四、提炼品牌的内涵实质

品牌的内涵实质决定了品牌建设的目的、方向和要求，是品牌的灵魂。对品牌内涵实质的概括和描述又必须文字简练、简洁，读起来朗朗上口，便于记忆。

南京国税“办税 e 站”服务品牌的内涵实质被提炼为“便捷　高效　热情”六个字，但涵义深刻。

1. 办税 e 站——“E”取自税收服务基本要求的英文单词的第一字母，即：Easy 便捷的、简易的；Efficient 高效率的、有实效的；Enthusiastic 热情的、热心的。“办税 e 站”代表南京国税始终以“纳税人为中心”，努力为纳税人提供“便捷、高效、热情”的涉税服务。

关于三个英文单词的详细阐述是：

Easy 是纳税人对税务机关最直接的要求，面对不断变化的政策法规、面对严密精细的管理要求，办税越来越专业和复杂，政策性和技术性越来越强。从税务机关来说，优化办税流程、减少办税环节、简并办税资料，使纳税人感到政策易懂、流程明了、操作简便、办税方便是首先要考虑的问题。

Efficient 是纳税人对税务机关最迫切的期盼，也是国税机关不断努力的方向。通过不断创新方法、改进手段、改善条件来提高办税效率；同时，通过对税务干部加强培训，提高政策、业务和服务等方面的技能来提高工作效率。关键是通过效率体现实效、通过效率降低办税成本。

Enthusiastic 是对税务干部工作态度的要求。热情服务是实实在在的行动，看得见、摸得着，体现了税务机关及税务干部的文明程度。在服务过程中，要做到主动热情，换位思考，诚信服务，努力使纳税人满意。

2. 办税 e 站——“e”是信息时代的标志，象征着先进的科学技术，象征着虚拟的网络世界，象征着服务手段的先进性、专业性、前沿性。“办税 e 站”还代表着南京国税顺应时代发展，引进现代管理理念，应用先进科学技术，着力构建满足纳税人需求的“电子税务”，使主要涉税事项能够在网上办理，纳税人足不出户就可以完成涉税事宜，实现税收服务的电子化、网络化、现代化，提高服务的效率，提升服务的层次。

3. 办税 e 站——还代表着南京国税始终坚持：

一个中心，即以纳税人为中心；

一个目标，即以为纳税人提供“便捷、高效、热情”的服务为目标；

一个标准，即以办税服务统一规范为标准，体现“公平、公正、公开”原则；

一站到底，即通过整合流程、简化环节，实现一窗式、一站式、全程式服务，体现效率原则。

## 五、研究品牌的组合方式

研究确立恰当的品牌组合方式对品牌推广十分重要。

与其他组织相比，国税作为一个国家机关，具有国家所赋予的区别于其他组织的特点。这些差异和特点决定了国税机关服务品牌与其他组织服务品牌的差异性和特质性。

在一个组织内部，工作上也有明显的差异和特点。国税系统征收、管理、稽查三个系列的职能职责、工作要求等方面的不同，决定了税收服务要求的不同和各自特征。

差异性和特质性决定了不同品牌存在的必要性。推广品牌需要研究品牌的组合方式。对于一个省、市一级的国税机关来说，其本身就是一个具有鲜明特征的大品牌。在实施品牌战略时，更适合以多个子品牌的组合方式来支撑大品牌。即在“国税”这一大的品牌之下，结合区域特色及其基础、条件、能力和水平，针对办税服务系列、税收管理系列、税务稽查系列等，确定诸如“便捷、高效、热情”、“效率、效益、效能，公平、公正、公开”、“严格、规范、精准”等不同的品牌内涵，并与“让纳税人满意，构建和谐征纳关系”、“公平效率、促进发展”、“建立良好税收秩序”等不同的品牌目标组合。（以上观点仅是举例，不是定论）

正如“中国移动”本身就是一个著名的大品牌，但在品牌的组合方式上，中国移动根据不同客户的特点，提供各具特色的服务，打造了“全球通”、“动感地带”、“神州行”等子品牌，并采取了由诸多子品牌共同支撑大品牌的策略。

“南京国税”本身就是一个大品牌。但在确定品牌的组合方式上，南京国税经过充分的论证，采取了组合、分步的策略，即先在办税服务系列创建具有“办税”服务特色的品牌，待条件成熟后，再分步创建具有管理服务特色的品牌和具有稽查工作特色的品牌。以三个甚至更多的子品牌共同支撑“南京国税”这一大品牌。

无论在哪个区县局，南京国税“办税 e 站”服务品牌都以统一的名称、标志、内涵和标准展现。正如“中国移动”所属的子品牌无论在南京、苏州、徐州，无论在本省还是外省，每一个子品牌都具有相同的名称、标志、内涵和标准。这是创建品牌必须遵循的基本要求，否则执行中会出现紊乱，影响品牌的推广和发展。

## 六、预期品牌达到的效果

实施品牌战略，必须对品牌的效应做出预期。南京国税在策划“办税 e 站”服务品牌时，确提出要使品牌达到“内聚人心、外树形象”的效果。

通过品牌战略，使组织所倡导的价值理念、行为规范等，被组织成员自觉接受，并根植于灵魂深处，变成组织成员自觉的行动，充分发挥组织成员工作潜能，实现个人和组织的共发展。

通过品牌战略，使组织的服务对象——纳税人，切实享受到“便捷、高效、热情”的服务，感受到品牌实施所带来的变化和收益。品牌提出的承诺得到兑现，纳税人的价值得到实现和提升，纳税人对品牌、对税务机关认可、信任、欣赏和赞许。使品牌战略推动组织螺旋上升、不断发展，最终实现税企共发展。

通过品牌战略，使品牌所在的组织，成为政府部门与税务同行推崇的对象和学习的标杆扩大品牌的社会示范效应。

**制度依据：**

(1) 2005.4.28：宁国税发〔2005〕75 号、苏国税发〔2004〕226 号——《江苏省国税系统文明办税“八公开”制度》

(2) 2005.4.28：宁国税发〔2005〕75 号、苏国税发〔2004〕226 号——《江苏省国税系统办税服务承诺制度》

(3) 2005.4.28：宁国税发〔2005〕75 号、苏国税发〔2004〕226 号——《江苏省国税系统首问责任制度》

(4) 2005.4.28：宁国税发〔2005〕75 号、苏国税发〔2004〕226 号——《江苏省国税系统办税服务厅值班长制度》

(5) 2005.4.28：宁国税发〔2005〕75 号、苏国税发〔2004〕226 号——《江苏省国税系统文明用语规范》

(6) 2005.4.28：宁国税发〔2005〕75 号、苏国税发〔2004〕226 号——《江苏省国税系统局长接待日制度》

(7) 2005.4.28：宁国税发〔2005〕75 号、苏国税发〔2004〕226 号——《江苏省国税系统领导干部走访制度》

(8) 2005.12.16：宁国税发〔2005〕226 号、苏国税发〔2005〕235 号、国税发〔2005〕165 号——《纳税服务工作规范(试行)》

(9) 2003.9.22：宁国税函〔2003〕146 号——《南京市国家税务局办税服务厅值班长制度》

(10) 2003.9.22：宁国税函〔2003〕146 号——《南京市国家税务局首问责任制

度》

(11) 2003.9.22:宁国税函〔2003〕146 号——《南京市国家税务局一次有理投诉待岗制度》

(12) 南京市国家税务局办税服务厅质量管理手册、作业指导书、操作规程、工作制度

(13) 南京市国家税务局办税服务厅质量管理手册、作业指导书、工作制度——《值班长制度》、《首问责任制》、《工作人员行为规范准则》

# 第三部分 品牌推广

## 一、品牌推广的基础

一个品牌要顺利推广,需要一定的基础、积累和准备。否则,品牌只是一个空洞的口号或只是停留在纸上的构想。

南京国税"办税 e 站"服务品牌的形成不是一蹴而就的,它是在多年实践探索、经验积累的基础上,逐步形成的。它的顺利推广是建立在坚实基础之上的。

从 1996 年起,南京国税以"服务企业、促进发展"为指导,在全系统坚持开展"文明创建、优质服务"活动.为服务品牌的提炼打下了实践基础。

2001 年,南京国税试点引进质量管理理论,树立了"以纳税人为中心"的服务理念;实现了税收工作的标准化、规范化;建立了"全员参与、过程控制、预防为主、持续改进"的工作机制;拓展了与纳税人的沟通渠道;及时识别并满足纳税人的需求,使品牌建设有了目标和制度保证。

2003 年,南京国税通过创建学习型组织,提倡反思、反馈、共享,主张建立共同愿景、核心价值观,明确组织使命和组织目标等,这些与一个品牌所承载的内涵、实质和要求一脉相承,为实施品牌战略奠定了文化基础。

2004 年,全省国税系统坚持"以纳税人为中心"的理念,全面实施业务流程再造,加快信息化建设,不断创新方法和手段,为品牌推广做好了业务上和技术上的准备。

2005 年,江苏省国家税务局出台了"税收服务九项制度",涵盖了办税厅环境建设规范、标识规范化标准、文明办税八公开、文明用语规范、办税服务承诺、首问责任、值班长、局长接待日、领导干部走访等方面。"税收服务九项制度"的实施,有力地促进了南京国税"办税 e 站"服务品牌的推广和提升。

## 二、品牌推广的条件

品牌并非策划出就大功告成了，品牌并非有了以上基础准备就可以推广了。品牌的推广，必须建立在组织成员认知、服务对象认可、社会各界了解的基础之上。只有这三个条件成熟，品牌推广才水到渠成。

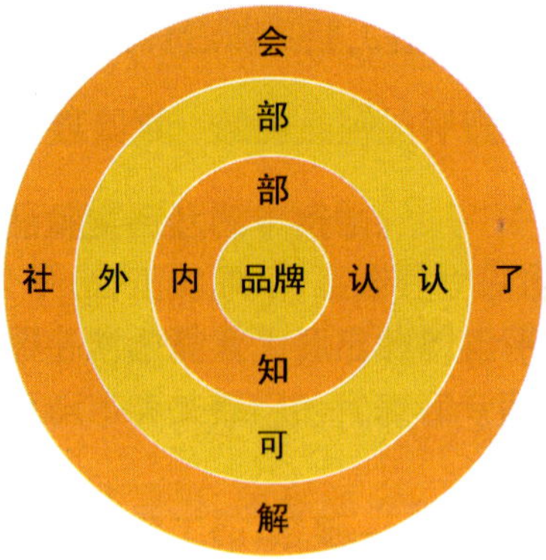


品牌推广三个条件示意图

### （一）组织成员对品牌的认知

组织成员是该组织品牌的策划者与执行者。品牌推广不可能脱离组织成员。组织成员对品牌的认知、信任、忠诚和支持是品牌推广的内源动力。试想，如果组织成员对本组织的品牌都不了解、不信任、不忠诚，那他就无法将品牌所要求的价值理念、行为规范体现在行动之中，更无法让别人认可和相信组织的品牌。

**第一步——使组织成员对品牌有基本认知**

南京国税在“办税 e 站”服务品牌推广过程中，多次聘请专家介绍品牌理论；成立项目小组引领大家建立品牌概念；开展培训使干部了解品牌的基本要素、内涵实质、具体要求，牢记品牌所承载的价值理念、行为规范；在网站设立专版，使干部感受创建品牌的氛围，接受品牌文化的熏陶；通过知识竞赛，增加干部对品牌的兴趣和关注。这些措施使干部对品牌有了基本认知。

**第二步——让组织成员对品牌有深入的了解**

南京国税在“办税 e 站”服务品牌推广过程中，还开展专题论坛，探讨服务品牌与服务创新；推荐阅读《自动自发》、《问题背后的问题》等书籍，强调责任心与主动性；举办读书访谈，主题征文，征集服务案例、办税服务小故事、持续改进建议等活动，发动干部深刻思考，深度交流，促进干部对微笑服务、优质服务、品牌服务的再比较、再思考、再理解。并建立反思反馈、信息共享、互动交流的机制，深化干部对服务品牌的了解，产生对品牌的信任和自豪感，使其积极投入品牌建设。

第三步——将品牌提升到文化层面

南京国税在"办税 e 站"服务品牌推广过程中，还努力将品牌提升到组织文化层面，把品牌作为展现和传承组织文化的重要载体和表现形式，通过品牌发挥组织文化的作用，推动组织的发展，由此带动品牌的发展和提升。

### （二）服务对象对品牌的认可

仅有组织成员对品牌的认可还远远不够，只有得到服务对象的认可和赞赏，才是一个成功的品牌。南京国税在品牌建设过程中，始终围绕纳税人对品牌的认可度、信任度、美誉度进行不懈努力。

第一步——使纳税人了解品牌的名称和内涵

南京国税在品牌建设过程中，一方面，按照品牌建设对环境的要求，通过不断优化环境资源设施的配置，做好指引标识、卫生保洁、场所照明，常年提供资料、报表、纸笔、饮用水等，努力为纳税人营造温馨、舒适、文明的办税环境；另一方面，通过宣传手册、办税指南、友情提示、宣传展板、《窗口》杂志、电子显示屏、公告栏、回音壁等多种载体与手段做好品牌的宣传介绍，强化视觉冲击，做到品牌标志随处可见，使纳税人了解品牌的名称、理念、内涵。

第二步——使纳税人产生对品牌的认可和信任

南京国税在打造"办税 e 站"服务品牌时，紧紧围绕纳税人的需求，不断转变观念、改进作风、创新方法；不断提高干部的政策业务水平、操作技能、服务技巧；采取一系列措施支撑品牌"便捷、高效、热情"目标的实现；使纳税人切实感受到国税机关打造品牌始终是围绕着他们的需求而展开的，使纳税人切实感受到需求的满足、承诺的兑现以及纳税服务的不断改进和提高，并由此对品牌产生认可和信任。

在这个过程中，如何脚踏实地、一丝不苟地去做，使纳税人认可你的服务手段、服务方式、服务方法，认可你的服务质量、服务效率、服务水平，是品牌推广的重中之重和核心内容。

### （三）社会各界对品牌的了解

推广品牌必须具有一定的社会基础，所以，品牌建设要求组织重视与社会各层面的交流。

首先，南京国税在推广"办税 e 站"服务品牌时，从建立良好的公共关系入手，明确了组织与组织成员的行为主张和行为规范，建立起与协作部门相互尊重、沟通合作、责任明确、顾全大局的关系；建立起国税机关在社会上“诚信为本、服务社会”的良好形象。

其次，南京国税在推广“办税 e 站”服务品牌时，为了使社会各界对服务品牌有所了解，积极参与南京市十大服务品牌创建、评选活动，参与公益活动、志愿活动，参与城乡共建活动，参与融入基层、永葆先进活动，拓展了服务品牌向社会的辐射面和延伸面。

再次，南京国税在推广“办税 e 站”服务品牌时，还充分利用各新闻媒体做好宣传。通过媒体推介会、新闻发布会、集中采访、专题报道、标题报花等方式进行宣传，使“办税 e 站”服务品牌被社会各界广为了解，提高了品牌的影响力和知名度。

在组织成员对品牌认知、服务对象对品牌认可、社会各界对品牌了解的基础上，南京国税才正式对外推出“办税 e 站”服务品牌。主题为：**实施品牌战略，构建和谐征纳关系**。

**制度依据：**

(1) 2005.4.28：宁国税发〔2005〕75 号、苏国税发〔2004〕226 号—《江苏省国税系统办税服务厅环境建设规范》

(2) 2005.12.16：宁国税发〔2005〕226 号、苏国税发〔2005〕235 号、国税发〔2005〕165 号—《纳税服务工作规范(试行)》

(3) 2005.4.27：宁国税发〔2005〕62 号—《关于创建南京国税“办税 e 站”服务品牌的实施意见》

(4) 2005.4.28：宁国税发〔2005〕76 号—《南京市国家税务局办税服务厅标识规范化标准》

# 第四部分　品牌维护

税务机关实施品牌战略的根本目的在于运用品牌理念来指导税收工作，推动组织不断向前发展。

品牌从形式上来说只是一个名称、标志或符号，必须从实质上赋予其具体的内容，使其形式与内容、表象与实质有机地结合，品牌才丰满与厚实，品牌才有生存和发展的基础。

服务品牌是对组织发展过程中形成的价值理念、行为规范的提炼，它直接来源于具体业务的开展和服务的提供，但又规范、指导着具体业务的开展和服务的提供。

一方面，服务品牌的内涵、实质和要求，必须通过具体业务的开展和服务的提供来体现。离开了税收业务，服务品牌的建设就毫无意义。

另一方面，各项税收业务工作的开展必须按照品牌建设的规律、要求和标准来进行。如果做不到这点，服务品牌的建设就会流于形式，砸掉牌子。

为此，南京国税始终致力于税收业务与服务品牌的有机融合，并实实在在地去做，满足纳税人的需求。在品牌建设的过程中，南京国税经常自问三句话：你向服务对象承诺了什么？你完全兑现了承诺吗？你还有哪些方面能做得更好？

作为一个品牌要想获得服务对象的认可、信任和欣赏。首先是要面对现实，克服困难，甚至牺牲自己，勇于做出有利于服务对象及组织发展的承诺；其次是要真心实意地、完全地、百分之百地兑现自己的承诺；再次是力求在兑现承诺的基础上努力做得更好，做到持续改进和不断进步。

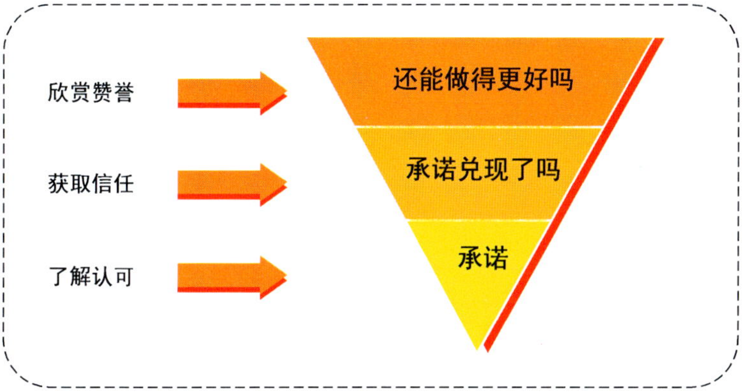


## 一、我们的服务品牌承诺了什么

品牌的本质就是一种承诺。南京国税在建设“办税 e 站”服务品牌过程中，根据纳税人最为迫切的需求，在涉税服务方面向广大纳税人做出了“便捷、高效、热情”六个字的承诺。这种承诺的提出有着现实背景和深刻内涵。它体现了税务部门把服务纳税人、服务经济社会发展作为根本点和出发点，满足了纳税人的需求，能与纳税人产生共鸣，也体现了办税服务的工作特色。

## 二、我们是怎样兑现服务品牌承诺的

对一个品牌来说，要想获取成功，仅有承诺是不够的，关键是怎样兑现自己承诺的。这是一个品牌获得服务对象认可和信任的关键。一个品牌之所以能够吸引和打动服务对象，就是因为服务对象看中了这个品牌的承诺以及怎样完全兑现自己的承诺。

南京国税“办税 e 站”服务品牌提出的“便捷、高效、热情”六个字，既是涉税服务工作的要求，又是工作的目标，更是一种庄严的承诺。对税务机关来说，承诺做出后必须致力于承诺的兑现和所提目标的实现。必须让纳税人切实感受到：国税机关服务品牌建设给他带来了办税效率的提高、服务质量的提升、办税成本的降低。只有这样，纳税人才能真正感受到品牌的承诺是真心的、真实的。由此建立起服务品牌与纳税人之间的情感联系，获得纳税人的认可和信任。

近年来，南京国税是这样通过针对性、细节性和个性化的服务来满足纳税人需求，兑现承诺，赢得纳税人对品牌信任的：

## （一）便捷

### 1. 推广“电子税务”

(1) 电话申报

近年来，南京国税开发并改进电话申报系统，使纳税人足不出户，轻松打个电话就完成申报，无须为申报而跑税务机关。目前小规模纳税人增值税申报、所有类型纳税人内资企业所得税季度、外国驻宁办事处的外商投资企业所得税季报都可以通过电话报税。

(2) 网上申报

近年来，南京国税开发并完善网上申报系统，一般纳税人增值税申报，企业所得税及内资企业所得税汇算清缴都通过网上申报，避免了纳税人到办税服务厅排队。

(3) 网上认证

一方面办税服务厅认证发票可以不用排队；另一方面，纳税人可随时取得发票，随时自行认证，还可随时发现发票中的问题，无需再频繁奔波于税务机关。

### 2. 畅通信息渠道

(1) 加大税收宣传

南京国税充分利用税法公告栏和电子显示屏，及时向纳税人公告最新的税收政策；设置“回音壁”专栏，及时解答纳税人在办税过程中遇到的疑难和共性问题；通过《窗口》杂志介绍办税小窍门；通过“友情提示”，将日常工作中遇到的热点问题书面告知纳税人。

（2）12366 纳税服务热线

南京国地税联办的 12366 纳税服务热线，极大地满足了纳税人了解税收政策的需求。实现了纳税人税收政策随时问、及时得。

（3）税企通

南京国税建立了纳税人“手机号码库”和“网络邮件地址库”等电子信息库，通过“移动梦网”向纳税人及时提供提醒、通知、公告和重要政策，纳税人在第一时间可以了解政策业务和管理要求的调整和变化。

（4）网上南京国税

南京国税致力于“电子税务”的建设和推广，给纳税人带来了众多的便利。纳税人可登陆南京国税门户网站 http://www. nationaltax－nj. org，轻松浏览“法规公告”、“有问有答”、“征管公告”等信息，并可通过“网上办税”栏目下载“网上申报”、“三小票”数据采集、“企业所得税汇算清缴”等涉税软件。

**3. 创新服务举措**

（1）国、地税联合办理税务登记

2003 年，南京国税率先在全国税务系统中实行“国、地税联合办理税务登记”业务。新办或变更税务登记证，只需任意选择就近的国、地税办税服务厅办理即可。少跑了一个税务局，减少了纳税人在人力、时间、金钱方面的支出。

（2）征管业务全市通

纳税人可就近选择南京国税任一办税服务厅，办理增值税防伪税控认证、发票查验、销售、代开、纳税申报等涉税业务。

（3）税银联网和银行出票

加强与银行、国库的协作，“税银联网”做到了税款的实时划转；银行出票系统的应用纳税人可以在银行直接打印完税凭证，极大地方便了纳税人。

（4）一窗式服务

在办税服务厅设置综合性服务窗口，实现“一个窗口受理、多个事项办结”的一窗式服务。纳税人不需到多个窗口重复排队。

（5）设立面向纳税人的电脑终端

南京国税在办税服务厅设立面向纳税人的电脑终端，为纳税人提供“四小票”采集软件的下载、“四小票”数据的采集、内资企业所得税汇算清缴软件的下载等项目。

## （二）高效

### 1. 拓展业务方式

（1）开发并应用企业所得税汇算清缴软件

南京国税使用的企业所得税汇算清缴软件，减少了纳税人申报差错率，简化了操作，提高了汇缴工作的效率。

（2）研制、开发"所得税预审软件"

南京国税研制、开发了"所得税新申报表预审软件"，并免费提供给试点企业使用，使报表逻辑关系的审核关口提前到申报前，使纳税人轻松填报原本很复杂的申报表，极大地提高了报表填报质量和审核录入通过率，节省了办税时间。

（3）预约购票服务

一次性申购数量较多发票的纳税人，可以拨打办税服务厅电话预约，发票发售人员会提前做好相关准备工作，为纳税人直接取票提供便利。

### 2. 优化征管流程

南京国税始终坚持流程再造，减并资料、简化手续、减少环节、优化流程，提高了服务的效率。

### 3. 完善系统整合

通过三大系统整合，实现发票实物销售与电子发售的同步，纳税人在一个窗口就可以完成增值税专用发票领购手续。

## （三）热情

### 1. 不断提高服务的能力和水平

南京国税通过培训，不断提高干部的政策业务水平、操作技能和服务技巧，通过品牌建设使为纳税人提供"便捷、高效、热情"的涉税服务成为干部自觉的行为、自觉的养成。

### 2. 不断提高服务工作责任心、主动性和工作热情

南京国税在办税服务厅设立"值班长"，实行大厅巡视，及时引导；实行"全程式服务"，按照"一站到底"的工作要求，负责将纳税人的困难解决到位；落实首问责任制；定期开设面向纳税人的免费税收政策讲座；月末最后一天即使是节假日，税务干部仍主动加班，为纳税人办理发票认证。南京国税还提前做好各项应急预案，应对可能突发事件。如，高峰期科学预测次日人流量；办税服务厅出现纵队立即增设窗口；加强与纳税人沟通和引导疏导；按照系统故障时间，拟订人员分流方案等。

3. 不断改善办税环境和条件

（1）标识规范化管理

近年来，南京国税根据《CIS形象识别系统》，统一规范了办税服务厅内标志、标识等，建设了一个温馨、舒适、文明的办税环境。

（2）便民设施

“于微细处见精神”，南京国税想纳税人之所想，不断完善、更新硬件设施，在休息区、填单区、办税区为纳税人提供笔、墨、印泥、饮用水等。

（3）开通“绿色通道”

南京国税开通办税“绿色通道”，解决了老、弱、病、残、孕办税人员办税时的困难。

## 三、如何做得更好，让纳税人欣赏我们的品牌，使品牌不断提升并拥有持久的生命力

对一个品牌来说，兑现承诺是最为基本的要求。要使一个品牌持续发展，取得客户的欣赏与支持，保持永恒的魅力，则需要在兑现承诺的基础上，努力做得更好！

### （一）建立与纳税人沟通管理机制和需求识别机制

品牌的魅力来源于需求的满足。南京国税建立了《与纳税人沟通管理制度》，拓展了与纳税人沟通的渠道、方式、方法、时间；建立了《纳税人需求识别分析制度》，通过12366、门户网站、问卷调查、大厅意见箱、值班长日志、电话回访、行风监督员问卷调查等，广泛征求收集纳税人意见、建议，构架起全方位、多渠道与纳税人沟通交流的平台，及时收集、分析、识别、满足纳税人的需求，使品牌建设目标明确、针对性强。

### （二）建立品牌评价和效果评估机制

考核监督评价作为控制的方法之一，在整个组织完成工作过程中起着举足轻重的作用。它不仅仅是对组织行为过程的监控，还包含了对组织行为结果的评价。通过完善的考核监督评价体系的运行，促进组织成员行为的规范和优化，使组织业务管理质量、服务质量得到提高，使品牌得到不断提升。

在品牌建设过程中，需要经常对品牌进行评估，及时发现薄弱环节和因素，并尽快地进行补充和强化，体现持续改进。

南京国税通过行风评议结果、纳税人不满意事项及投诉分析、纳税人满意度测评、服务明星评比、服务质量监控，以多层次、多渠道反馈的信息为参考，以纳税人

满意度为重要衡量标准，对品牌的实施情况及时进行效果评估，并通过案例管理、绩效管理等方法，进行反思，找出差错，及时纠偏和控制。

### （三）建立反思、反馈、共享机制

思过——品牌建设过程中，需要经常思过。通过思过，清醒认识品牌推进的现状，改进不足。

思变——品牌建设过程中，需要经常思变。通过思变，增强品牌的适应性，满足纳税人不断出现的需求。

品牌在不同的时期、不同的发展阶段有不同的要求。因此需要经常反思，根据环境、条件的变化调整品牌发展的具体策略，增强其适应性。并将新的管理理念融入到品牌的核心理念之中，增强其生命力与竞争力。

思新——通过思新，不断创新思维、创新体制、创新机制、创新方法，赋予品牌持久的生命力和永恒的魅力。

品牌需要不断创新思维，需要以一种积极的思维方式、积极的观念、积极的目标、积极向上的文化氛围，培养出责任心、主动性、创造性的组织及其品牌文化。南京国税始终关注纳税人最为关注的地方，始终不断地问"我还有哪些方面能做得更好?"，以不断创新方法，满足纳税人不断出现的新的需求，使南京国税"办税 e 站"服务品牌保持持久的生命力和永恒的魅力。

共享——知识共享是一种文化的支撑。完善的知识共享在完善组织形态的同时，可以及时更新组织成员观念，改善心智模式，改变工作态度，提升组织成员各方面能力。

### （四）建立闭环运作、持续改进机制

建设一个品牌要几年甚至几十年，而毁掉一个品牌几分钟足矣。服务中一个细小的过失、工作中一个细微的瑕疵都可能对品牌造成不可挽回的损害。在整个品牌建设过程中，南京国税十分重视闭环运作和持续改进机制的建立。

以纳税人投诉处理为例，南京国税制定了《纳税人投诉处理制度》，从投诉的受理环节开始，规定了调查取证——分类——分析讨论——责任界定——定案——执行——沟通反馈——归档——形成案例——发布点评等十多个环节。

通过预防纠正措施、持续改进措施的落实，南京国税实现闭环运作，推动着品牌螺旋上升、持续发展。

### （五）发挥品牌作为展现和传承组织文化的作用

文化是品牌的根。一个组织只有"有文化"，才会有品牌。品牌能够丰富组织

文化，推动、促进、提升组织文化。

品牌是展现组织文化的重要载体和表现形式，也是传承组织文化的重要手段。因此，要使一个品牌保持持久的生命力和永恒的魅力，必须将品牌提升到组织文化的层面，通过文化的力量和作用，推动组织的持续发展，由此带动品牌的持续发展。多年来，南京国税始终致力于先进组织文化建设，为品牌发展提供了不竭的动力和充足的活力。同时品牌战略又为丰富和提升组织文化提供了良好的载体和手段。

文化是组织的灵魂。文化认同是一个组织以及该组织所拥有的品牌得到社会认同的基础。一个组织只有“有文化”，才能被社会认同和接受，该组织所拥有的品牌才能够成功和持久。

一个组织只有超越自身利益，更多地承担起社会责任，主动与服务对象和社会大众“同呼吸，共命运”，实现社会价值，这个组织才会被认可，这个组织所拥有的品牌才会赢得人们的情感、赢得人们的认可、信任和欣赏。多年来，南京国税始终以服务纳税人、服务经济社会发展为己任，努力构建和谐征纳关系，实现税企共赢、共荣、共发展，充分发挥了税收职能作用，赢得了纳税人和社会各界的肯定和赞许。

可见，通过文化的力量，使组织成员对品牌认知、信任和忠诚是品牌发展不竭的内源动力使服务对象和社会各界对品牌认可、信任和欣赏是品牌发展不竭的外源动力。

惟有这样，才能使品牌“站得住、叫得响、传得开”；才能使品牌战略长期坚持下去；才能使品牌得到不断的提升和持续的发展。

红枫税情

NANJING STATE TAXATION BUREAU

# 传递真情 收获满意

## ——南京国税管理系列服务品牌

红枫税情

NANJING STATE TAXATION BUREAU

## 南京国税“红枫税情”服务品牌

# 目 录

# 前　言

税收管理系列是税收征收、管理、稽查系列中的基础环节，也是重要环节，具有直接面对纳税人、与纳税人接触时间长、涉税管理事项多、内容广泛、涉及面广等特征。

南京市国家税务局在税收管理系列推出“红枫税情”服务品牌，是积极落实国家税务总局全面推进税收科学化、精细化管理要求，进一步构建和谐税收征纳关系的实践成果；是税收管理与服务长期实践的结晶；是服务品牌从征收系列“有形”窗口建设向管理系列“无形”窗口建设的拓展与延伸。运用品牌理念，贴近纳税人在不同环节的涉税需求，不断优化纳税服务、规范执法行为，为纳税人和地方经济社会发展提供良好的税收环境，推进和谐南京国税建设，是市国税局实施服务品牌战略的核心思想，具有重要的意义。

在创建“红枫税情”服务品牌的过程中，南京市国税局始终坚持以打造新型税收征纳关系为目标，以创建文明行业为总揽，以国税文化建设为基础，认真履行“聚财为国、执法为民”的组织使命，践行“传递真情、收获满意”的品牌理念，在现有管理服务各项规范制度的基础上，进一步推出各种惠及纳税人的真情服务措施，努力打造“红枫秘情”服务品牌，不断提升纳税人、社会和组织的满意度，促进南京国税与纳税人和地方经济社会的和谐协调发展，为实现市委市政府“全面达小康、建设新南京”的目标作出积极贡献。

# 第一部分　品牌背景

## 一、创建税收管理系统服务品牌是省局“服务 e 站”品牌的具体落实与细化

1. 创建“红枫税情”服务品牌，使省局服务品牌理念在税收管理系列得到更广泛、有效的运用。2006 年 4 月，江苏国税“服务 e 站”品牌在全省国税系统全面推行。市国税局进一步明确了“优化税收服务，打造知名品牌”的创建目标，加强组织领导，强化宣传培训，将品牌理念推广到每一个部门、贯穿到每一项工作，融入到每一位干部心中，实现了“要我创品牌”向“我要创品牌”的转变。根据税收管理系

列工作特征，紧紧贴近管理服务对象的需求，推行更具有针对性的管理系列服务品牌成为广大税务干部的心声，也是受惠于市局征收系列品牌创建纳税人的呼声。

2. 创建“红枫税情”服务品牌，使服务品牌服务社会的功能得到进一步体现和强化。税收管理系列正是国税机关为纳税人和地方经济发展服务、承担更多社会责任的重要平台和主要窗口，创建“红枫税情”服务品牌将进一步提升我们服务的品位与层次，使服务品牌的社会功能得到更充分的发挥，进一步提升国税系统的社会形象。

## 二、创建“红枫税情”服务品牌是“办税 e 站”服务品牌向税收管理系列的拓展延伸

相对于征纳双方而言，税收征收系列主要是国税机关在相对固定的办税场所，根据纳税人的办税申请而提供服务，纳税人最需要的是便捷与高效。税收管理系列则具有征纳两方双向互动的特点，其管理、服务行为主要因两种情形而启动：一种是依纳税人申请而发生，纳税人在要求一定效率的同时，最需要的是税务干部服务态度热情、行为规范到位。另一种是依职权而发生，即因税务机关加强管理的需要而启动，需要纳税人的理解与配合，主动、热情成为税务干部开展好工作的自身需要，规范、廉洁更成为纳税人的关注与要求。有时纳税人的申请与税务机关管理需要同时发生，更体现了管理与服务的和谐统一，此时需要兼顾双方的需求，更需要提供热情、规范、廉洁、高效的真情服务。因此，税收管理系列具有自己鲜明的特征，“红枫税情”服务品牌的推出，是“办税 e 站”服务品牌向税收管理系列的拓展延伸，是全市国税系统服务品牌战略的两个重要组成部分。

## 三、全面推行“红枫税情”服务品牌有利于促进管理与服务工作的有机融合，提高两个满意度，为全面提升和展示国税形象创造更大的舞台

“红枫税情”服务品牌以“传递真情、收获满意”作为品牌理念，其根本的出发点和落脚点关键在于“收获两个满意”。

首先是服务对象——纳税人的满意。“红枫税情”服务品牌推行后，全市推出的“网上南京国税”、“优惠政策辅导”、“特事特办”等措施，将使纳税人直接受益；限时办结、廉洁服务等行为规范也将进一步提高服务的品质与层次，使纳税人享受到真情无价的超值服务。市局还将强化品牌的维护与发展，根据纳税人的需求不断推出新的服务举措，使广大纳税人获得更加热情而真诚的服务，构建起征纳双方更

加巩固的合作、互信、和谐、双赢的关系，不断提高纳税人的满意度。同时，在继续推进依法治税的基础上。通过服务品牌创建，在不断提高国税机关行政效能，为地方经济社会的发展提供有力的财力支持，打造更加公平、良好的税收环境，不断提高各级政府和全社会对国税工作的满意度。

其次是工作目标——税收规范化管理工作的满意。市局以全面推行“红枫税情”服务品牌为契机，系统梳理了税收管理系列涉及纳税人的各项管理制度，补充完善了税收管理员行为规范、操作规范类的办法，使全市税收管理员有了统一要求和行为指南，有利于推进基层税收管理服务工作的规范化、精细化。通过服务品牌创建，树立尊重纳税人权利，优化纳税服务的理念，将精神文明领域的纳税服务工作纳入到行政执法范畴，加强了税收管理与服务的有机融合，为建立良好的征纳关系打下了坚实的基础。税收管理与服务相互促进的作用将更加凸现：各种真诚服务措施，将有助于提高纳税人的税法遵从度，推进诚信纳税体系的建立；各种行为规范的完善，可以大大减少执法的随意性，统一全市对外宣传服务的形象；各种廉洁服务、善待纳税人的行为，将争取到纳税人更多的理解与支持，保障税收业务中心工作的顺利开展。“红枫税情”服务品牌为税收征管工作和全体税务干部搭建了一个更科学、更现代的展示舞台，全市各项税收业务工作、各类征管举措、个人的才华和先进事迹，都能够通过这个舞台集中宣传、展示给社会，从而赢得更多纳税人的关注，产生更强烈的社会效果。

## 第二部分　品牌内涵

### 一、品牌理念

**传递真情　收获满意**

南京国税人在税收管理服务中，通过“红枫税情”服务品牌的打造，向纳税人呈现的是红枫般火一样的热情，是虽历经风雨但霜重色愈浓的款款真情。南京国税人以“聚财为国、执法为民”为组织使命，以国税文化建设为基础，以真情服务的理念，构建以纳税人为中心的税收管理服务体系，积极推出多种真情服务项目，争取纳税人最大的理解和支持，不断提高纳税人、社会和组织的满意度，全面提升国税形象。

## 二、标识含义

南京国税税收管理系列“红枫税情”服务品牌，以代表南京“四大赏红胜地”的红枫作为主题标识，既突出了品牌鲜明的南京地域特征，又彰显了南京国税人如火一般的热情。同时，红枫，有着历经多年风雨，但霜重色愈浓的秉性，寓示着南京国税干部公正清廉、无私奉献的崇高品质，向纳税人奉献的是款款真情。

枫叶上金黄色的放射状线条，代表着太阳的光芒，是南京国税权力阳光运行的充分体现。两条动感的弧线，寓指服务品牌“传递真情、收获满意”的内涵；同时也寓指征纳双方。两条弧线共同托起“红枫”，表示双方以真情互动服务为平台，共同打造、呵护“红枫税情”服务品牌。

红枫税情

NANJING STATE TAXATION BUREAU

# 第三部分　服务举措

1. ［网上南国税］

纳税人可以登陆南京国税门户网站——“网上南京国税”，http://www.nationaltax－nj.org，可轻松浏览“政策查询”、“网上办税”、“征管公告”等栏目，知晓最新税收政策、办税流程、近期涉税工作安排等信息；办理网上纳税事项，也可了解国税队伍建设、文明创建和行风作风建设等活动信息。

2. ［税企一线通］

纳税人可申请开通税收短信服务，我们将通过税收提醒平台，向纳税人的手机、电话免费发送有关信息或语音提示，为其提供申报纳税、发票催办销号、“金税工程”认证报税、欠税催缴等提醒信息；及时通报有关工作通知或公告预告，第一时间告知政策业务和管理要求的调整与变化；发布有关税收政策解读信息，解答纳税人普遍存在的疑问等。

3. [12366 热线咨询]

如果纳税人有政策上的疑问或有涉税事项投诉，可以直接拨打纳税服务热线"12366"，自由选择人工接听、自动语音等方式获取信息。

4. [税收政策解读]

为纳税人开展税务咨询解读活动。健全有关培训组织、丰富培训手段和形式，有计划、系统地为纳税人提供免费税收知识讲解与培训服务，纳税人可根据我们定期的培训计划或临时公告，根据需要选择参加有关的培训辅导活动。

5. [优惠政策辅导]

开通优惠政策辅导通道，提供有关优惠政策咨询、办理相关审批手续、向纳税人反馈减免退税办理进度等信息，让纳税人及时享受各项税收优惠。

6. [定期巡访]

根据税收管理员人少事多、工作量大的情况，每位税收责任区管理员为重点税源户上门巡访服务，了解纳税人的户籍变动、生产经营、申报纳税等情况，帮助纳税人查找和解决存在的问题，为纳税人的发展提供合理化的税务建议。

7. [服务性调研]

定期对纳税人的有关申报信息进行筛选，比对，分析异常信息，辅导纳税人查找异常原因，及时自查自纠，减少不必要的税收成本。有计划地选择纳税人，对其税收政策贯彻落实情况进行调研服务。排解纳税人政策执行过程中遇到的困难与偏差，帮助查找问题，及时落实相关的税收政策。

8. [预约服务]

如果纳税人有特殊困难，需要税收管理员为纳税人在一定时间内为其办理有关涉税事项的，纳税人可通过电话或网络提前发出预约申请，税收管理人员将根据纳税人的合理请求，尽可能地为其办理有关事项。

9. [维权服务]

各区(县)局通过 12366 全市咨询网，根据纳税人的需要，及时为其提供必要的法律援助和救济。

10. [特事特办]

对纳税人申请办理的特殊涉税事项，包括影响办税效率方面的问题，在税收法律法规允许的前提下，对特殊事项即时进行合议研究，依法解决，做到特事特办。

11. [限时办结制]

公布法律法规规定的办理时间要求，对纳税人申请办理的涉税事项，严格按照法律法规规定的时限，及时办理，提高办税效率。

NANJING STATE TAXATION BUREAU

阳光税线

南京国税稽查系列服务品牌

# 阳光执法 服务同行

YANGGUANGZHIFA FUWUTONGXING

南京市国家税务局

阳光税线

NANJING STATE TAXATION BUREAU

南京国税“阳光税线”服务品牌

# 目 录

# 前　　言

国税稽查的主要职责是查处各种偷、骗、抗税，与征收、管理系列既有分工，又有配合，在整个国税征管流程中被称为最后一道防线，具有直接面对纳税人，促进依法纳税，维护国家税收秩序，堵塞税收流失漏洞等工作特征。

南京市国家税务局在成功创建征收系列服务品牌“办税 e 站”、管理系列服务品牌“红枫税情”的基础上，又在稽查系列打造“阳光税线”服务品牌，从而将服务品牌全方位涵盖国税工作的三个主要环节。创建组合服务品牌是积极落实国家税务总局全面推进税收管理科学化、精细化要求，进一步构建和谐征纳关系，体现“公平、公正、公开”阳光政务原则的具体实践；是税收执法与服务长期实践的成果；是服务品牌向税务工作的全方位拓展和延伸。

在创建稽查系列“阳光税线”服务品牌的过程中，南京市国家税务局始终以打造新型税收征纳关系为目标，以创建文明行业为总揽，以国税文化建设为基础，认真履行“聚财为国，执法为民”的组织使命，践行“阳光执法，服务同行”的品牌理念，努力打造“阳光税线”服务品牌，不断提升纳税人、社会和组织的满意度，实现国税稽查工作“案源管理科学化、税务检查标准化、案件审理精细化，稽查执行规范化”目标，促进南京国税与纳税人、与社会的和谐发展。

# 第一部分　品牌背景

## 一、创建稽查系列服务品牌是江苏国税“服务 e 站”品牌的具体落实与深化

1. 创建稽查系列“阳光税线”服务品牌，使江苏国税服务品牌理念在国税工作三个环节得到更广泛、更具体的运用。由于查办案件，税务稽查始终处于税收执法的前沿，站在构建和谐征纳关系的第一线，具有与纳税人交流范围广泛、交流内容复杂、交流层次深入等特点。因此，有必要通过创建稽查系列服务品牌，全面落实江苏国税“服务 e 站”品牌理念。

2. 创建稽查系列“阳光税线”服务品牌，使品牌服务社会的功能得到进一步体现和强化。目前，各地对江苏国税“服务 e 站”品牌的运用主要集中在征收和管理

系列，稽查系列服务品牌正是通过切实维护税法的权威性和严肃性，营造良好的税收环境，从而为纳税人提供最根本的服务，也为经济社会和谐发展提供良好的服务，来深化“服务 e 站”的品牌理念。因此，创建“阳光税线”服务品牌将使江苏国税服务品牌的社会功能得到更充分的发挥，从而进一步彰显国税系统的社会形象。

## 二、创建稽查系列服务品牌是南京国税征收、管理系统服务品牌的拓展和延伸

1. 稽查系列在执法与服务关系、征纳双方关系、纳税人需求、服务方式等方面有自身的特点。它更侧重于执法与管理，稽查执法和服务行为是税务机关依职权而启动的，是一种行为的两个方面。公正、公平、公开的执法是双方的共同需求，因此，“阳光税线”服务品牌的适时推出，旨在解决执法与服务的矛盾，在执法中加强服务，通过服务促进执法，实现征纳双方和谐共赢。

2. 随着“办税 e 站”服务品牌在南京国税征收系列的推行，“便捷、高效、热情”的服务理念已深入人心；其后，“红枫税情”服务品牌在南京国税管理系列全面推广，其“传递真情、收获满意”的品牌理念得到广泛认可。在此基础上创建稽查系列服务品牌，要求更高、难度更大。稽查系列服务品牌不仅要巩固征收系列、管理系列服务品牌创建成果，沿袭两品牌业已形成的先进理念和行之有效的制度，更要突出稽查业务工作的特点和时代感，发挥“征管查”各品牌的优势，全面推进南京国税系列服务品牌的不断深化。

## 三、创建稽查系列服务品牌是全面提升国税纳税服务水平的抓手和载体

创建稽查系列“阳光税线”服务品牌，有利于促进执法与服务工作的有机融合，实现执法方式由监督打击型向管理服务型转变。同时，通过创建服务品牌，将国税稽查服务置于社会各界的监督之下，有利于规范执法，强化服务，不断提高纳税人对南京国税纳税服务工作的认同度和满意率。

# 第二部分　品牌内涵

## 一、标识含义

南京国税稽查系列“阳光税线”服务品牌，以跃出海平面的一轮红日作为主题标识。火红的太阳是南京国税权力阳光运行的充分体现，太阳中心内嵌的“人”字

撇捺笔画均由三道线组成，寓指国税稽查是一道维护国家税收秩序的保障线，一道创造良好税收环境的公平线，也是一道文明、维权的服务线，南京国税稽查通过充分发挥“三线”职能，全力打造“以纳税人为中心”的服务体系；同时“人”字也是稽查(JICHA)汉语拼音第一个字母的变形组合。太阳下象征海平面的蓝色水平线是一道清廉线，寓指南京国税稽查人员在执法过程中牢牢守住廉洁自律的工作底线，做到一身正气、两袖清风。

NANJING STATE TAXATION BUREAU

阳光税线

整个标识和谐稳定，海平面上方的红日标志和下方的“阳光税线”红色汉字相互映照，表示南京国税稽查在服务纳税人、服务经济、服务社会发展的过程中，努力构建和谐的征纳关系，同时也展现了南京国税稽查公正执法、阳光服务的良好风貌。

## 二、品牌理念

**阳光执法　服务同行**

南京国税稽查系列通过“阳光税线”服务品牌的打造，始终坚持服务与执法同行，将个性化的服务融入稽查的每一个工作环节，构建了完善的稽查服务体系，维护了纳税人的根本权益；同时在执法过程中坚持公平、公正、公开，让权力在阳光下运行，维护了国家税收秩序和社会公平。

## 三、品牌服务体系

南京国税稽查系列“阳光税线”服务品牌紧紧围绕“阳光执法，服务同行”的理念，着力建设“12366”稽查服务体系，即建立一个公正执法与优质服务相结合的稽查服务管理平台、两个稽查服务评价体系、三项特色维权服务、六项“人性化”举措、六个服务机制。

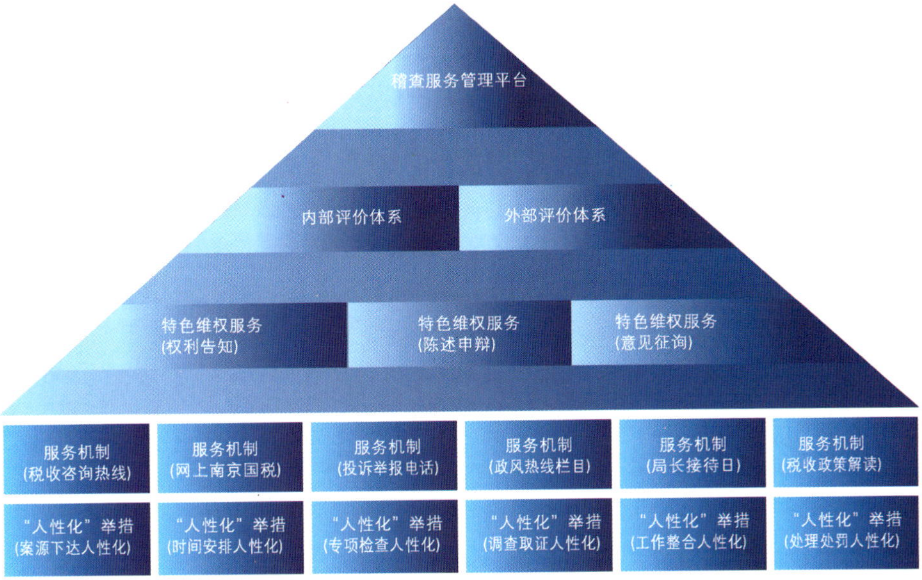


## 一个稽查服务管理平台——完善机制,夯实基础

以《税务稽查工作规程》、《税务稽查八项制度》等为主体的文明执法制度和以《税务稽查人员行为规范》、《文明办税八公开制度》为主体的文明服务制度共同构成的服务品牌制度体系,以及通过执法监督、服务评价与监控、征纳双方互动形成的服务品牌创建和完善机制。

## 两个评价体系——全面监测,全程监督

### 1. 内部评价体系

制定稽查个案考核办法和干部工作绩效考核办法,融入服务绩效指标,实施全员量化考核及电子记实,日常考核记录电子化,领导评价数字化,客观、公正、准确地评价稽查人员工作业绩,起到了奖勤罚懒、激发工作激情、促进稽查人员主动提高业务能力和服务水平的作用。

### 2. 外部评价体系

设立意见箱、举报电话、开展纳税人服务质量调查和定期进行满意度测评。每年年末组织国税稽查人员"勤廉双述双评会",所有稽查人员述勤述廉,邀请纳税人代表、检察机关等评勤评廉,测评结果作为对稽查人员年度考核的组成部分。实行"721"监督反馈制度,对稽查人员执法、服务和党风廉政建设情况,70%通过《税务稽查执法阳光卡》征询意见,20%电话回访,10%登门回访,确保监督面达

到 100%。

## 三项物色维权服务——人文关怀，公开透明

**1. 稽查执法事项充分告知——告知权利，提醒到位**

实施稽查前，向纳税人发出书面稽查通知，告知其稽查时间、所属时期、税种、需要准备的资料等；实施检查时，向纳税人告知《税收征管法》的相关内容；稽查结束时，将稽查的结果和主要问题向纳税人说明，核对事实，听取意见；作出税务行政处罚决定之前，依法告知纳税人作出处罚决定的事实、理由及依据，并告知相关权利；作出税务处理决定时，告知《税收征管法》、《行政复议法》和《行政诉讼法》的相关内容。

**2. 组织重大案件陈述申辩会——充分陈述，维护权益**

在对查补税款 50 万元以上的案件作出处理决定前，主动约请纳税人，听取纳税人当面陈述与申辩，维护纳税人的合法权益，使处理决定做到以事实为依据，以法律为准绳，并通过沟通化解纳税人的抵触情绪，构建和谐的征纳关系。

**3. 定期征询纳税人意见——主动约请，诚恳纳谏**

每年组织召开两次“纳税人意见征询会”，邀请已查结企业的财务负责人对稽查人员的执法与服务、工作作风、廉洁自律等方面进行评议，同时征集纳税人对国税服务的意见和建议。

## 六项“人性化”举措——平等尊重，共创和谐

**1. 案源下达人性化**

对没有具体线索的举报案件、近年已查户、符合条件的 A 级纳税信誉等级户等不安排检查。

**2. 时间安排人性化**

如果纳税人因特殊情况无法在通知时间内配合稽查的，可以申请调整稽查时间。

**3. 专项检查人性化**

在专项检查开展前，事先告知纳税人，给予纳税人自查补报的机会，深化稽查服务效能。

**4. 调查取证人性化**

在检查中提高一次取证成功率，尽量缩短下户检查时间，减少对纳税人正常生产经营活动的影响。

**5. 工作整合人性化**

一次进户各税统查，防止多头稽查、重复稽查，减少对纳税人正常生产经营的干扰，降低纳税成本。

**6. 处理处罚人性化**

对非故意违规，善意取得抵扣凭证，超期发现的、情节轻微的违法行为等从轻或免予处罚。

## 六个服务机制——优化手段，拓展领域

1. 12366 咨询热线
2. 网上南京国税
3. 投诉举报电话
4. 政风热线栏目
5. 局长接待日
6. 税收政策解读

# 第三部分　品牌创建

## 一、品牌创建目标

### （一）总体目标

通过内抓管理，外抓服务，树立南京国税稽查系列的整体形象，促使稽查执法由监督打击型向管理服务型转变，不断提升品牌的认同度、信任度和美誉度，使其成为南京地区的知名服务品牌，使南京国税稽查人员成为文明执法的铁军、热情服务的使者。

### （二）近期目标

**1. 理念愿景化**

将纳税人满意度作为衡量南京国税稽查工作绩效的关键指标，定期开展教育培训，不断改进稽查人员的心智模式，使执法与服务有机融合，将品牌理念作为稽查人员的目标和愿景，明确稽查人员执法和服务的努力方向。

2. 执法规范化

公正执法是最佳服务，国税稽查除了捍卫税法尊严、护卫国家税收的安全外，还有一个重要的职能，即维护税收秩序，为广大纳税人提供公平的纳税环境，这是南京国税稽查的神圣职责，也是南京国税稽查服务的重要内容。

3. 制度体系化

完善服务制度，把稽查执法与服务进行科学地融合，将纳税服务导入稽查管理的框架体系，制定南京国税稽查服务质量手册、流程文件和作业指导书，明确稽查选案、实施检查、案件审理、执行各个环节的权责设置、业务指导和质量标准，完善服务制度体系。

4. 机制科学化

针对业务性质和纳税人的需求，健全科学的运行机制，主要包括投诉举报、调查沟通、质量监测、处理反馈四个持续改进机制，从而加强服务监督和管理，不断完善服务标准，提升南京国税稽查服务品位，走长效管理之路。

## 二、品牌创建历程

### （一）品牌创建孵化期（2003—2004年）

明确稽查服务品牌创建的定位，将品牌创建纳入文明创建总体规划和南京国税组合品牌战略体系，提出创建稽查服务品牌的远期目标和近期思路；完善稽查管理制度，提高稽查执法水平。

### （二）品牌创建成长期（2005—2006年）

以基层"三化"建设达标验收为契机，构建服务体系，完善各项服务制度；下发深化品牌创建文件，开展学习培训，强化品牌理念。

### （三）品牌创建成熟期（2007—2010年）

总结试点经验，完善品牌构架，推动稽查服务品牌向南京市国税系统延伸，争创南京市知名服务品牌。进一步提高品牌美誉度，扩大品牌社会影响。

## 三、品牌的持续改进

1. 继续强化纳税服务理念

按照建设服务型政府的要求，牢固树立"阳光执法，服务同行"的理念，促进纳税人自觉主动依法纳税，不断提高税法遵从度。

2. 进一步丰富纳税服务内容

加强纳税咨询辅导，推进办税公开，充分保障纳税人的知情权、参与权、表达权、监督权，维护纳税人合法权益。

3. 不断改进纳税服务手段和方式

进一步完善纳税服务手段，提供稽查个性化的纳税服务。

# 第四部分　品牌效应

随着南京国税稽查服务品牌建设的不断深入，品牌效应得到充分体现：

## 一、政务公开力度明显加大

南京国税稽查系列实行文明办税“八公开”制度，即“公开纳税人的权利和义务、公开税收政策法规、公开管理服务工作规范、公开稽查工作规范、公开税务处罚标准、公开办税结果、公开社会监督渠道、公开责任追究”，接受公众监督，保障纳税人的知情权；实行大要案合议审理制度，杜绝“暗箱操作”，定期邀请行风监督员参加案件审理会，对稽查办案进行监督；组织涉税重大违法案件曝光会，将重大税收案件的查处情况定期向社会公示，接受纳税人的评议。上述举措为纳税人维护自身的合法权利提供了有力保障。

## 二、执法水平明显提高

南京国税稽查系列实现了稽查选案、检查、审理、执行“四分离”，实行限时办结等八项制度，编制了《稽查制度汇编》，统一了对疑难案件的处理尺度，稽查人员执法水平以及查办大要案件的能力明显提高。稽查在税源管理联动机制中的以查促管作用得到有效发挥，每年都向征收、管理系列提出稽查建议 100 多条。

## 三、服务质量明显改进

近年来，南京国税稽查系列大力开展岗位练兵活动，组织干部参加江苏省国税系统开展的专业等级考试和“六员”达标竞赛活动，涌现出一批稽查能手，稽查人员的知识结构日益趋于科学合理，通过专业高级考试的人员已超过 10%，拥有注册税务师、注册会计师和司法资格证书的人员已突破 15%。通过文明礼仪知识、稽查人员行为规范等培训、竞赛，使稽查人员的服务意识明显增强，“以纳税人为中心”的理念深入人心，稽查系列服务型组织建设初见成效，2003 年以来，未收到一起针对稽查人员的服务投诉。

## 四、纳税人满意度明显攀升

在创建服务品牌过程中，南京国税稽查系列各环节不断推出人性化服务举措，连续几年的执法监督反馈及意见征询调查结果显示，纳税人和社会公众的满意度始终保持在 95%以上，并呈逐年上升态势。

## 五、三个文明建设成效明显增强

南京国税稽查系列积极投身各项社会公益活动。组织干部参加植树、扫雪、迎奥运奉献交通一小时、南京市“高歌颂廉”晚会等社会公益活动，发动党员交纳“特殊党费”、进行结对扶贫，向贫困村捐赠致富书籍以及办公设施，帮助其脱贫致富。长期资助贫困村的五保户、特困户以及城市特困家庭。发动全体干部捐款组织全省首家“国税爱心夏令营”活动，被南京电视台、江苏教育电视台等多家媒体播出。

2005—2007 年南京国税稽查查补税收超过 10 亿元，移送公安 300 多件，整顿和维护了税收秩序，维护了纳税人的根本权利。尤其是“雷霆一号”和“利剑二号”两起国家税务总局和公安部督办专案的成功查处，向社会、特别是纳税人递交了一份圆满的答卷。先后获得南京市委市政府建设新南京先进单位、集体二等功，全省国税系统文明单位、基层“三化”建设标兵单位、稽查工作先进单位，南京市国税系统文明单位、南京市国税系统预防职务犯罪先进单位、白下区预防职务犯罪示范单位等荣誉，多名干部获得省劳模、市劳模以及国家税务总局二等功、三等功，市局十佳优秀公务员等奖励。

SHUISHOU GUANLIYUAN GONGWU XINGWEI GUIFAN SHOUCE

# 税收管理员公务行为规范手册

南京市国家税务局 编

# 前　言

税收管理系列是税收征收、管理、稽查系列中的基础环节，也是重要环节，具有直接面对纳税人、与纳税人接触时间长、涉税管理事项多、内容广泛、涉及面广等特征。为了规范和指导税收管理员公务行为，深化服务品牌创建，建设文明高效的税收管理员队伍，我们依据《南京市国家税务局税收管理员公务行为规范（试行）》，结合全市国税系统税收管理员工作实际，组织编印了这本《税收管理员公务行为规范手册》图文本，便于干部在实践中参照。

本手册适用于规范税收管理员日常公务行为，由南京市国家税务局教育处与栖霞区国家税务局共同编写。欢迎广大干部将税收管理员工作实践中收集到的有关公务行为规范方面的新问题、新情况、新建议，及时反馈给我们，便于不断修订和完善手册内容，为干部提供更多的指导服务。

南京市国家税务局
二〇〇八年三月

# 目 录

## 一、五项基本礼仪规范

服　装

仪　表

举　止

言　谈

情　绪

### 1. 服装

制服应整洁配套，不可披挂、敞怀，袖管或裤管不要卷起；

穿长袖夏装时一般应将上衣束于裤内，女士在穿制服裙装时应注意搭配肉色丝袜；穿便装时应注意服饰整洁得体。

## 特别提示

（1）除工作时间和执行公务外，严禁穿税务制服。

（2）工作时间男士不得仅穿汗衫、背心、短裤、拖鞋等服装。

女士不可仅穿吊带衫、无袖衫、超短裙等过于暴露的服装。

### 2. 仪表

保持个人卫生，男士不得留长发长须，女士不得化浓妆，不戴过多或夸张饰品。长发女士将长发束起或盘起是公认的更为职业的做法。

### 3. 举止

与纳税人交往中，应面带微笑，亲切自然，不卑不亢，注意细节，不做不文明动作。行走、坐立保持良好姿态，在外就餐时注意举止文雅，在工作场所及公共场所举止稳重。

### 4. 言谈

遵守《江苏省国税系统文明用语规范》，正确使用工作语言，文明办公。

交谈中善于倾听，提倡讲普通话。

与纳税人交谈时，语言尽量平易通俗、清晰简洁，口气平和亲切，避免打官腔、说怪调。

交谈时目光专注，注意不要做出用手指指人等蔑视他人的动作。

### 5. 情绪

善于控制自己的情绪，保持风度，在尊重税法的前提下，把重心放在待解决的问题上，而不是纳税人的情绪上，以免为纳税人过激情绪所左右。

## 特别提示

**把握好自己，保持平稳的职业状态，做成熟职场人，让自己的工作更有品质。**

## 二、八大公务行为规范

### 1. 公务电话

基本规范

如何向纳税人
拨打公务电话

如何接听
纳税人来电

## 公务电话基本规范

(1) 交流中注意吐字清晰，语言文明，言简意赅；不要边吃喝边通话。

(2) 声调适中，不可旁若无人、大声喧哗，以免影响其他同事正常办公。

## 如何向纳税人拨打公务电话

(1) 问候

致以问候，自报单位、姓名，感谢代接转接之人。

参考用语：

“你好，我是南京××国税××科×××，麻烦你请×××先生（职务）接电话。”

（2）告知

通知纳税人有关事项，说清时间、地点、人员、事项。必要时提示对方记录，重要内容可重复一遍并请对方确认。

参考用语：

“你申请的×××事项已经办好，下面需要你×××××。”

“请在××日前携带×××到××路××号办税服务厅办理××业务，以免过期。”

“根据规定，办理×××××审批必须提供下列资料，麻烦你记录一下好吗？”

“你××月增值税尚未申报，请你在××日之前务必通过网上申报或到办税服务厅办理纳税申报×××。”

（3）告别

确认告知内容对方已知晓，提醒关键事项。

参考用语：

“××日是办理××业务的最后期限，请务必记住。”

“如果你在准备过程中有什么其他问题，请与我联系，电话号码是××××××××。”

“再见！”

## 如何接听纳税人来电

（1）及时接听

电话铃声响起，应尽快予以接听，一般响铃不过三声。如果响了许久才接，要向对方表示歉意。拿起话筒后，应首先向对方问好。

参考用语：

“你好！请讲。”

“抱歉，你久等了。”

（2）问清事项

问清其所咨询的内容，能准确回答的，当场解答，需要查阅相关文件的，请纳税人稍等；需其他部门人员回答的，告知联系方式；当场无法解答的请纳税人留下联系电话，待确认后回复。

参考用语：

“请问你有什么事情？”

“你是需要了解×××政策，对吗？”

“请稍等，我帮你查一下有关规定。”

“你的问题属于××××（门类），请咨询××科（室）×××好吗？电话号码是××××××××。”

“这个问题我需要请示/咨询相关部门，请留下联系方式，我会尽快答复你。”

（3）礼貌告别

结束通话要礼貌。

参考用语：

“请问还有别的疑问吗？”

“好的，如遇到其他问题欢迎来电咨询。”

“好的，再见！”

## 特别提示

（1）耐心倾听。接听纳税人咨询来电时要注意倾听，不要急着插话，手头最好准备好便笺或笔记本，适当记录，便于整理思路，准确答复，重要事项还应另加备案，防止事后遗忘。

（2）控制主题。不要在电话中与对方过于攀谈，要善于控制时间和话题，必要时，用礼貌而委婉的语气主动结束通话。

**参考用语：**

“好的，你说的事项我已做记录，我将在…日前联系您/您可以在…日前来我局办理。”

“请问还有别的疑问吗？”

## 特别提示

（3）代接电话。如果纳税人所要找的人不在，应询问对方是否需要转告，对方要求转告的，最好做笔录，并及时传达。

**参考用语：**

“XX同志不在/他（她）去XXX地方了，有事需要转告吗？/一会儿你再来电话好吗？”

“XXX回来之后我请他（她）给你回电话好吗？你的联系电话是多少？”

“你需要转告的是XXX,对吗？”

（4）拨错电话。对打错电话的要客气，不要恶语相向；对自己拨错电话，也应真诚道歉，切忌一言不发，粗暴挂断。

**参考用语：**

“对不起，您打错了。”

“对不起，我打错了。”

## 特别提示

（5）接一看二。正在通话时，有纳税人来访，不要只顾通话不予理睬，可以向来访者点头致意。

（6）招呼到位。如遇重要事项必须中断通话，则应向对方致歉“对不起，我这里有急事，我XX（时间）再联系您好吗？”

2. 纳税人来访接待行为规范

问候

询问

受理

办理

告别

(1) 问候

接待纳税人时主动招呼。

参考用语：

“你好!”“请进!”“请坐!”

“请问你找谁?”

（2）询问

主动询问，了解纳税人上门目的。

参考用语：

“请问你有什么事吗？”

“别着急，慢慢讲。”

“你是要问/办理×××业务/审批，是吗？”

（3）受理

① 如纳税人咨询业务，应详尽正确地向纳税人解答问题。有说明资料的，提供资料。

参考用语：

“依据××法/××规定，你应该××办理。”

“你需要携带以下资料到××部门办理。”

“这是××业务的说明资料，你先看一下。有什么不清楚的问我好吗？”

② 如纳税人办理审批等有关事项，则应问清纳税人要办理的具体事项，仔细核对纳税人提交的资料，必要时请其确认。

参考用语：

“请问你要办理什么事项？”

“请出示你的××××××，谢谢！”

“请提供你的资料！谢谢！”

(4) 办理

按照有关工作规范和流程，准确迅速地为纳税人办理。

参考用语：

“请稍等。”

“你的××资料日期未填/未签章/缺少××/计算有误/数据与××不符……请你复核确认，谢谢！”

“请你复核一下是否缺少××资料？”

“请问你对××事项的程序是否已清楚了？”

（5）告别

确认纳税人已明白所咨询的业务或已办理相关事项，主动告别，并提醒下一步事项。如有无法当场解答的问题，请纳税人留下联系方式，在一定时限内解答。

参考用语：

“请问还有其他疑问吗？”

“下一步需要到××部门办理审批手续，一般需要××工作日，请等待我们的通知。”

“请你留下联系电话，以便我们及时与你联系。”

“你走好，再见！”

## 特别提示

（1）进行税务咨询时，如有必要，应提供纸、笔等工具方便纳税人记录。

## 特别提示

（2）对于应内部流转的资料，一般不要交由纳税人传递到下一环节，以免造成不必要的麻烦。

### 3. 在办公场所遇见纳税人

在办公场所（走廊、电梯）遇到纳税人不熟悉环境，应主动打招呼，提供指引。

参考用语：

“你好，你需要帮助吗？”

4. 走访纳税人

充分准备

文明走访

走访(检查)遭 拒

## 充分准备

**走访纳税人之前应做好相应的准备工作：**

（1）熟悉情况

调阅该纳税人的征管信息资料，根据走访任务的要求和被查对象的情况等选择相应的工作方法，制定好走访大纲。

（2）提前预约

提前与纳税人联系，告知事由并约定好走访时间，提示纳税人配合工作所应准备的资料。

如果是初次上门，还应问清纳税人的实际经营地址、路程，以免耽误时间；约定到户时间应尽量避免接近用餐时间，以免误会。

（3）备齐材料

准备好必要的物品和资料，如纸、笔、检查通知书、检查证、检查底稿等。

## 文明走访

(1) 准时到达

如因不可抗力等原因无法抵达，应及时通知纳税人并道歉，重新约好时间。

参考用语：

“你好！因堵车/暴雪/暴雨……无法按时到达，大概在××：××分之前可以到达，给你造成不便，请谅解！”

“很抱歉！因××××，无法在××日到您的单位。您看改至××日可以吗？”

(2) 表明身份

出示证件，表明自己的身份，说明来意。

参考用语：

“你好，我们是南京××国税×××，这是我们的证件，我们今天来的目的是×××××，请配合我们的工作。”

“这是检查通知书，请配合！”

(3) 调阅资料

根据走访计划列出需调阅资料目录,查阅中要爱护纳税人的账簿资料,不可乱涂乱画,对于发现的疑问,建议先做好记录,整理好思路,总结归纳后一并向纳税人提出,而不要在没有看完全部情况下就想到哪里说到哪里,显得思路混乱。

参考用语:

“我们需要了解××情况,请准备××资料。”

“请问该项数据是如何得来的?”

“请问这笔分录为何这样处理?”

(4) 实地勘察

对纳税人的车间、仓库等需要进行实地核查的，应遵守纳税人单位有关安全制度等规定，在企业人员的陪同下进行。

参考用语：

“我们需要到你的生产车间/厂房实地查看一下，请配合。”

“请你介绍一下工艺流程，好吗？”

“请放心，我们会严格保守你的商业秘密。”

## 特别提示

纳税人的生产车间、仓库有时会有特殊规定，如必须穿特制服装、鞋帽等情况的，税收管理员应予以配合。对于涉及到纳税人商业秘密的，应严格保守。

(5) 反馈告别

① 向纳税人简要反馈此次走访情况，对纳税人做得好的地方应予以肯定，同时指出其存在的不足。需要签字盖章的，请纳税人签章。如有未尽事项，应告知纳税人如何处理。

② 将纳税人提供的资料等物品归置整齐，原样归还纳税人。

③ 礼貌道别

参考用语：

“我们现在向你反馈一下这次检查/巡查×××情况，有不同意见请提出。”

“请在××日之前携带××资料到××办理××手续。”

“谢谢合作，这是你的资料，请收好！”

“再见！”

## 走访(检查)遭拒

对于纳税人拒绝税收管理员走访或检查时,处理要点为:

(1) 解释说明。向纳税人解释检查是征管法赋予税务机关的权利,是纳税人应尽的义务,同时也不会损害纳税人的合法利益。

参考用语:

“接受检查是纳税人的法定义务,请予以配合。”

“我们的检查是依法开展工作,并不会损害你的合法权益。”

“如果我们的检查有不妥的地方,请你给予监督。”

(2) 对经解释说明仍不接受检查的纳税人，应在检查通知书的送达回证上注明原因。

(3) 善意提醒纳税人可能引起的后果，请其在送达回证上签字，如纳税人拒绝签字，可请见证人签字，并移交稽查部门处理。

参考用语：

“请在送达回证上签字，谢谢！”

“如果拒不接受检查，你单位该事项将被移交稽查部门处理。”

## 特别提示

**对于拒不接受检查的纳税人，税务人员要耐心解释，注意方式方法，打消纳税人的疑虑。忌用“你什么态度？”“找茬啊？”之类的过激言语。**

### 5. 遇到陌生业务

在公务中遇到不熟悉的业务或不了解的相关业务，应先向纳税人致意，再抓紧解决，建议方法有：

(1) 查阅相关政策法规资料，包括内部网上的法规库、上级下发的各项文件资料、年度政策汇编文献等材料。

(2) 请教熟知该业务的同事。

(3) 向本部门分管领导请教。

(4) 向主管该业务的有关部门（如综合业务科、计划统计科）询问。

参考用语：

“对不起，请稍等。”

“很抱歉，让你久等了。”

对现场无法解决的问题，要主动请对方留下联系方式，待明确后及时处理，并将结果反馈给纳税人。

参考用语：

“你这种情况，我们需要向××部门查询/等待××审批/……请留下联系方式，我们将在问题处理好之后尽快通知您。”

### 6. 同事合作

合作互助

转办互助

矛盾内议

勤学业务

交流适度

(1) 合作互助

对于需两人以上协作共同办理的事情，如走访检查，应事先进行共同商议，达成一致的计划，避免在走访过程中出现不协调的情况。在工作过程中，对于同事的疏忽，应及时圆场、补场。

(2) 转办互助

临时外出时,应请同事协助接听电话,临时受理业务。收到同事协助请求应及时办理,同时保证自身岗位工作的正常进行。

(3) 矛盾内议

出现内部矛盾,不要在纳税人面前抱怨或议论或争执。特别是在走访过程中出现两人意见不一致的情况,应立即停止争论,待回单位后继续讨论,以取得一致意见。

(4) 勤学业务

工作也是学习的机会，同事之间应注重取长补短，遇到不懂的问题及时询问分管领导或其他同事，切忌妄自推测，以免留下职务过错隐患。

(5) 交流适度

在办公场所，同事之间交流要简洁明了，切勿在纳税人面前长时间讨论，给人以聊天或忽视纳税人的不良印象。同样，遇到熟悉的纳税人，也不可过度攀谈，以免给其他纳税人以处事可能不公的怀疑。

7. 突发事件处理

(1) 保持冷静

确定突发事件属于哪一类问题，有无应急预案供参考。

(2) 合理解释

如突发事件现场有纳税人在，尽快给纳税人一个合理解释或说明，以安抚纳税人。

(3) 参照预案

有参照预案,采取预案提示的措施,迅速排除故障。根据事件性质和有关规定确定是否向主管领导报告。

(4) 及时汇报

无预案参照,应立即向主管领导报告,说明现场状况,请示解决办法。涉及非本系统内部可控范围的事件应同时拨打社会救助电话。

社会救助电话

报警:110

火警:119

急救:120

电话故障:10000—4

电话号码查询:114

(5) 预约反馈

如因故障造成纳税人事项无法办理的，应请纳税人留下联系方式，便于工作恢复正常后通知纳税人前来办理。

## 8. 迎接上级领导视察

在日常工作中，遇上级领导到基层调研工作，应注意保持饱满的精神状态，展现良好的职业素质。

（1）正常工作，不慌不乱。当上级领导视察进入工作场所时，应保持良好的工作状态，集中精力认真工作，切勿东张西望，聚集围观，甚至品头论足。

（2）当视察领导走进工作人员办公室，应起立微笑致意："您好"，并认真回答领导垂询，等领导离开办公室后再继续其他事项。

(3) 若正在接待纳税人，可与纳税人先打个招呼“对不起，请稍等”再起立向领导简短致意：“您好，我这里正办理×××××”。领导点头后再继续办理。

## 三、八条廉洁自律规范

税收管理员应当严格遵守国家和各级的税务机关的各项廉政规定，做到客观公正、廉洁自律。

(1) 严禁接受与行使职权有关的纳税人的宴请和营业性娱乐活动。

（2）严禁接受纳税人礼品、礼金和有价证券或到纳税人单位借钱和报销各种费用。

（3）严禁向纳税人借钱借物或无偿占用其财物。

（4）严禁利用职权向纳税人压价购买商品或赊欠货款。

（5）严禁利用职权为配偶、子女及亲友经商办企业招揽业务、推销产品、为纳税人指定税务代理活动谋取私利。

（6）严禁经商办企业、在纳税户中入股分红或兼职取酬。

（7）严禁参与赌博和色情活动。

（8）严禁穿着税服或驾驶带有税务标志的车辆到宾馆或娱乐场所消费。

## 四、附：南京市国家税务局税收管理员公务行为规范（试行）

### 第一章　总　　则

第一条　为规范和指导税收管理员公务行为，深化服务品牌创建，建设文明高效的税收管理员队伍，依据《中华人民共和国公务员法》、《中华人民共和国行政监察法》、《国家公务员行为规范》、国家税务总局《税收管理员制度（试行）》等法规制度，结合全市国税系统税收管理员工作实际，制定《南京市国家税务局税收管理员公务行为规范（试行）》（下称《规范》）。

第二条　本《规范》所指税收管理员是国家税务总局《税收管理员制度（试行）》第二条所指的税收管理员，所指行为主要是其在公务活动中的行为。

### 第二章　基本礼仪规范

第三条　服装

1. 在要求穿制服的场合应严格执行着装规定，制服应整洁配套，不可披挂、敞怀，袖管或裤管不要卷起；穿长袖夏装时一般应将上衣束于裤内，女士在穿制服裙装时应注意搭配肉色丝袜。制服外不得显露个人衣物和物品，制服口袋不要装过大的物品以免鼓起。

2. 除工作时间和执行公务外，严禁穿税务制服。

3. 执行公务时不得穿有损政府形象的服装，如前卫、怪异服装，特别注意：男士不得仅穿汗衫、背心、短裤、拖鞋等服装；女士不可仅穿吊带衫、无袖衫、超短裙等过于暴露的服装。

4. 穿便装时应注意服饰整洁得体，体现良好的审美品位，忌肮脏、残破、褶皱；注意服装的搭配和系列化，避免俗气，如穿西服时，应做到整体搭配，不宜穿白色袜子和拖鞋、布鞋、凉鞋、旅游鞋。女士穿西服套裙时，需穿肉色的长统袜或连裤式丝袜，不可光腿或穿彩色丝袜、短袜；穿露趾凉鞋时，则不宜再穿袜子等。

第四条　仪表

1. 日常生活中应注意身体健康，防止疾病，善待和爱护自己的仪容，讲究个人卫生，勤洗澡、勤换衣物、勤剪指甲，保持口腔清洁，以免使周围同事或纳税人感到不快。

2. 男士不宜在他人特别是女士面前照镜子，剃胡须，女士不宜在他人特别是男士面前反复甩动梳理头发，以免有失庄重。

3. 男士不留长发长须，女士不化浓妆，不戴过多或夸张饰品。

第五条　举止

1. 与纳税人交往中，应面带微笑，亲切自然，不卑不亢，体现出政府人员的文化修养与道德水准，切勿以身份取人表现出谄媚或高傲的不当神态。

2. 注意细节，不在他人面前做出挖鼻孔、掏耳朵、剔牙缝、甩鼻涕、吐浓痰、打喷嚏、修指甲、搓泥巴、抓痒痒、脱鞋子等不文明动作。

3. 行走、坐立保持良好姿态，不可在纳税人面前弓背、翘二郎腿、伏案大睡；就座宜轻，避免座椅发出过大声响；女士落座应双腿并拢，特别是在站、蹲、坐时切勿双腿叉开，以免有碍观瞻。

4. 在外就餐时注意举止文雅，遵从用餐规定，不发出过大咀嚼声，皮、壳等垃圾一般应吐在盘碟内而不要随意吐在桌面上。

5. 在工作场所及公共场所举止稳重，进入他人居所或办公室之前，应先敲门，关门时动作宜轻缓，避免发出过大声响，与纳税人交谈时不要手舞足蹈，指手画脚，不要无故快速奔跑。

6. 接受纳税人名片时应停下手中事务，起身站立相迎，双手接过名片，一般不用左手；致谢并认真默读名片信息，记住对方姓名，便于选择合理的称谓，名片看后要收好，不要随意乱放显得不够尊重他人，没有名片回赠应向对方作出合理解释并致歉，而不要不做任何说明。

第六条　言谈

1. 遵守《江苏省国税系统文明用语规范》，正确使用工作语言，文明办公。

2. 交谈中善于倾听，声调适中，合理使用称谓，适当使用尊称，勿使用“喂”等称呼，提倡讲普通话。

3. 与纳税人交谈时，语言尽量平易通俗、清晰简洁，口气平和亲切，避免打官腔、说怪调。

4. 交谈时目光专注，或注视对方，或凝神思考，切忌目光四处游走；交谈中应尽量避免打哈欠、咳嗽等情况，实在忍不住，应侧头掩口，并向对方致歉，注意不要做出用手指指人等蔑视他人的动作。

第七条　情绪

1. 善于控制自己情绪，在任何时候保持冷静，保持风度，尤其在与纳税人有不同意见时，必须在尊重税法的前提下，把重心放在待解决的问题上，而不是纳税人的情绪上，以免为纳税人过激情绪所左右。

2. 时刻提醒自己：把握好自己，保持平稳的职业状态，做成熟职场人，让自己的工作更有品质。

## 第三章　公务行为规范

第八条　公务电话

(一) 基本规范

1. 无论是拨打或接听电话，都要保持正常情绪，情绪会通过语气传递到对方。

2. 交流中注意吐字清晰，语言文明，言简意赅；不要边吃喝边通话。

3. 声调适中，不可旁若无人、大声喧哗，以免影响其他同事正常办公。

(二) 向纳税人拨打公务电话

1. 问候

致以问候，自报单位、姓名，感谢代接转接之人。

参考用语：

“你好，我是南京××国税××科×××，麻烦你请×××先生（职务）接电话。”

2. 告知

通知纳税人有关事项，说清时间、地点、人员、事项。必要时提示对方记录，重要内容可重复一遍并请对方确认。

参考用语：

“你申请的×××事项已经办好，下面需要你×××××。”

“请在××日前携带×××到××路××号办税服务厅办理××业务，以免过期。”

“根据规定，办理×××××审批必须提供一些资料，麻烦你记录一下好吗?”

“你××月增值税尚未申报，请你在××日之前务必通过网上申报或到办税服务厅办理纳税申报×××。”

3. 告别

确认告知内容对方已知晓，提醒关键事项。

参考用语：

“××日是办理××业务的最后期限，请务必记住。”

“如果你在准备过程中有什么其他问题，请与我联系，电话号码是××××××××。”

“再见！”

特别提示：

拨打电话要长话短说，内容规范，简明扼要，最好在打电话前准备一张清单，列明纳税人的单位、姓名、号码、通话要点等。

（三）接听纳税人来电

1. 及时接听

电话铃声响起，应尽快予以接听，一般响铃不过三声。如果响了许久才接，要向对方表示歉意。拿起话筒后，应首先向对方问好。

参考用语：

“你好！请讲。”

“抱歉，你久等了。”

2. 问清事项

问清其所咨询的内容，能准确回答的，当场解答；需要查阅相关文件的，请纳税人稍等；需其他部门人员回答的，告知联系方式；当场无法解答的请纳税人留下联系电话，待确认后回复。

参考用语：

“请问你有什么事情？”

“你是需要了解×××政策，对吗？”

“请稍等，我帮你查一下有关规定。”

“你的问题属于××××（门类），请咨询××科（室）×××好吗？电话号码是××××××××。”

“这个问题我需要请示/咨询相关部门，请留下联系方式，我会尽快答复你。”

3. 礼貌告别

结束通话要礼貌。

参考用语：

“请问还有别的疑问吗？”

“好的，如遇到其他问题欢迎来电咨询。”

“好的，再见！”

特别提示：

(1) 耐心倾听。接听纳税人咨询来电时要注意倾听，不要急着插话，手头最好准备好便笺或笔记本，适当记录，便于整理思路，准确答复，重要事项还应另加备案，防止事后遗忘。

(2) 控制主题。不要在电话中与对方过于攀谈，要善于控制时间和话题，必要时，用礼貌而委婉的语气主动结束通话。

参考用语：

“好的，你说的事项我已做记录，我将在××日前联系你/你可以在××日前来我局办理。”

“请问还有别的疑问吗？”

(3) 代接电话。如果纳税人所要找的人不在，应询问对方是否需要转告，对方要求转告的，最好做笔录，并及时传达。

参考用语：

“××同志不在/他(她)去×××地方了，有事需要转告吗？/一会儿你再来电话好吗？”

“×××回来之后我请他(她)给你回电话好吗？你的联系电话是多少？”

“你需要转告的是×××，对吗？”

(4) 拨错电话。对打错电话的要客气，不要恶语相向；对自己拨错电话，也应真诚道歉，切忌一言不发，粗暴挂断。

参考用语：

“对不起，你打错了。”

“对不起，我打错了。”

(5) 接一看二。正在通话时，有纳税人来访，不要只顾通话不予理睬，可以向来访者点头致意。

(6) 招呼到位。如遇重要事项必须中断通话，则应向对方致歉“对不起，我这里有急事，我××(时间)再联系你好吗？”

第九条　纳税人来访接待

1. 问候

接待纳税人时主动招呼。

参考用语：

“你好！”“请进！”“请坐！”

“请问你找谁？”

2. 询问

主动询问，了解纳税人上门目的。

参考用语：

“请问你有什么事吗？”

“别着急，慢慢讲。”

“你是要问/办理×××业务/审批，是吗？”

3. 受理

(1) 如纳税人咨询业务，应详尽正确的向纳税人解答问题。有说明资料的，提供资料。

参考用语：

“依据××法/××规定，你应该××办理。”

“你需要携带以下资料到××部门办理。”

“这是××业务的说明资料，你先看一下。有什么不清楚的问我好吗？”

(2) 如纳税人办理审批等有关事项，则应问清纳税人要办理的具体事项，仔细核对纳税人提交的资料，必要时请其确认。

参考用语：

“请问你要办理什么事项？”

“请出示你的××××××，谢谢！”

“请提供你的资料！谢谢！”

4. 办理

按照有关工作规范和流程，准确迅速地为纳税人办理。

参考用语：

“请稍等。”

“你的××资料日期未填/未签章/缺少××/计算有误/数据与××不符……请你复核确认，谢谢！”

“请你复核一下是否缺少××资料？”

“请问你对××事项的程序是否已清楚了？”

5. 告别

确认纳税人已明白所咨询的业务或已办理相关事项，主动告别，并提醒下一步事项。如有无法当场解答的问题，请纳税人留下联系方式，在一定时限内解答。

参考用语：

“请问还有其他疑问吗？”

“下一步需要到××部门办理审批手续，一般需要××工作日，请等待我们的通知。”

“请你留下联系电话，以便我们及时与你联系。”

“你走好，再见！”

特别提醒：

（1）进行税务咨询时，如有必要，应提供纸、笔等工具方便纳税人记录。

（2）对于应内部流转的资料，一般不要交由纳税人传递到下一环节，以免造成不必要的麻烦。

第十条　在办公场所遇见纳税人

在办公场所（走廊、电梯）遇到纳税人不熟悉环境，应主动打招呼，提供指引。

参考用语：

“你好，你需要帮助吗？”

第十一条　走访纳税人

（一）充分准备

走访纳税人之前应做好相应的准备工作：

1. 熟悉情况

调阅该纳税人的征管信息资料，根据走访任务的要求和被查对象的情况等选择相应的工作方法，制定好走访大纲。

2. 提前预约

提前与纳税人联系，告知事由并约定好走访时间，提示纳税人配合工作所应准备的资料。

如果是初次上门，还应问清纳税人的实际经营地址、路程，以免耽误时间。

约定到户时间应尽量避免接近用餐时间，以免误会。

3. 备齐材料

准备好必要的物品和资料，如纸、笔、检查通知书、检查证、检查底稿等。

（二）文明走访

1. 准时到达

如因不可抗力等原因无法抵达，应及时通知纳税人并道歉，重新约好时间。

参考用语：

“你好！因堵车/暴雪/暴雨……无法按时到达，大概在××：××分之前可以到达，给你造成不便，请谅解！”

“很抱歉！因××××，无法在××日到您的单位。您看改至××日可以吗？”

2. 表明身份

出示证件，表明自己的身份，说明来意。

参考用语：

“你好，我们是南京××国税×××，这是我们的证件，我们今天来的目的是×××××，请配合我们的工作。”

“这是检查通知书，请配合！”

3. 调阅资料

根据走访计划列出需调阅资料目录，查阅中要爱护纳税人的账簿资料，不可乱涂乱画，对于发现的疑问，建议先做好记录，整理好思路，总结归纳后一并向纳税人提出，而不要在没有看完全部情况下就想到哪里说到哪里，显得思路混乱。

参考用语：

“我们需要了解××情况，请准备××资料。”

“请问该项数据是如何得来的？”

“请问这笔分录为何这样处理？”

特别提示：

不要随意带走纳税人的账簿等资料，需回去继续查阅的，可请纳税人提供复印件并注明与原件一致，签字盖章。调回纳税人的账簿，须出示县（区）局以上局长签字的《账簿资料调取通知书》并填写《账簿调取清单》。

4. 实地勘察

对纳税人的车间、仓库等需要进行实地核查的，应遵守纳税人单位有关安全制度等规定，在企业人员的陪同下进行。

参考用语：

“我们需要到你的生产车间/厂房实地查看一下，请配合。”

“请你介绍一下工艺流程，好吗？”

“请放心，我们会严格保守你的商业秘密。”

特别提示：

纳税人的生产车间、仓库有时会有特殊规定，如必须穿特制服装、鞋帽等情况的，税收管理员应予以配合。对于涉及到纳税人商业秘密的，应严格保守。

5. 反馈告别

（1）向纳税人简要反馈此次走访情况，对纳税人做得好的地方应予以肯定，同时指出其存在的不足。需要签字盖章的，请纳税人签章。如有未尽事项，应告知纳税人如何处理。

（2）将纳税人提供的资料等物品归置整齐，原样归还纳税人。

（3）礼貌道别。

参考用语：

“我们现在向你反馈一下这次检查/巡查×××情况，有不同意见请提出。”

“请在××日之前携带××资料到××办理××手续。”

“谢谢合作，这是你的资料，请收好！”

“再见！”

（三）走访（检查）遭拒

对于纳税人拒绝税收管理员走访或检查时，处理要点为：

1. 解释说明。向纳税人解释检查是征管法赋予税务机关的权利，是纳税人应尽的义务，同时也不会损害纳税人的合法利益。

参考用语：

“接受检查是纳税人的法定义务，请予以配合。”

“我们的检查是依法开展工作，并不会损害你的合法权益。”

“如果我们的检查有不妥的地方，请你给予监督。”

2. 对经解释说明仍不接受检查的纳税人，应在检查通知书的送达回证上注明原因。

3. 善意提醒纳税人可能引起的后果，请其在送达回证上签字，如纳税人拒绝签字，可请见证人签字，并移交稽查部门处理。

参考用语：

“请在送达回证上签字，谢谢！”

“如果拒不接受检查，你单位该事项将被移交稽查部门处理。”

特别提示：

对于拒不接受检查的纳税人，税务人员要耐心解释，注意方式方法，打消纳税人的疑虑。忌用“你什么态度？”“找茬啊？”之类的过激言语。

第十二条　遇到陌生业务

在公务中遇到不熟悉的业务或不了解的相关业务，应先向纳税人致意，再抓紧解决，建议方法有：

（1）查阅相关政策法规资料，包括内部网上的法规库、上级下发的各项文件资料、年度政策汇编文献等材料。

（2）请教熟知该业务的同事。

（3）向本部门分管领导请教。

（4）向主管该业务的有关部门（如综合业务科、计划统计科）询问。

参考用语：

“对不起，请稍等。”

“很抱歉，让你久等了。”

对现场无法解决的问题，要主动请对方留下联系方式，待明确后及时处理，并将结果反馈给纳税人。

参考用语：

“你这种情况，我们需要向××部门查询/等待××审批/……请留下联系方式，我们将在问题处理好之后尽快通知您。”

第十三条　同事合作

1. 合作互助

对于需两人以上协作共同办理的事情，如走访检查，应事先进行共同商议，达成一致的计划，避免在走访过程中出现不协调的情况。在工作过程中，对于同事的疏忽，应及时圆场、补场。

2. 转办互助

临时外出时，应请同事协助接听电话，临时受理业务。收到同事协助请求应及时办理，同时保证自身岗位工作的正常进行。

3. 矛盾内议

出现内部矛盾，不要在纳税人面前抱怨或议论或争执。特别是在走访过程中出现两人意见不一致的情况，应立即停止争论，待回单位后继续讨论，以取得一致意见。

4. 勤学业务

工作也是学习的机会，同事之间应注重取长补短，遇到不懂的问题及时询问分管领导或其他同事，切忌妄自推测，以免留下职务过错隐患。

5. 交流适度

在办公场所，同事之间交流要简洁明了，切勿在纳税人面前长时间讨论，给人以聊天或忽视纳税人的不良印象。同样，遇到熟悉的纳税人，也不可过度攀谈，以免给其他纳税人以处事可能不公的怀疑。

第十四条　突发事件处理

1. 保持冷静

确定突发事件属于哪一类问题，有无应急预案供参考。

2. 合理解释

如突发事件现场有纳税人在，尽快给纳税人一个合理解释或说明，以安抚纳税人。

3. 参照预案

有参照预案，采取预案提示的措施，迅速排除故障。根据事件性质和有关规定确定是否向主管领导报告。

4. 及时汇报

无预案参照，应立即向主管领导报告，说明现场状况，请示解决办法。

涉及非本系统内部可控范围的事件应同时拨打社会救助电话。

社会救助电话

报警:110

火警:119

急救:120

电话故障:10000－4

电话号码查询:114

5. 预约反馈

如因故障造成纳税人事项无法办理的,应请纳税人留下联系方式,便于工作恢复正常后通知纳税人前来办理。

第十五条　迎接上级领导视察

在日常工作中,遇上级领导到基层调研工作,应注意保持饱满的精神状态,展现良好的职业素质。

1. 正常工作,不慌不乱。当上级领导视察进入工作场所时,应保持良好的工作状态,集中精力认真工作,切勿东张西望,聚集围观,甚至品头论足。

2. 当视察领导走进工作人员办公室,应起立微笑致意:“您好”,并认真回答领导垂询,等领导离开办公室后再继续其他事项。

3. 若正在接待纳税人,可与纳税人先打个招呼“对不起,请稍等”再起立向领导简短致意:“您好,我这里正办理×××××”。领导点头后再继续办理。

## 第四章　廉洁自律规范

第十六条　税收管理员应当严格遵守国家和各级的税务机关的各项廉政规定,做到客观公正、廉洁自律

1. 严禁接受与行使职权有关的纳税人的宴请和营业性娱乐活动。

2. 严禁接受纳税人礼品、礼金和有价证券或到纳税人单位借钱和报销各种费用。

3. 严禁向纳税人借钱借物或无偿占用其财物。

4. 严禁利用职权向纳税人压价购买商品或赊欠货款。

5. 严禁利用职权为配偶、子女及亲友经商办企业招揽业务、推销产品、为纳税人指定税务代理活动谋取私利。

6. 严禁经商办企业、在纳税户中入股分红或兼职取酬。

7. 严禁参与赌博和色情活动。

8. 严禁穿着税服或驾驶带有税务标志的车辆到宾馆或娱乐场所消费。

## 第五章　附　　则

第十七条　本《规范》所涉及的相关岗位职责、工作制度、工作纪律的，以岗位标准规定和管理制度规定为准。

第十八条　《规范》由南京市国家税务局教育处牵头解释修订。

第十九条　本《规范》自发文之日起施行。